FACULTÉ DE DROIT DE PARIS

DE

LA POSSESSION

EN DROIT ROMAIN ET EN DROIT FRANÇAIS

PAR

AUGUSTE PHILIPPOTEAUX

AVOCAT A LA COUR D'APPEL

PARIS

F. PICHON, LIBRAIRE-ÉDITEUR

14, RUE CUJAS, 14

1873

FACULTÉ DE DROIT DE PARIS

DE

LA POSSESSION

EN DROIT ROMAIN ET EN DROIT FRANÇAIS

THÈSE POUR LE DOCTORAT

PAR

AUGUSTE PHILIPPOTEAUX

AVOCAT A LA COUR D'APPEL

né à Sedan (Ardennes)

L'acte public sur les matières ci-après sera soutenu le lundi 28 juillet 1873,

à huit heures et demie.

PRÉSIDENT : M. GÉRARDIN.

SUFFRAGANTS : MM. DUVERGER, CHAMBELLAN, BUFNOIR, PROFESSEURS; BOISTEL, AGRÉGÉ

PARIS

F. PICHON, LIBRAIRE-ÉDITEUR

14, RUE CUJAS, 14

1873

A LA MÉMOIRE DE MA MÈRE

A MON PÈRE

A MES PARENTS ET AMIS

PREMIÈRE PARTIE

DE LA POSSESSION

DANS LE DROIT ROMAIN

CHAPITRE PREMIER

NOTIONS GÉNÉRALES.

1. Les jurisconsultes sont loin d'être d'accord sur l'étymologie du mot *possessio.*

« Possessio appellata est, ut Labeo ait, *a pedibus*, quasi *positio*, quia naturaliter tenetur ab eo qui ei insistit. » (Florentine, *Sedibus.*) Telle est l'opinion que Paul exprime dans la loi 1, *De poss. pr.* Pothier, et, d'après lui, une nombreuse école assignent à ce mot une origine différente : *posse*, pouvoir, exprimant la puissance de l'homme sur la chose qu'il détient, serait d'après eux une explication plus plausible de l'expression *possessio*.

2. Sans insister davantage sur une controverse d'autant moins importante qu'elle porte sur un mot d'origine extrajuridique, nous ferons seulement remarquer que ces explications supposent toutes la détention physique, le contact matériel de l'homme et de la chose. C'est là, en effet, que réside l'idée fon-

damentale et le point de départ de toute possession, et l'on peut dire qu'en général la possession ne se conçoit point sans détention par soi-même ou par autrui.

3. La réciproque n'est point exacte : si toute possession suppose une détention, toute détention ne constitue pas une possession; cette qualification est spécialement réservée à la relation matérielle entre l'individu et l'objet, capable de produire des effets juridiques. Or, dans la plupart des cas, elle sera incapable de produire des droits par elle-même, et ce n'est que par suite de circonstances particulières qu'elle se transformera en fait juridique.

Examinons successivement les diverses conditions où peut se trouver un détenteur :

a) Je détiens une chose sur laquelle j'ai un droit de propriété; assurément, je la possède au titre le plus légitime que l'on puisse avoir, et la possession réunie à la propriété, c'est-à-dire le droit et la manifestation de ce droit, se trouve dans sa condition normale : « Etsi proprietas a possessione separari non possit.» (L. 10, *De poss.*) Mais, dans cette hypothèse, la possession est pour ainsi dire absorbée dans la propriété, ce droit le plus étendu que l'on puisse avoir sur une chose; elle n'a plus d'importance que comme manifestation extérieure de ce droit; ses effets juridiques deviennent insignifiants en face des droits si multiples et si absolus que confère la pleine propriété. Les anciens commentateurs du droit romain avaient bien compris cette différence profonde qui existe entre la possession de la *res aliena* et la jouissance sur sa propre chose ; réservant à la première le nom de *jus possessionis*, ils désignaient la seconde sous le nom de *jus possidendi*, et renvoyaient pour son étude aux traités du droit de domaine (Donellus, L. 9, chap. 11).

b) Étant donné ce premier point, que l'objet de la détention est une *res aliena*, on trouvera des différences non moins profondes, suivant la volonté du détenteur, par rapport à la chose.

Supposons une absence complète de la volonté d'agir et de se comporter en maître. soit que la personne en rapport avec la chose soit incapable de rien vouloir, tels qu'un enfant, un fou, un endormi ; soit que la chose repousse par sa nature toute idée de jouissance exclusive, tels que l'air, la mer, les grands fleuves ; en ce cas, la relation purement matérielle qui s'établira, par exemple, entre le batelier et l'eau qui transporte son bateau, sera un simple fait extrajuridique, auquel on ne peut, même en l'interprétant dans son plus large sens, donner le nom de possession. *Corporaliter tenere, corpore est fundo esse*. Voilà comment les jurisconsultes s'expriment en cette hypothèse dans les lois 24 et 41, *De poss.*

c) Supposons maintenant que le détenteur ait la volonté de garder la chose, mais au nom d'autrui et non au sien. L'esprit de maîtrise faisant encore ici défaut, le droit romain déclare qu'il ne possède pas : « *Qui alieno nomine possidet, non possidet.* » Il faut bien se garder d'être induit en erreur par l'expression *naturalis possessio* qu'on lui applique parfois ; car si cette possession confère ou constitue un droit pour le fermier, le locataire ou l'usufruit, ce n'est point par elle-même; c'est par suite d'un contrat préexistant dont elle n'est elle-même que la conséquence. L'étude de ces droits se rattache donc à celle des obligations : elle est hors de notre sujet.

d) Mais si au fait de la détention vient se joindre la volonté de traiter la chose comme sienne, immédiatement le possesseur acquiert le droit de faire respecter la situation où il se trouve, la relation qu'il a créée entre lui et l'objet dont il veut disposer en maître. Des actions spéciales lui seront accordées contre tout le monde, si sa possession est acquise sans violence, précaire ni clandestinité; contre tous, sauf l'ancien possesseur, si la possession est entachée de l'un de ces trois vices.

e) Enfin, si le possesseur joint à l'*animus domini* une *justa opinio domini*, il acquerra la propriété par une jouissance continuée durant le temps voulu. « Usucapio est adjectio dominii per continuationem possessionis temporis lege definiti.» (Modestin, L. 3, *De usuc.*). Voilà donc la détention qui produit un effet juridique des plus importants, la translation du droit de propriété.

4. Ce rapide examen des différentes espèces de détention, de leurs conditions et de leurs conséquences, nous montre que dans deux hypothèses seulement, elle est suivie d'effets juridiques, et qu'une condition essentielle, c'est toujours la volonté d'agir

en maître, concluons-en que toute possession proprement dite comprendra deux éléments : la détention ou *corpus*, et l'*animus domini;* à la différence de la possession *lato sensu*, qui ne comprend qu'une détention sans *animus* ou avec une volonté autre que l'*animus domini;* désormais nous désignerons cette dernière seule par le mot de détention, réservant le nom de possession à celle qu'on peut définir avec Doneau : « Detentio rei corporalis... cum affectu domini seu dominantis conjuncta » (Donel., cap. VI, liv. V). C'est-à-dire le fait d'avoir une chose en sa puissance, joint à la volonté de la garder comme sienne.

5. Trop de textes exigent la réunion de ces éléments pour qu'il soit nécessaire d'insister sur ce point ; quant à préciser leur nature et leur rôle, c'est seulement au chapitre de l'acquisition de la possession que nous pourrons le faire. Mais ici se place cette question purement théorique : lequel des deux représente l'élément essentiel de la possession ?

Bien que discutée par plusieurs auteurs, cette question n'offre aucun intérêt pratique ; car tous conviennent que ces deux éléments sont indispensables dans toute possession *ad usucapionem* ou *ad interdicta*. Mais M. de Savigny ayant un peu trop effacé, dans la première partie de son traité, le rôle de la volonté de l'homme, un système contraire est venu exagérer son rôle et prétendre qu'elle constitue la notion fondamentale de la possession ; qu'elle doit figurer en première ligne. A l'appui de cette opinion on a dit que, sans l'intervention de la volonté humaine, nul fait n'est juridique (ce que nous reconnaissons); que le *corpus* disparaît dans tous les cas où la possession se conserve *animo solo*. Ce dernier argument ne prouve rien, car 1° il prouverait que l'*animus* n'est point de l'essence de la possession, ce qui est reconnu faux par tout le monde; 2° on peut lui opposer l'hypothèse inverse. Dans le cas d'une folie subite du possesseur, la possession continue, malgré la non-persistance de l'*animus domini*. Mais nous pensons d'ailleurs que, pour décider la question, il faut se placer au moment où la possession s'acquiert, au lieu d'aller rechercher le plus ou moins de facilité que les jurisconsultes romains donnèrent pour la retenir. Or, si vous supprimez l'élément intellectuel, il reste au moins un fait matériel et visible, une apparence de détention ou de possession; supprimez au contraire l'élément matériel, si complet que soit l'*animus domini*, il n'y aura rien qu'une intention, une pensée dont rien ne traduit l'existence. Il faut donc bien se garder de dire que l'*animus* peut avoir une existence indépendante du *factum*, et reconnaître que la détention est le fait primordial que la volonté humaine dirigée vers la propriété, transformera en possession.

Toutes ces observations sont, nous le répétons, purement théoriques. Les deux éléments sont l'un et l'autre nécessaires; il est essentiel, mais il suffit qu'ils coexistent; peu importe dans quel ordre ils se sont réalisés; peu importe que la volonté ait suivi le fait ou l'ait précédé. Un seul cas a des règles spéciales, mais il faut supposer que l'*animus domini* vienne se joindre à une détention antérieure au nom d'autrui; une interversion de titre est alors nécessaire.

Terminologie latine.

6. Les jurisconsultes romains avaient, pour désigner ces diverses espèces de possession, des termes consacrés. Nous allons essayer de préciser le sens des expressions les plus usitées, en suivant l'ordre suivant :

A. *Justa vel injusta possessio.*
B. *Bonæ vel malæ fidei possessio.*
C. *Civilis et naturalis possessio.*
D. *Possessio et naturalis possessio.*
E. *Possessio.*

Pour la solution de ces véritables problèmes, nous avons généralement adopté les idées de M. de Savigny; malgré les vives critiques dont il est l'objet, son système est encore le seul qui puisse se faire bien comprendre, et dont on comprenne la possibilité. Si quelques textes répugnent à s'y plier, le fait n'a rien qui doive nous étonner et nous forcer à le rejeter; parmi tant de lois, d'auteurs si nombreux, et au milieu d'idées si différentes, il était impossible de ne pas laisser glisser des opinions divergentes, et *à fortiori* d'écarter tout mot pris dans un sens douteux; mais il est incontestable que la grande majorité des passages cités sont expliqués par lui de la façon la plus satisfaisante. Quant au reproche d'être fondé sur les effets et non sur les éléments de la possession, il nous touche peu; M. de Savigny ne créait point une division; il constate celle qui existe, d'après les documents qu'il possède, c'est-à-dire d'après quelques décisions d'espèces, sans aucune explication ni aucun développement des principes.

A. Le mot latin *justus* a, d'après Brissonius, v° *Justus*, deux significations qui correspondent aux expressions *légale* et *légitime*; en fait de possession, il n'a jamais que ce second sens. La *justa possessio* est celle à laquelle on a droit, qu'elle soit, d'ailleurs, ou ne soit pas juridique. Ainsi la possession du créancier gagiste est *justa*, quoique *non civilis* (L. 13, *De publ.*, L. 22, *De nesc. act.*). La *missio in possessionem* confère une *justa possessio* (L. 7, § 8, *Comm. divid.*) et cependant Paul nous dit : « Quod Quintus Mucius inter genera possessionum posuit, si quando jussu magistratus possidimus, ineptissimum est. » Il fallait d'ailleurs distinguer (c'est là, sans doute, la cause de la contradiction) entre celle qui a lieu *ex primo* ou bien *ex secundo decreto*. Au point de vue de la notion de la possession, nous n'avons pas à attacher plus d'importance à cette distinction que ne faisaient les Romains eux-mêmes : « In summa possessionis non multum intere est juste quis, an injuste possideat. »

Nous ne ferons que mentionner un autre sens des mots *justa possessio*; ils désignent assez souvent une possession exempte des trois vices qui peuvent empêcher l'exercice des interdits, de précaire, de violence et de clandestinité (L. 11, *Uti poss.*).

B. La possession est de bonne ou mauvaise foi selon la présence ou l'absence de l'*opinio dominii*; la possession est la détention de celui qui veut jouir et user d'une chose en maître; la possession de bonne foi est celle de l'individu qui veut conserver et croit avoir le droit de conserver la chose. Cette distinction n'a de valeur, quant à la notion de la possession, que si la bonne foi se trouve jointe à un titre juridique, mais elle transforme alors la possession *ad interdicta* en possession *ad usucapionem*. Dans plusieurs passages, la possession dite *cum bona fide* est, par cela seul, réputée *cum justa causa*.

C. Beaucoup de textes opposent les mots *naturalis possessio* aux mots *civilis possessio;* dans d'autres *possessio*, sans qualification, est opposée à ces mêmes mots *naturalis possessio* qui se rencontrent bien rarement isolés; concluons-en qu'ils n'ont qu'une signification négative, et désignent toute possession qui ne rentre pas dans les deux autres catégories. Il faut bien se garder alors de commencer par déterminer leur valeur, pour en conclure de la qualité de non naturelle à celle de civile; car la possession *naturalis* est une négation et ne peut se définir par elle-même. La détermination exacte de la portée des mots *civiliter possidere* pourra seule fixer la valeur de notre distinction.

Dans le droit romain le mot *civilis* signifie, ou le droit civil opposé au droit criminel; ce qui ne peut s'appliquer à la possession, ou bien : ce qui est le produit d'une loi, coutume ou sénatus-consulte par opposition à ce qui a pris naissance dans le *jus gentium*, et le droit prétorien ; c'est le sens des mots *civilis cognatio, actio, obligatio*. Ce sens serait inapplicable à la possession essentiellement prétorienne et même de droit des gens ; mais, au lieu de la prendre en elle-même, considérons-en les effets ; un seul, le droit d'usucaper se rattache au *jus civile; civilis possessio* signifierait donc *possessio ad usucapionem*, et par conséquent les mots : *naturalis possessio* opposés à *civilis possessio*, signifieront : toute possession qui n'a pas les caractères requis pour fonder l'usucapion.

Mais il ne faut pas croire que ces expressions aient toujours un équivalent exact dans celles de *civiliter non possidere*, et *civiliter possidere* que l'on rencontre fréquemment. *Civiliter non possidere* a deux significations : tantôt il exprime l'absence de possession civile, tantôt, et c'est en cela qu'il s'écarte de la *naturalis possessio*, une absence de toute espèce de possession due à un motif de droit civil. Il est, dans la plupart des cas, facile de reconnaître dans lequel de ces deux sens si différents ces mots ont été employés.

Plusieurs textes du Digeste viennent confirmer nos suppositions.

a) D'après Ulpien (L. 3, § 15, *ad exhib.*), l'action *ad exhibendum* ne s'intente pas seulement contre le possesseur *civilis;* le *naturalis possessor* n'en est pas à l'abri ; ainsi le créancier gagiste est, de l'avis de tous, tenu d'y répondre. Quelle est donc cette possession civile que le jurisconsulte refuse au créancier gagiste? Ce ne peut être que la possession *ad usucapionem*, car la loi 16, *De usuc.*, lui accorde bien formellement le droit aux interdits. « Qui pignori dedit ad usucapionem tantum possidet. Quod ad reliquas omnes causas pertinet, qui accepit, possidet. »

b) Paul (L. 26, *De don. int. vir. et ux.*) s'exprime d'une façon absolument conforme. « Licet uxor (*donata contra legem*) jure civili possidere non intelligatur..... » Or, dans ce cas encore, la femme avait les interdits. « Denique si maritus uxori donavit, eaque dejecta sit, poterit interdicto uti » (L. 1, § 10, *De vi*). Par ces mots *civiliter non possidere* désigne donc simplement l'absence de possession à l'effet de prescrire; ce qu'il exprimait en ces termes (L. 54, *Ad edictum*) : « Si inter virum et uxorem donatio facta sit, cessat usucapio. »

Citons un dernier texte relatif au second sens des mots *civiliter non possidere* (L. 24, *De pos.*): « Peculium, quod servus civiliter quidem possidere non potest, sed naturaliter tenet, dominus creditur possidere. » *Tenere* indique toujours un simple fait matériel ; le mot qui lui est opposé, c'est évidemment *possidere* qui embrasse, lui, tous les faits juridiques; les mots *civiliter possidere* et *tenere* ne formeraient pas une antithèse complète, et laisseraient entre eux une lacune, la *possessio*.

D. Lorsque au terme *possessio* non qualifié, sont

opposés les mots *naturalis possessio*, ou ceux plus fréquents et complétement synonymes, *tenere*, *esse in possessione*, *corporaliter possidere*, toutes ces dernières expressions désignent un état de choses purement physique et n'ayant rien de juridique ; possession signifie alors le fait légal qui donne droit aux interdits.

Les lois 3, § 3; 10, § 1 ; 24 et 49, § 1, *De acq. pos.*, donnent des exemples de cette distinction qui n'ont besoin d'aucune explication; nous ferons seulement remarquer que le fait de la détention se trouve généralement, et sauf les exceptions ci-dessus, réuni à la possession juridique; que si plusieurs textes emploient les expressions précitées dans des cas de possession véritable, il ne faut pas y voir une dérogation à notre règle, mais une allusion au *factum*, élément matériel de la possession, supposé dans son état régulier et normal de réunion avec l'*animus*; ainsi Paul, (L. 3, *De poss.*):« Res mobilis hactenus possidere quatenus sub custodia nostra sint, id est quatenus, si velimus, *naturalem possessionem* nancisci possumus. »

La distinction appartient donc au langage juridique; elle n'a, disons-nous, d'autre but que celui d'exprimer si les interdits peuvent ou ne peuvent pas être invoqués.

D'un côté les mots *corporalis possessio* et autres équivalents sont toujours appliqués à des personnes qui n'ont nul droit aux actions possessoires, locataire, commodataire, envoyé en possession (L. 1, § 10, *De vi*, 3, § 8, *uti poss.*). D'un autre côté, que demandet-on pour accorder les interdits? Que la personne possède, et cela sans aucune autre qualité. « Interdictum de vi nulli competit nisi ei qui possidebat. » « Creditores missos in possessionem interdicto uti non posse (ait) et merito, quia non possident. » Il importe même peu que la possession soit *justa* ou *injusta* (L. 2, *ut. poss.*), acquise *vi, clam aut precario*, L. 1, § 9, *ut. poss.*). Ainsi envisagée comme base des interdits, la possession n'a pas besoin d'une qualification spéciale; il suffit qu'elle existe; mais réciproquement, là où son inexistence sera révélé par la négation *corporalis* ou *naturalis tantum possessio*, il n'y aura aucun droit aux interdits.

E. Supposons, et il y en a de nombreux exemples, que le mot *possessio* soit complétement isolé, quel sens devra-t-on lui attribuer?

Possessio a deux significations: la première désigne ce rapport matériel qui sert de base à toutes les espèces de possessions; le mot est pris *lato sensu*. La seconde signifie la possession juridique seulement; il est pris *stricto sensu*. *Quid* si rien n'en précise la portée dans l'espèce proposée?

Aussi longtemps qu'aucun motif spécial ne nous oblige à la restreindre, la signification doit être aussi large que possible. L'exemple de Paul et d'Ulpien confirme cette règle d'interprétation (L. 2, § 1, *Pro hered.*): « Quod vulgo responditur, nemo causam sibi possessionis mutari posse, sic accipiendum, ut possessio non solum civilis sed etiam naturalis, intelligatur. Et propterea responsum est neque colonum, neque eum apud quem res est deposita, vel cui commodata est. » Ici le mot de possession comprend donc toute possession, même la détention du fermier et du dépositaire. Quant à Ulpien, il déclare valable la stipulation faite par un esclave, *Possidere mihi licere spondes*, parce que cela devra être rapporté à la possession naturelle, plutôt qu'à la possession civile, suivant ce principe de droit que toute convention douteuse doit s'interpréter dans le sens qui produit un effet. Dans ce cas encore l'expression *possidere* contient la détention d'une personne incapable d'*animus*.

Deux motifs spéciaux peuvent nous obliger à l'entendre dans le sens spécial de la possession juridique.

D'abord, lorsque la possession se trouvera mise en rapport avec l'usucapion ou les interdits, comme la cause avec les effets, il ne saurait être question que de possession juridique.

De même, si l'existence de la possession se trouve reposer sur des motifs juridiques, ce doit être une possession juridique qui seule peut reposer sur de tels motifs. Nous en avons un exemple dans la loi 1, § 4, *De pos.* : « Si vir uxori cedat possessione, donationis causa, plerique putant possidere eam. » Or, la femme mariée avait alors la possession *ad interdicta*.

Enfin la loi 78, *De verborum significatione*, nous avertit que le mot *possessio* désigne parfois toute autre chose que la possession. « Interdum proprietatem quoque verbum possessionis significat, sicut in eo qui possessiones suas legasset responsum est. » Cette confusion est si naturelle, qu'on la trouve dans presque toutes les langues. Dans ce sens, *possidere* signifiait toujours : avoir des biens fonds.

7. F. En résumé, l'expression *civilis possessio* est la seule dont le sens soit toujours identique : elle désigne la possession *cum bona fide et justa causa*, qui produit en première ligne l'usucapion, et en second lieu le droit aux interdits; car, sauf un cas unique, la possession *ad interdicta* est toujours comprise dans la possession *ad usucapionem*.

Le mot *possessio* désigne généralement la personne *ad interdicta;* parfois aussi, dans un sens large, toute jouissance qui comprend son élément essentiel, la détention matérielle; nous le prendrons toujours, au cours de cette thèse, dans le premier sens.

Naturalis possessio, opposé à *civilis possessio*, comprend :

a) Le fait juridique de la possession, incapable de produire l'usucapion, comme *injusta*, *malæ fidei*, *rei furtivæ*.

b) Tout fait non juridique de détention : possession au nom d'autrui, possession de l'esclave, possession d'une *res non vacua*, etc.

Opposé à *possessio*, il désigne toutes les détentions non juridiques, et celles-là seulement; car son antithèse comprend toutes les possessions donnant naissance à un droit quelconque.

La possession est-elle un fait ?

8. Il n'y a point de question plus vivement agitée et qui partage plus les esprits, que celle de savoir si la possession est un fait ou un droit.

Les jurisconsultes l'ont fait naître par des contradictions absolues, du moins en apparence; ainsi chez le même auteur, Papinien, l'on trouve ces trois allégations : « Possessio plurimum facti habet; possessio plurimum ex jure mutuatur; possessionem non tantum corporis sed juris esse. » Bien d'autres textes viennent encore se contredire.

Un commentateur de la fin du dernier siècle, A. J. Cuperus, avait essayé de tout concilier, en disant qu'elle était tantôt un fait, tantôt un droit : un fait, lorsque celui qui la détient jouit de la chose corporellement et *cum animo domini;* un droit, lorsque la loi feint en sa faveur l'existence de conditions qui manquent. Par exemple, la possession de celui qui *dolo desiit possidere* serait de droit, car, suivant l'expression de Papinien, *plurimum ex jure mutuatur.*

Cette opinion ne fut pas admise, et avec raison; car ce système ne tend nullement à prouver qu'il y a deux possessions. En effet, si la possession dans les conditions normales est un fait, la loi a beau la supposer exceptionnellement, elle supposera toujours un fait, et non un droit; la distinction n'est donc qu'apparente, et il faut se décider pour l'un ou l'autre des systèmes absolus.

9. Des concessions ont cependant dû être faites de

part et d'autre : ainsi tout le monde reconnaît, ou bien que le droit du possesseur ne peut exister que par un fait, ou bien que la possession est un fait qui produit immédiatement des droits. C'est sur ce terrain que nous allons aborder la discussion ; l'intérêt pratiqué est ainsi considérablement réduit, et se borne à savoir si la possession, *res facti*, aura ou n'aura pas une existence indépendante des règles de droit qui régissent l'acquisition et la perte de nos droits.

10. Jusque dans ces derniers temps, les partisans du système de la possession-droit étaient les plus nombreux. Ils définissaient ce droit *jus rei corporalis insistendi*, et le faisaient consister dans le droit de se maintenir sur la chose tant que le propriétaire ne réclamait pas. Ces auteurs s'appuient sur quatre lois qui parlent du *jus possessionis* (44, *De poss.*; 2, § 38, *ne quid in l. p.*; 5, *ad l. Juli.*; 5, au C., *de lib. caus.*), plus un passage de Papinien, 49, *De acq. poss.* Enfin leur grand argument est celui-ci : la possession engendre des actions ; or un droit seul peut produire des actions ; donc la possession est un droit.

11. Nous pensons néanmoins que la possession est un fait, tant en elle-même que dans l'esprit de la législation romaine.

12. Elle est un fait, sans aucun doute, à l'état de détention : or, la possession proprement dite n'en diffère que par un point. Au fait non juridique de la détention vient se joindre la volonté du possesseur, qui, elle aussi, est un fait. Qu'en est-il résulté ? C'est

qu'on a deux faits connexes, ou plutôt un fait complexe, formé de deux éléments au lieu d'un. Il est modifié dans ses qualités, parce que la réunion des conditions légales en fait un fait juridique; mais comment admettre qu'un fait s'ajoutant à un fait devienne un droit, et transforme ainsi subitement et complétement sa nature intime?

13. Mais, dit-on, prétendrez-vous qu'un fait puisse produire des actions? Nullement; nous reconnaissons aussi bien que les partisans de l'autre système, qu'une action ne peut naître que d'un droit; nous sommes d'accord sur les conditions de la génération de l'action, personne et chose, fait, droit et action. Seulement, d'après nous, la possession est ce fait générateur qui produit des droits garantis par des actions, et non pas la détention, produisant le droit de possession, qui, violé, permet d'intenter l'action. En un mot, entre la possession et les actions possessoires, il y a une idée intermédiaire, rarement exprimée, mais que l'on doit toujours supposer : l'idée d'un droit, effet de la première et cause des actions.

Il ne faut pas croire qu'en accusant les jurisconsultes romains d'avoir, pour ainsi dire, sauté un degré de l'échelle, nous leur reprochions un fait bien grave et en dehors de leurs habitudes. Dans la vente, le louage, etc., qu'étudient-ils? Le fait, le contrat ou accord de volonté sur un même point. Puis après? L'action *empti venditi, locati conducti*. Or, il est bien certain que, là aussi, l'action ne naît pas du contrat, mais de la violation des droits, des obligations nées du contrat, qu'ils ne caractérisent, n'expliquent et ne définissent le plus souvent qu'en accordant telle et telle action ou exception. Pour tous les droits qui résultent du fait de la naissance, du mariage, d'un délit, législateurs et jurisconsultes se bornent à donner ou à refuser une action dans certaines hypothèses. C'est là ce qui s'est passé pour la possession.

Ainsi le silence des jurisconsultes romains sur certains droits dérivant de la possession, et l'absence de nom pour les désigner, n'aurait rien de décisif contre notre système, ni même d'extraordinaire.

14. Nous avons tenu à établir ce fait que les Romains négligent fréquemment l'étude théorique du droit pour régler les effets pratiques de l'action ou les formes du contrat; voici pourquoi : le silence des jurisconsultes n'est point absolu; nous allons examiner une série de textes où ils semblent sortir de leur réserve pour poser quelques principes. De ces textes, les uns nous sont absolument favorables, les autres semblent rendre notre doctrine insoutenable, par l'emploi de l'expression *jus possessionis*. Or, nous prétendons les expliquer tous par une confusion, soit d'idées, soit plus généralement de mots, qui était due précisément à l'absence d'expressions particulières pour désigner ce droit; à l'absence complète d'intérêt pratique à distinguer le droit aux actions d'une situation de fait qui les produisait toujours; car, rappelons-le, il n'y avait pas de *possessio*, si elle n'était capable de produire le droit aux actions possessoires.

15. Voici maintenant les passages du Digeste où se trouvent les expressions les plus significatives en faveur de l'un ou de l'autre de ces systèmes.

16. Dans six lois, la possession est qualifiée de *res facti*, et, remarque essentielle, c'est par cette qualité que les jurisconsultes justifient la solution qu'ils donnent à leurs questions.

a) Le § 4 de la loi 1, *De acq. p.*, déclare efficace la possession de la femme sur une chose donnée par son mari : *quia res facti infirmari jure civili nequit*. Et il ne s'agit point là d'une *possessio naturalis* ; la femme a droit aux interdits.

b) La loi 12, § 2, *De capt.*, déclare l'usucapion suspendue pendant la captivité, parce que la possession est un fait et que ce fait est devenu impossible. Labéon, l. 29, *eod. tit.*, confirme la règle ; Papinien, examinant les causes de restitution des majeurs, décide dans le même sens : « Possessio plurimum facti habet, causa vero facti non continetur postliminio » (L. 19, *ex q. c. m. rest.*).

c) Enfin les lois 1, § 3 et 29, *De poss.*, disent que le mineur peut acquérir la possession sans l'*auctoritas* du tuteur, et la perdre de toute autre façon que par leur volonté : *quia res facti non juris est*.

17. Les textes sont on ne peut plus formels ; ils sont favorables à notre système, au fond comme en la forme. Voici maintenant ceux que l'on nous oppose.

d) L. 44 pr., *De acq. p.* Un possesseur cache en terre une bourse et ne retrouve plus la place de son dépôt. Papinien nous explique pour quel motif il pense que le *jus possessionis* n'est pas perdu. C'est une simple question de conservation de possession, et naturellement des avantages qui l'accompagnent. L'expression seule est contre nous.

e) La loi 2, § 38, *Ne quid in loc. publ.*, n'offre aucune importance ; nous n'entrerons pas dans une discussion sur le fond étrangère à notre sujet.

f) La loi Julia, *De re publica* (L. V, § 1), donne à la question de fait, qui intéresse l'ordre public, le pas sur la question de droit d'intérêt purement privé; elle ordonne de rechercher s'il y a eu *vis armata* avant de rechercher qui a droit à la propriété ou possession de la chose ; « priusquam quæreretur de jure domini vel possessionis. » Aucun argument de fond sur la nature de la possession; quant à l'expression, incorrecte, d'après nous, elle est très-claire dans son sens étendu.

g) Quant à l'*inconcussum jus possessionis* de la loi 5, *in fine*, Code, *De liberali causa*, il n'est question dans ce texte que de propriété; cette loi elle-même nous avertit qu'il n'y a point de prescription; l'action possessoire n'avait point lieu, le défendeur étant provisoirement libre.

18. Avant de passer à un texte plus important, nous ferons remarquer combien ces textes sont postérieurs à l'époque classique, et le peu d'importance du rôle que joue la possession dans l'espèce; la loi 44 doit seule être exempte de ce reproche, mais encore est-ce une question de pratique et non de principe.

Examinons maintenant la loi 49, *De poss.* : « Possessio quoque per servum cujus ususfructus meus est ex re mea vel ex operis servi acquiritur mihi, quum et naturaliter a fructuario teneatur, et plurimum ex jure possessio mutuetur, § 1. Qui in aliena potestate sunt, rem peculiarem tenere possunt. Habere et possidere non possunt, quia possessio non tantum corporis, sed et juris est. »

Le *proœmium* contient la solution d'une question qui était encore controversée du temps de Gaius, de l'aveu même de ce jurisconsulte. Acquiert-on la possession par l'esclave dont on a l'usufruit? La raison de douter, c'est qu'en général je ne puis acquérir que par les gens que je possède; or, en ce cas, je n'ai sur lui qu'une *juris quasi possessio.* Papinien décide la question dans le sens affirmatif pour deux cas : acquisition par suite du travail de l'esclave, par suite de l'emploi de ma propre chose. Mais quant aux raisons qui basent sa décision, nous avouons ne pas les comprendre. « Parce que, dit-il, nous le détenons; » mais la détention n'est pas une cause d'acquisition. Parce que, en second lieu, *plurimum ex jure mutuatur possessio.* Doit-on traduire ce membre de phrase par : un emprunt fait aux règles de l'usufruit? Ou veut-il dire que le droit découle surtout de la condition d'acquisition, *ex re mea vel ex operis?* Nous n'avons heureusement pas à prendre parti; il nous suffit de montrer que la traduction littérale, qui nous est contraire, n'a aucun sens dans l'ensemble du passage. Examinons quel serait l'enchaînement des idées : J'acquiers la possession... par l'esclave dont je suis usufruitier, *parce que je l'ai en ma détention et parce que la possession est surtout un droit.* Un tel raisonnement ne peut être prêté à celui qu'on nommait le prince des jurisconsultes, surtout quand il s'agit de le mettre en flagrante contradiction avec lui-même dans ce passage : *rem plurimi facti possessionem esse.*

Rien n'est donc plus obscur que ce *procœmium;* le § 1 est plus formel et plus clair, mais l'idée qu'il exprime n'est nullement inconciliable avec notre système. Il n'y a qu'une nuance qui sépare les deux motifs d'une décision commune.

Papinien dit, partant de ce principe que la possession est tout à la fois un fait et un droit, les personnes *alieni juris* peuvent détenir, mais non posséder, parce qu'elles sont incapables d'avoir des droits, et que la possession est un droit.

Nous dirons, partant de ce principe que, fait par sa nature, la possession touche au droit par ses effets : les personnes *alieni juris* peuvent posséder; mais leur possession ne pouvant leur conférer, à cause de leur incapacité, aucun droit, sera toujours sans résultat comme la simple détention.

Ainsi Papinien, concluant de l'absence de résultat à l'absence de cause, est obligé de nier la possession, et la possibilité d'avoir un *animus domini,* ce qui n'est vrai que dans certains cas.

Nous attribuons, au contraire, l'absence de résultats à l'impossibilité légale qu'éprouvent certains droits à se produire; mais, dès que la loi les autorise, ils prennent naissance immédiatement parce que leur cause existait antérieurement.

19. En résumé, l'étude des textes nous offre, d'un côté, certains passages qui consacrent formellement notre opinion; de l'autre, certaines expressions qui sont la marque d'une confusion absolue entre la possession et ce que nous appelons le droit aux actions possessoires. Si l'on se bornait à cette étude superficielle, il serait difficile de ne pas adopter le système de M. Blondeau, qui consacre, dans sa *Chrestomathie*, un chapitre à la possession, fait capable de produire un droit de possession, et un second à ce droit de possession. M. de Savigny semble, dans quelques lignes, suivre la même opinion (ainsi le § 5, sect. Ire, est intitulé : *De la possession à la fois droit et fait*). Mais, au fond, sa doctrine est la nôtre; la possession est un fait en elle-même, mais elle ressemble à un droit par ses conséquences.

20. Mais si, au lieu de nous arrêter aux expressions des jurisconsultes romains, nous essayons de pénétrer au fond de leur pensée, il devient évident que même pour eux la possession était un pur fait. Ainsi quatre de leurs décisions non controversées, insérées au Digeste, supposent forcément que ce principe était admis; réciproquement ce principe admis, elles en sont une conséquence forcée.

a) La possession d'une chose ne se transmettait pas en droit romain et chacun commençait par l'appréhension une nouvelle possession; pour remédier aux inconvénients qui en résultèrent, surtout quand le temps des prescriptions s'étendit, on imagina tout un système d'accession entre possessions ; il ne devait rien avoir de bien légal, car d'après Scævola, le jurisconsulte ne peut rien dire de fixe ni de général sur ce sujet, *qui sola in æquitate consistit;* d'après lui, *non solum sua cuique prodest possessio sed etiam alterius quam justum est ei accedere* (v. Gaius, 4, § 151, Inst. Just., 11-6, § 12 et C., *lex unica de usuc. transf.*). En somme, l'accession, c'était la jonction d'une possession à une autre; pour avoir besoin de les réunir, il fallait qu'elles fussent distinctes; pour qu'elles fussent distinctes, qu'elles ne se continuassent jamais. Or, c'est le propre des choses de fait de cesser avec la personne, tandis que ses droits passent avec l'ensemble de son patrimoine à l'héritier en la personne de qui ils se continuent. (Si quelques droits s'éteignent au décès, les raisons spéciales de ces exceptions ne concernent en rien la possession.) La théorie des jonctions de possessions a donc été émise parce qu'elles sont essentiellement *res facti* et *non juris :* on n'a même pas osé décider qu'elle pourrait, de par une fiction légale, être transmise comme un droit, tellement sa nature y répugne.

b) Plaçons-nous dans le cas de la loi 13, *De acquirenda possessione* (*Proœmium*).

Un navire coule; il est chargé de pierres. Supposons que je sois propriétaire de la moitié de ces matériaux, possesseur de l'autre. Pendant l'intervalle de temps qui séparera le naufrage du sauvetage de la cargaison, si long qu'il soit, j'aurai conservé intact mon droit de propriété, mais j'aurai perdu la possession (*pr. med. l. c.*). Quelle étrange distinction ce serait, si la possession était un démembrement de la propriété, comme le veut M. Blondeau, ou même tout autre droit. N'est-il pas évident que dans l'esprit d'Ulpien, la possession manque parce qu'elle est un fait devenu impossible; si elle avait été un droit susceptible de continuer séparé du fait générateur, la détention, le jurisconsulte aurait dit : « Ego dominium et possessionem retinere me puto etsi non detentionem ».

c) Le droit de propriété est acquis par une possession prolongée pendant le temps et avec les qualités voulus. Or, la cause efficiente, l'élément générateur de tout droit, c'est un fait : « Il n'y a pas, dit M. Ortolan, *Gén. dr. rom*, un droit qui ne provienne d'un fait. » Nous devrons donc supposer que la possession qui engendre ce droit est un fait : si, étant elle-même un droit, elle engendrait un autre droit, il y aurait là une anomalie que les jurisconsultes romains n'eussent pas manqué de faire ressortir.

d) Un acte contraire au droit ne peut être pour son auteur la source d'un droit; cependant la ruse, la violence, les expéditions à main armée nous sont à chaque instant indiquées comme la cause originaire de la possession. Les interdits *recuperandæ possessionis* pourront bien alors protéger l'ancien possesseur pendant un certain délai; la possession n'en est pas moins passée du *dejectus* au *dejiciens;* le nom seul de l'action suffit à prouver qu'elle a changé de tête. Or, il est bien évident que la possession qui a pris naissance à la suite d'une *dejectio* ne peut être qu'un fait, et non un droit.

Il en est de même pour le cas d'un acte nul comme contraire à la loi ou pour vices de formes. Si une donation excédant en valeur 500 solidi n'a pas été enregistrée, insinuée, elle est nulle pour le surplus. Aucun droit n'aura été transféré, mais la possession le sera, parce que, lorsque ses propres conditions d'acquisition sont remplies, des motifs juridiques de nullité ne sauraient l'empêcher de se produire. « Quoniam res facti infirmari jure civili nequit » (Paul).

21. Des motifs aussi sérieux sont-ils contre-balancés par l'objection suivante si souvent reproduite : mais il y a des cas où la possession existe légalement sans exister en fait ; ceux par exemple où l'on a cessé de posséder par dol, on conserve *animo* la possession d'un immeuble.

Dans la première hypothèse, il ne peut y avoir de droit en jeu. La question est de savoir si une action en revendication pourra être intentée contre un ancien possesseur ; le préteur déclare qu'il l'accordera en supposant non accompli le fait dolosif. C'est une simple action fictive.

La seconde demanderait de longues explications ; nous les donnerons en traitant de la perte de la possession, nous bornant ici à faire remarquer que cette manière de continuer, non d'acquérir la possession *animo solo*, fut introduite assez tard et toujours restreinte aux immeubles ; qu'elle cessait par la connaissance de la *dejectio*, ce qui ne fut jamais un mode d'extinction d'un droit ; qu'elle a enfin un caractère tout à fait anormal, et doit être considérée comme une exception, dérogeant à la règle sans l'infirmer, en la confirmant même, si l'on en croit l'adage : *exceptio firmat regulam*. Or, nous n'avons jamais prétendu que notre règle n'offrît aucune exception ; la jurisprudence distingua au contraire certains cas où les droits ordinaires de la possession furent attribués à une autre cause ; d'autres où les droits durent être refusés malgré l'existence de leur cause ordinaire. Cuperus, etc., *Nat. poss.*, p. 1, cap. 6, a réuni en un seul tableau soixante-treize de ces exceptions. Sans examiner si ce nombre est grossi, nous nous contenterons de mentionner les exceptions à mesure que nous étudierons les règles auxquelles elles dérogent.

22. Ainsi, en droit romain, la possession était un fait ; l'examen des sources, l'enchaînement des principes, les déductions les plus certaines nous paraissent rendre cette opinion indiscutable ; il est non moins certain que ce fait était juridique et produisait des droits.

Il en est un que la possession confère toujours, et qui en est pour ainsi dire le signe distinctif ; c'est le droit aux interdits. Il en est un autre qu'elle n'engendre que dans des conditions plus sévères, mais cependant d'une façon immédiate et directe : c'est la propriété par l'usucapion. Ces deux droits, qui répondent aux possessions civile et ordinaire, seront jusqu'au chapitre 6, réputés les seuls effets de la possession ; mais nous allons examiner de suite quelle est la nature de ces droits, afin de mieux préciser notre notion de la possession.

Le droit aux interdits est-il un droit réel ?

23. La question se pose différemment chez les auteurs qui regardent la possession comme un droit; c'est d'elle-même qu'ils se demandent si elle est un droit réel ou personnel. Nous n'étudierons pas les divers systèmes auxquels elle a donné lieu, ni les arguments que l'on a fait valoir. Trop peu répondent à la question telle que nous devons nous la poser : les principaux droits qui naissent de la possession sont-ils réels ou personnels? *Quid* du droit d'usucaper, *quid* du droit de demander un interdit?

24. Sur le premier point, il ne peut y avoir de controverse; la question n'a pu se poser, que par suite de l'emploi de l'expression vicieuse, droit d'usucaper; mais cette expression signifie, ou la possibilité d'acquérir par suite de sa capacité; c'est une faculté et non un droit, ou la réunion des conditions légales; c'est un pur fait. La seule locution correcte est celle-ci : en voie d'usucapion.

L'usucapion est un droit d'acquérir la propriété par la possession; ce mot désigne l'acte par lequel une possession prolongée attire à soi et s'adjoint le droit de propriété, et non un droit qui serait spécial à la *possessio civilis*. Celle-ci donne exactement les mêmes droits que la *possessio* et de plus, à un moment donné, le droit de propriété; inutile de dire qu'on ne s'est jamais demandé quelle était la nature de ce dernier droit. On ne peut davantage se demander la nature de la possession au moment où elle attire à elle la propriété; car elle n'est pas un droit, mais le fait, la *justa causa* qui transfère le *dominium*.

25. Une seule objection pourrait être faite : la *possessio civilis* est protégée par une action spéciale, et donne la propriété des fruits perçus. Y a-t-il là deux droits particuliers?

a) Quant à la publicienne, il est facile de répondre. Le droit qui sert de base à cette action, c'est la propriété. L'action publicienne consiste en une revendication, c'est-à-dire en une réclamation de propriété, permise à un possesseur de bonne foi, en faveur de qui la loi déclare feindre une usucapion accomplie. Elle compète au propriétaire fictif, ou plutôt au propriétaire *erga omnes*, l'ancien possesseur étant seul excepté. L'action est fictive, mais elle est petitoire, et non possessoire, preuve formelle qu'elle ne protége point un droit spécial né de la possession *civilis*.

b) Quant à l'acquisition des fruits, nous renvoyons au chapitre 6 de cette thèse; il serait trop long d'exposer ici sa nature : voici en deux mots pourquoi nous refusons de voir en elle un droit dérivant de la possession. Examinée à l'égard des tiers, elle est un mode d'acquisition de propriété, par conséquent un fait; à l'égard du propriétaire, elle n'a d'autre but que de diminuer la condamnation du défendeur en matière de revendication.

26. Passons maintenant à la seconde question qui est bien autrement délicate.

Un premier point n'est pas douteux : les actions possessoires sont, en droit romain, des actions personnelles. Quant au droit qu'elles protégent et qui permet de les invoquer; ce droit d'être maintenu ou rétabli dans sa possession par les soins du préteur, certains auteurs le disent réel, d'autres le croient personnel; enfin un troisième système le place en dehors de cette classification.

27. Cette dernière opinion était professée par M. Molitor (*De la poss.*, n° 11). Ce droit, d'après lui, n'est pas un droit purement réel, puisque ce droit ne peut être poursuivi contre les tiers possesseurs; mais seulement contre ceux qui ont violé la possession (Loi 1, § 3, *De vi*), ni un droit médiat purement personnel en ce sens que, pour avoir sa possession, il faille le fait d'une tierce personne obligée de la livrer ou fournir. Ce droit de possession (car il admet que la possession est un droit, mais il ne l'examine ici qu'au point de vue des interdits) est un droit direct à la chose. On pourrait l'appeler réel personnel; réel, parce que le droit est direct et immédiat, motif pour lequel les interdits sont *concepta in rem;* personnel, parce que l'interdit ne s'intente que contre l'auteur d'un fait, de trouble ou spoliation.

Nous ferons à ce système plusieurs reproches : le

plus grave, c'est de créer une troisième classe de droits, pour y placer ce droit de possession qui l'embarrasse, sans même chercher à établir qu'elle existe ou a quelque motif d'exister; la difficulté est éludée, mais non tranchée, et la question est à peine entamée; il reste à faire cette preuve plus difficile, peut-être, que le droit aux interdits est un droit d'une nature toute particulière. Hubérus, sur les Instituts de Justinien, tit. *De interd.*, avait essayé de le prouver. Ses arguments serrés et pressants avaient rallié à cette théorie de nombreux partisans.

Après avoir invoqué les arguments répétés par Molitor pour prouver qu'elle n'est ni *jus in re*, ni *jus ad rem*, il justifie son opinion en disant que ces deux droits donnent des actions pétitoires si éloignées des actions possessoires, qu'on les oppose toujours les unes aux autres : « Sed jam dixi possessoria judicia ut petitoriis opponuntur, ita fundamentum quoque possessorium discrepat a causis petitoriis. Petitoria nascuntur ex jure in re vel ad rem. Possessoria, quia opponuntur illis, non possunt habere easdem causas. Possessio igitur, vel jus possessionis neque in re, neque plane ad rem est. »

Quel est donc, d'après lui, ce droit qu'il appelle *jus possessionis*, mais qui n'est en réalité que le droit aux interdits? — « Non quæritur in interdictis quo jure res teneatur, non de jure in re constituto, sed de facto, quis rem teneat... Sit possessionis aliquod jus; nihil hoc est aliud quam facultas a lege homini circa rem tributa; ut contra manus aliorum tutus sit. »

Nous acceptons entièrement cette définition du droit de protection accordé au possesseur; mais comme, d'après nous, tous ces biens patrimoniaux doivent rentrer dans la classe des droits réels ou dans celle des droits personnels, nous pensons ne pas devoir faire une classe à part de ce *jus momentaneum* qu'Huberus nous présente. Il faut savoir faire un choix fort embarrassant, il est vrai, entre les deux derniers systèmes; et ne pas résoudre la question par un véritable expédient.

28. Dans un second système, ce droit est personnel, et voici comment raisonnent les auteurs qui l'adoptent. Les actions possessoires sont personnelles; or, à des actions personnelles correspondent des droits personnels, de même que les droits réels engendrent des actions réelles; on peut donc conclure de la personnalité de l'action à la personnalité du droit.

M. de Savigny, allant plus loin, prétend même donner à ce droit sa place parmi les obligations, et le rattache aux obligations nées *ex delicto*.

Il s'appuie sur une certaine similitude, quant aux effets, entre les interdits et les obligations *ex maleficiis*. Ainsi, le refus de l'action contre les héritiers, ou du moins la limitation de la *condemnatio* au montant de ce dont ils se sont enrichis; puis les rapprochements des lois 1, 3 et 19 *De vi*, entre les interdits et les actions noxales, la *dejectio* et les délits *ex maleficiis*. Enfin il ajoute que si les interdits possessoires, basés sur des obligations naissant d'un délit, ne se trouvent pas en droit romain traitées en même temps que ces dernières, c'est uniquement parce que la classification des Romains reposait sur des raisons trouvées dans leur procédure. Ils ne rangeaient sous la rubrique des obligations que celles qui produisent une action proprement dite; mais si le préteur avait attaché à la possession des actions proprement dites, les interdits auraient sans doute figuré parmi les obligations *ex maleficiis*, et cependant la nature du droit serait restée la même.

L'on peut trouver cette dernière affirmation bien gratuite, et cependant M. de Savigny trouve sa théorie suffisamment établie pour en tirer des éclaircissements sur la nature de la possession. Il déclare, en contradiction flagrante avec lui-même, que ce délit est tout : « que la possession ne figure que comme la condition des interdits; que le *jus possessionis*, c'est-à-dire le *droit qui découle de la possession*, consiste dans la faculté offerte au possesseur d'invoquer la protection des interdits dès qu'il y a violation. *Hors d'un semblable trouble*, la possession par elle-même ne donne aucun droit, ni un *jus obli-gationis*, ce qui va sans dire, ni un droit sur la chose. »

Il nous est impossible d'adopter cette opinion, qui nous surprend d'autant plus de la part de M. de Savigny, que, d'après lui, la possession serait un droit et un fait. Il y a donc contradiction inévitable entre la page 24 où il la déclare droit, la page 29 où elle n'est plus qu'une cause de droits, et la page 32 où elle ne donne aucun droit.

D'un autre côté, si la violation de ma possession m'a seule donné des droits, l'action à laquelle j'ai pu immédiatement recourir, qui est contemporaine de ce droit, ne peut en être née, et l'interdit en pareil cas naîtrait d'un fait et non d'un droit, contrairement à tous les principes admis. Il faut donc renverser la proposition de M. de Savigny, et dire que la *dejectio* est la condition de l'interdit, en ce qu'elle seule constitue l'intérêt que l'on peut avoir à recourir à la puissance juridique, que la possession est le fait générateur du droit que l'on veut faire respecter. Cela est tellement évident que, sans un droit préexistant, l'interdit *unde vi* lui-même ne pourrait pas être basé sur un délit; la violence n'est pas injuste en elle-même. — *Vim vi repellere omnes leges omniaque jura permittunt* (L. 45, § 4, *Ad leg. Aquil.*). — Elle n'est injuste qu'en tant qu'elle porte atteinte à un droit. Donc, s'il ne naît pas un droit de la possession, la violence dirigée contre la possession ne saurait être une violation du droit ni motiver les actions possessoires.

Enfin, l'auteur de ce système n'établit même pas qu'un acte illicite précédât toujours l'interdit; cependant, il enseignait que l'interdit *uti possidetis* pouvait être invoqué, sans trouble déjà apporté à la possession de l'immeuble, sans revendication projetée, par celui qui aurait sujet de redouter que sa possession ne fût inquiétée dans l'avenir par tel individu. Quel délit M. de Savigny aurait-il indiqué comme source de l'interdit? Nous l'ignorons pour ce cas, et même pour celui où deux personnes de bonne foi se disputent la possession dans le cours d'une action en revendication, et où une simple prétention d'être possesseur peut servir de base à l'interdit.

En résumé, la théorie de M. de Savigny a le tort d'enlever à la possession le seul droit dont il la reconnut cause, d'attribuer à un acte illégal la création d'un droit, et de déclarer illégal un fait qui ne blesse pas un droit, de déclarer actions *ex delicto* des actions qui naissent sans délit. Enfin une dernière objection peut être faite à tous ceux qui pensent que la personnalité de l'action détermine la personnalité du droit : Est-ce une méthode sûre et facile de rechercher la nature de l'action, au lieu d'examiner directement celle du droit? Nous la croyons au contraire fort dangereuse.

29. Assurément, une action personnelle ne pourra jamais être *in personam concepta*. Mais réciproquement, un droit réel ne pourra-t-il jamais donner lieu à des actions personnelles? Quand j'intente l'action *furti, vi bonorum captorum, legis Aquiliæ*, actions toutes personnelles, c'est que je prétends que mon droit de propriété a été lésé; la violation d'un droit réel, celui de propriété, donne donc ici naissance à des actions personnelles : pourquoi n'en serait-il pas de même d'un droit et de la possession, et des actions qui en dérivent? En général, à la formule de l'action, on reconnaîtra la nature du droit, mais du moment où il y a des exceptions, l'on ne peut en

tirer une conclusion irrécusable, surtout alors que l'on se trouve en présence de formules aussi anormales, *in rem concepta*, nous dit la loi, et cependant *personalia*, en présence d'une législation prétorienne qui ne pouvait user, pour atteindre son but, que des moyens dont elle disposait.

30. Nous pensons que ce droit de maintien dans sa possession est un droit réel. Il existe, avons-nous dit, avant le trouble ou l'expulsion; sans quoi l'action ne pourrait prendre naissance; examinons-le en lui-même, et à ce moment.

Tous les droits, de quelque manière qu'ils soient acquis, quelle que soit la chose qui en est l'objet, se rangent dans une de ces deux classes, droits réels ou personnels. En effet tout droit a un objet, un sujet actif et un sujet passif; ce dernier sera : — *a*) une personne déterminée, individuellement astreinte à faire, fournir, donner ou souffrir une chose. C'est alors une obligation dite personnelle ; — *b*) la masse, l'ensemble de toutes les personnes, obligées de souffrir une chose, de laisser le sujet actif tirer profit et utilité de l'objet de son droit. Dans ce second cas, on s'est habitué à faire abstraction de l'obligation générale, et à ne considérer que la relation qui s'établit entre le sujet actif et la chose, objet du droit. C'est ce droit qui a été appelé réel.

Dans le cas de possession, que rencontre-t-on? Le possesseur sujet actif; la chose possédée, objet du droit; la masse de toutes les personnes obligées de s'abstenir de tout trouble quant à la possession, sujet passif de ce droit. Le droit de faire respecter ma possession est donc un droit réel, car avant d'être troublé, j'ai le droit de la faire respecter par quiconque voudrait empêcher ma jouissance : et alors je ne l'ai point contre telle personne individuellement plus que contre une autre. Je n'intenterai l'interdit que si une personne y porte atteinte, et je l'intenterai contre cette personne, mais il en est de même pour toutes les actions réelles ; la revendication, l'action négative, sont réelles : on les dirige cependant contre le détenteur ou contre celui qui prétend à la servitude. Ce n'est pas un motif pour que le droit de propriété qu'elles protégent n'ait eu une existence antérieure, indépendante de ce trouble, qu'elle n'ait obligé et n'oblige encore la masse des personnes à le respecter.

31. Néanmoins il y a une anomalie. Ce droit réel du possesseur n'engendre que des actions personnelles. Nous devons la constater, sans pouvoir l'expliquer ; cependant, il faut remarquer, que certains interdits étaient *in rem concepta*, ce qui suppose nécessairement la réalité du droit, une obligation personnelle ne pouvant se généraliser contre les tiers ; rappelons aussi que des droits réels, la propriété par exemple, produisent en cas de dommage ou enlèvement les actions personnelles *furti vi bonorum captorum legis Aquiliæ*, personnelles parce qu'elles étaient pénales. Or, dans les interdits le plus souvent *cum pœna agitur*, cela peut expliquer comment au début les interdits furent déclarer personnels, qualification

qui leur resta lorsque l'on agit *sine pœna* devant l'*arbiter*. L'idée du délit vint s'interposer entre l'action possessoire et le droit qu'elle protégeait ; mais il fallait que ce droit existât pour qu'il pût y avoir délit, et ce droit de conserver la chose possédée, on lui trouve en l'examinant, non dans ses conséquences, mais dans sa nature, tous les caractères du droit réel.

CHAPITRE II

QUELLES CHOSES NE PEUVENT ÊTRE POSSÉDÉES

32. Certaines choses ne peuvent être possédées soit à raison de leur nature, comme les choses incorporelles, communes, publiques, sacrées ou religieuses; soit par une cause spéciale; ce sont les choses déjà possédées, ou certaines parties d'un tout. Nous examinerons rapidement les premiers cas, qui n'offrent aucunes difficultés, pour passer aux dernières questions, qui sont vivement controversées.

CHOSES INCORPORELLES

33. La distinction en *res mancipi* et *nec mancipi*, en *res immobiles vel se moventes*, n'avait aucune influence en matière de possession; mais la division en *res corporales* et *incorporales* avait primitivement une importance capitale. Les choses incorporelles étaient insusceptibles de possession, et par suite de tradition ou d'usucapion. C'est ce que Paul exprime dans deux lois, 3, *De acq. poss.* et 4, § 27, *De usurp.*

« Possideri autem quæ sunt corporalia. Quia nec possideri intelligitur, jus incorporale. » Gaius était encore plus formel : « Incorporalis res traditionem non recipere manifestum est, » 2, § 28. Il faut reconnaître d'ailleurs que les choses corporelles sont celles auxquelles s'applique particulièrement cette idée que les jurisconsultes romains nous donnent de la possession, *res insistere, incubare.*

Au fond, cette distinction reposait sur une confusion ; la possession n'est en réalité que l'exercice du droit de propriété ; du moment où les préteurs avaient protégé l'exercice de ce droit intégral, lui avaient fait produire des droits et l'avaient garanti par des interdits, ils devaient être entraînés à protéger l'exercice des démembrements de ce droit ; c'est ce qui eut lieu pour presque tous les *jura in re ;* on admit pour ceux qui avaient exercé un droit de servitude pendant le temps déterminé, avec juste titre et bonne foi, une *longi temporis præscriptio*, qui le dispensa de prouver sa concession et la propriété du concédent. L'exercice fut donc séparé du droit de servitude comme la possession l'avait été de la propriété. On admit aussi une *quasi traditio* de la part de celui qui en souffrait l'exercice. Enfin cette *possessio* fut protégée par des interdits spéciaux quant aux servitudes rurales, par une extension des interdits ordinaires quant aux autres. Dès lors il n'y eut plus guère entre les deux qu'une différence de nom ; la possession du droit de propriété, droit qui ne se trouve jamais exprimé, conserva le nom de possession d'une chose, *corporis possessio*, tandis que la nécessité d'exprimer dans l'autre cas le droit que l'on prétendait exercer, la fit nommer possession d'un droit, *juris possessio*.

34. L'on doit donc faire à cette règle de droit civil que les choses incorporelles ne peuvent être possédées, une exception importante; depuis Gaius (4, § 139), on connaissait une *juris possessio* des droits réels (sauf le gage et l'hypothèque qui ne sont pas susceptibles d'un exercice qui peut se répéter). Elle était dite aussi *quasi possessio* (L. 3, § 17, *De vi*, L. 23, § 2, *Ex quib. caus. maj.*, etc.). Ces deux expressions se trouvent souvent, chez les auteurs modernes, fondues en une seule, *juris quasi possessio*. Nous examinerons dans un chapitre spécial les rapports du *juris* et du *corporis possessor*.

Quant aux droits personnels, ils ne furent jamais susceptibles de possession ou quasi-possession; ces droits s'éteignent par leur exercice même; une possession, c'est-à-dire un exercice continu, ne peut donc se comprendre à leur égard : le même motif nous a déjà fait exclure le gage et l'hypothèque des droits susceptibles de *juris possessio*, bien qu'ils soient des droits réels.

CHOSES HORS DE NOTRE PATRIMOINE

35. En règle générale, tout ce que nous savons ne pas être dans le commerce ne peut constituer un objet de possession. Toute propriété étant impossible à l'égard de ces choses, l'*animus domini*, élément in-

dispensable de la possession, aurait une existence contraire à la nature de l'objet, en tous cas contraire à la loi. Les effets de la possession sont d'ailleurs impossibles; l'usucapion pour deux motifs : la *possessio* n'aura jamais juste cause et bonne foi, de plus la propriété des *res communes* est prohibée; les interdits, parce qu'il y aurait conflit entre les interdits d'ordre public qui protégent l'usage commun, et les interdits privés qui protégeraient l'usurpateur, parce que la loi protégerait ceux qui l'auraient violée. Ainsi, quand même une personne posséderait une *res publica* ou *communis*, avec l'*animus domini*, sa possession ne produirait aucun effet juridique; on peut donc la considérer comme n'existant pas.

Nous allons parcourir rapidement les diverses classes de choses qui sont vraiment hors du commerce : ce sont les *res communes*, *publicæ*, *universitatis* et *divini juris*.

A. *Res communes*. — La propriété n'en est à personne, mais l'usage en est à tous, comme l'air, l'eau courante, la mer et ses rivages. (Inst., L. 11, t. I.) Chacun peut en user d'une façon assez étendue, en extraire et s'en approprier les éléments; mais jamais on n'invoquera pour la portion quelconque dont on aura exclusivement joui, ni la prescription (Gaius, 11-48), ni les interdits : « Si quis in mari piscari vel navigare prohibetur, non habebit interdictum, sed in omnibus his casibus injuriarum actione utendum est » (Ulpien, L. 2, § 9, *Ne quid in loc. publ.*).

Une exception fut faite quant aux constructions

élevées sur le rivage de la mer. L'interdit *ne quid in loco publico fiat* défend de construire si cela doit nuire à quelqu'un, ou si l'usage public doit devenir plus difficile (*ibid.*), mais si l'on a construit sans opposition, il faut un intérêt des plus considérables pour faire démolir; on devra se contenter d'exiger une redevance, *solarium*, c'est-à-dire loyer du sol (*ibid.*, § 17). Il y avait donc une question de fait, plutôt que de droit; cependant Gaius décide (L. 5, *De dir. rer.*), que c'est un droit pour les pêcheurs de placer leurs cabanes sur le rivage, Scævola (L. 4, *Ne quid in pui.*) déclare que la faculté de construire sur le rivage est du droit des gens; Celsus, que la propriété des pilotis est au constructeur, et Ulpien (*ibid*, § 8) veut qu'il soit protégé : « Tuendus est qui in littore ædificat, vel molem in mare jacit ».

Le sol du rivage peut donc être soumis, sinon à une possession proprement dite, du moins à un domaine temporaire qui durera tant que l'édifice qui le couvre restera debout; si la construction disparaît, « in pristinam suam causam, jure quodam postliminii, revertitur ».

B. *Res publicæ*. — Les *res publicæ* étaient la propriété de l'État; mais leur condition était de deux sortes : ou l'usage en était commun à tous, ce sont celles que nous allons examiner, ou elles étaient gérées et employées par l'autorité publique au profit de l'État. Dans ce cas on les appelle *res in pecunia, in bonis, in patrimonio populi*. Susceptibles d'aliénation et de propriété privée, elles étaient susceptibles de possession, le domaine de la république était prescriptible, et le possesseur pouvait invoquer les interdits. Nous n'entrerons pas dans les détails des exceptions apportées à ce principe sous les empereurs.

Au nombre des *res publicæ in publico usu*, nous trouvons principalement les fleuves, les ports, les routes et chemins, et l'usage de la rive d'un fleuve. Des interdits spéciaux en protégent l'usage; mais la propriété n'en peut être usucapée, ni la possession protégée par les interdits possessoires. Cependant les réserves que nous avons faites au paragraphe précédent, quant aux constructions qui ne nuisent à personne, doivent être reproduites ici.

C. *Res universitatis.* — La propriété de ces biens appartient à une communauté, ville ou corporation. Même distinction en deux classes : domaine privé et domaine public. Ce dernier comprend les stades, théâtres, rues, places, etc.

D. *Res divini juris.* — Les *res divini juris* étaient *res nullius* et absolument hors du commerce. Dès que la consécration avait lieu, toute possession cessait : la chose n'était plus susceptible, ni d'usucapion, ni de vente, ni d'engagement, ni même d'estimation ; tout acte de possession était défendu par des interdits et puni des plus sévèrement. Il n'y avait jamais d'exception, tant que la chose restait *divini juris;* mais elle pouvait, en certains cas, cesser de l'être, et rentrait dans le droit commun.

36. Dans un seul cas la possession avait lieu, d'après M. de Savigny, c'est en cas d'ignorance de

la qualité de la chose. Il s'appuie sur ce passage de la loi 30, *De acq. poss.* : « Locum religiosum aut sacrum non possumus possidere, etsi contemnamus religionem, et pro privato eum teneamus, sicut nec hominem liberum. » Le sens qui nous semble le plus naturel est celui-ci : « Nous ne pouvons posséder, quoique nous méprisions la religion, et quoique nous pensions la chose *humani juris.* » M. de Savigny, pour avoir une identité complète entre la *res sacra* et celui de l'homme libre, réunit les deux propositions en une : Quoique, méprisant la religion, nous considérions la chose comme profane ; de même que l'homme libre ne peut être possédé par celui qui veut le posséder en le sachant libre. « Si vinceris hominem liberum eum te possidere non puto » (L. 23, *De acq. poss.*); mais peut être possédé par celui qui le prend pour un esclave (Inst., lib. II, t. IX, § 4, et L. 1, § 6, *De acq. poss.*).

Les *res divini juris* étaient dites *sacræ, religiosæ vel sanctæ.*

Sacræ, lorsqu'elles ont été consacrées par l'autorité publique aux dieux supérieurs : ce sont les temples, les statues, les objets du culte, le sol sur lequel reposent les monuments.

Religiosæ sunt quæ Diis manibus relictæ sunt; c'est en général le terrain qui a reçu un cadavre. Les tombeaux étaient aussi religieux, par suite *res nullius.* Cependant un interdit et une action *in factum* protégeaient le droit de sépulture (Gaius, Dig., L. 9, *De relig.*).

Étaient *sanctæ* les portes et murailles d'une ville. Loin de pouvoir être possédées, elles étaient défendues par des lois sévères contre toute atteinte des particuliers, et tirent leur nom de ces sanctions pénales.

POSSESSION DES PARTIES D'UN TOUT

37. Toutes les choses qui ne rentrent pas dans l'une des catégories précédentes, sont susceptibles de possession. Il nous reste à examiner si la possession doit toujours comprendre la totalité de la chose; si elle peut, au contraire, ne porter que sur quelqu'une de ses parties, et, en ce cas, quelles sont les parties susceptibles d'être possédées.

Pour plus de clarté, étudions dans une première section les cas où l'on voudrait posséder la partie prise isolément; dans une seconde, ceux où l'on possède la partie comme partie intégrante du tout, et par le moyen de celui-ci.

SECTION Ire

38. *Première hypothèse.*—Le tout auquel la partie se rapporte, est purement arbitraire; elle pourrait seule former aussi un tout indépendant; par exemple, un corps des bâtiments de la ferme, une terre du fonds. Il est évident que, dans ce cas, la partie peut être possédée indépendamment du tout; ou plutôt que ce champ est véritablement une chose distincte

dont on possède la totalité, et qu'il n'était partie que dans la volonté du précédent propriétaire. La loi 2, § 6, *Pro emptore*, ne peut pas être considérée comme contraire à cette règle, malgré son affirmation. « Universitas ejus possidetur, non singulæ partes. » Elle a pour but de régler une simple question de juste titre.

Le troupeau est un tout, une *universitas* (Pomponius, 30 pr. *De usurp.*). Cependant il ne peut être ici question de possession d'une partie : « Nulla universi gregis est usucapio, sed singulorum animalium secuti possessio, ita et usucapio. (*Ibid.*)

Cette décision est l'application d'un principe général des plus importants : la division d'un tout en parties réelles, au point de vue d'une possession distincte, ne se conçoit qu'à l'égard des immeubles. Quant aux choses mobilières, « nunquam pro diviso possideri possunt » (L. 8, *De rei vind.*). L'impossibilité physique de posséder une statue par moitié, ou bien une roue, un agrès, sans posséder le char ou le navire dont il fait partie, justifie cette règle. Dans un seul cas l'impossibilité est légale; la possession du meuble incorporé au sol, *qui solo cedit*, ne peut être acquise sans le sol lui-même.

Notre étude portera donc, dans les deux hypothèses qui suivent, uniquement sur les parties d'une chose immobilière.

39. *Deuxième hypothèse.* — La partie du tout est une subdivision purement abstraite, mais elle est mathématiquement précisée. Si le possesseur con-

naît exactement l'étendue de sa possession, déterminée par le rapport de la partie au tout, il possédera et usucapera cette fraction de l'immeuble. Ainsi, par exemple, héritier *ex quadrante* du fonds Cornélien, je vends ma part à Titius, et je lui en fais tradition : Titius acquerra la possession du quart de ce fonds.

Ce principe figure au Digeste dans la loi 26, *De acq. poss.* « Locus certus ex fundo et possideri et per longam possessionem capi potest ; et certa pars pro indiviso, quæ introducitur ex emptione, vel ex donatione, vel ex qualibet alia causa. »

Il se trouve confirmé par un argument *a contrario* tiré de la loi 3, § 2, *eod. tit.*, et doit être considéré comme certain.

40. *Troisième hypothèse.*—La partie est absolument indéterminée, et l'on ignore quel est le rapport entre la chose entière et la partie indivise que l'on veut posséder. Aucune possession n'est alors possible. « Incerta pars nec tradi nec usucapi potest (Pomponius). Incertam partem rei nemo possidere potest » (Paul).

Ces deux jurisconsultes nous donnent chacun un exemple d'impossibilité de possession pour ce motif : vente et tradition, de tout ce que l'on peut avoir de droit dans un fonds ; volonté de posséder la quotité inconnue que possédait un tiers (L. 26 et 3, § 2, *De acq. poss.*).

Plusieurs auteurs ont cependant mis en doute cette règle, qui leur semblait contredite par la loi 32,

§ 2, *De acq. poss.* Ce passage est ainsi conçu : « Incertam partem possidere nemo potest. Ideo si plures sunt in fundo qui ignorent quotam quisque partem possideat, neminem eorum mera subtilitate possidere Labeo scribit. »

Si l'on remarque que la règle générale se trouve reproduite en tête du paragraphe, que l'expression *mera subtilitas* ne vise que l'application faite à l'espèce; que ce passage, enfin, est de Pomponius, qui admet ce principe dans un autre ouvrage, l'on devra, pensons-nous, reconnaître que ce texte confirme la règle, loin de la contredire, et blâme seulement l'extension exagérée de ses conséquences. La *mera subtilitas*, ce n'est pas le principe, mais l'application que Labéon en avait faite dans l'espèce particulière.

41. Mais quelle est cette situation pour laquelle Pomponius voudrait que l'on créât une exception? Elle est indiquée d'une manière si laconique et si obscure, que les hypothèses les plus diverses ont été proposées.

M. Molitor pense que l'on doit distinguer la possession qui commence et celle qui se continue : dans le premier cas, la possession d'une *pars incerta* serait impossible, mais elle ne le serait plus dans le second. Exemple : Primus, Secundus et Tertius sont héritiers et possèdent *pro indiviso;* si Tertius vient à être absent, Primus et Secundus continueront la possession, bien qu'ils ignorent s'ils possèdent pour moitié ou pour un tiers. Mais cette distinction absolument arbitraire ne repose sur aucun texte; de plus, l'incertitude nous semble porter sur le droit de propriété plus que sur la possession, car l'*animus possidendi* s'étendra bien évidemment à tout l'immeuble, si les deux cohéritiers pensent y avoir droit.

M. de Savigny suppose le cas suivant : Gaius, possesseur d'un immeuble, meurt. Seius et Titius savent qu'ils sont les seuls héritiers; toutefois, n'ayant pas encore vu le testament, ils ignorent pour quelle portion chacun d'eux est institué; ils prennent néanmoins possession de l'immeuble. D'après l'argumentation subtile dont parle la loi, aucun d'eux ne serait possesseur, tandis qu'en réalité les deux héritiers ensemble doivent avoir les mêmes droits qu'aurait un seul héritier s'il prenait possession de l'immeuble entier. Ils peuvent donc invoquer en commun les interdits.

Cette dernière interprétation nous paraît être la plus plausible; nous croyons même qu'elle doit être étendue à tous les cas analogues. Toutes les fois que plusieurs personnes auront pris possession d'un immeuble pour la totalité, mais en ignorant la part qui revient à chacun, l'on devra décider qu'ils le possèdent. S'appuyer sur la règle *nemo incertam* pour leur refuser la possession à chacun, les exposer ainsi sans défense à la merci des tiers envahisseurs contre qui ils ne pourraient invoquer les interdits, serait une pure subtilité. En effet, le *corpus* existe, *sunt in fundo*, l'*animus* existe pour des parts inconnues, mais dont la somme est connue, car c'est la totalité qui ignorent *quotam quisque partem possi-*

deat; il serait donc souverainement injuste de leur refuser l'exercice en commun des interdits, puisqu'il est dès à présent certain que l'ensemble de leurs parts donnera le droit entier à ces interdits.

La différence d'espèces, qui entraîne la différence de solution des lois 26, *De acq. poss.*, et 32, § 2, *De usurp.*, consiste donc, selon nous, en ce que la première suppose l'acquisition, la possession d'une partie indéterminée du tout; le second, l'acquisition de la possession du tout par parties encore indéterminées.

SECTION II

42. Nous arrivons maintenant aux cas où la partie est possédée comme partie intégrante du tout et par l'intermédiaire de celui-ci. Une telle possession est-elle possible et permise?

43. *Première hypothèse.* — La partie n'existe plus comme *singula res*.

La question doit, en pareil cas, se résoudre d'une façon négative, et plusieurs auteurs en font la règle générale; ils déclarent qu'en principe les parties d'un tout ne sont point possédées *ut singulæ res*, mais qu'il y a une exception pour le cas où chaque partie conserve une existence distincte.

Nous ne pouvons admettre ce système, qui pose un principe relatif à la possession d'après des cas où toute possession est précisément impossible. Si, à une chose que je possède ou dont je suis propriétaire, je réunis un objet de telle façon qu'il perde son individualité et qu'il cesse d'avoir une existence distincte, il y aura un cas d'accession, d'adjonction ou de spécification; cet objet, en tant qu'objet séparé, cesse d'être *in rerum natura;* toute possession à son égard est donc impossible, car cette réunion donne directement naissance à la propriété. L'usucapion n'est donc plus nécessaire, et les interdits font place aux actions pétitoires. La question de possession ne se pose donc réellement que dans le cas de leur prétendue exception.

Seconde hypothèse. — Les parties conservent, après leur réunion, une individualité propre et peuvent toujours être séparées.

Chacune de ces parties connexes peut être possédée, usucapée comme *singula res;* la possession que l'on exerce sur la totalité embrasse chacune de ces parties, et si l'une d'elles était *furtiva,* l'usucapion des autres aurait lieu; si une seule était *res non furtiva,* elle serait usucapée en dehors de celles-ci; en un mot, chacune a une existence, des qualités et une destinée spéciales, et n'influe en rien sur le sort des autres. Telle est, selon nous, la règle à suivre.

Elle se trouve exprimée dans la loi 30, § 1, *De usurp.* : « Quid ergo in his quæ non quidem implicantur rebus soli, sed mobilia permanent ut in annulo gemma? In quo verum est et aurum et gemmam possideri et usucapi cum utrumque maneat integrum. » Ainsi, par la possession du tout, la bague, on pourra usucaper la pierre d'autrui, ce qui implique possession de cette partie.

44. Pour les immeubles, la règle est la même. Si j'achète un fonds comprenant une terre dont le vendeur n'est pas propriétaire, nul doute que je l'usucaperai par la possession triennale du domaine. Javolenus présente l'espèce suivante : Le possesseur d'un immeuble sait que telle partie d'un fonds ne lui appartient pas. Sa mauvaise foi l'empêche de la prescrire, mais il n'en prescrira pas moins les autres parties. « Reliquas partes longa possessione capi posse non dubito » (L. 4, *Pro emtore*). Il y a donc en ce cas *civilis possessio* d'une partie, possession ou détention pour l'autre.

45. Les auteurs qui soutiennent le système contraire font de la loi 30, *De usurp.*, un cas exceptionnel, et opposent à Javolenus deux lois qui leur paraissent contraires.

Pomponius, dit M. de Savigny, suppose que les deux objets, l'anneau et la pierre, avaient d'abord été possédés séparément; il est bien évident que leur réunion ne doit pas entraîner la perte de la possession, et il faut en conclure que des principes différents régissent l'acquisition et la continuation de cette possession. Une fois commencée, elle ne se perd pas par la réunion de la chose avec d'autres objets, en vue de former un nouveau tout (*Tr. de la p.*, § 21). Puis il ajoute en note : « Le mot *maneat* prouve qu'il s'agit de choses possédées d'abord séparément. »

Toute cette distinction repose donc sur un mot, atrocement torturé pour l'amener à une signification conforme au but que l'on voulait atteindre. Nous ignorons comment M. de Savigny a pu trouver dans ce texte que la possession continuait, ou ce qui revient au même que la chose continuait à être possédée; il y est dit que les objets restent mobiliers, *mobilia permanent;* que chacun conserve son individualité, *cum utrumque maneat integrum:* et si le texte déclare que ce motif permettra d'usucaper, c'est que sans cela il y aurait une acquisition immédiate par spécification qui rendrait l'usucapion impossible. Ce dernier sens devient évident si l'on adopte la ponctuation de M. de Savigny, « aurum et gemmam possideri, et usucapi cum utrumque maneat integrum. »

Ajoutons que les résultats les plus bizarres seraient la conséquence de cette distinction. J'achète un anneau qui est *res furtiva,* une perle *a non domino,* et quelque temps après je les réunis; continuant à les posséder séparément j'usucaperai la perle et non l'anneau; mais si je le vends à un tiers avant le temps de la prescription, celui-ci, n'ayant que la possession d'un tout, *furtivus*, puisque sa partie principale l'était, ne pourra pas même usucaper la pierre. Dans le cas inverse, la perle volée serait usucapée par le second possesseur. Ces singulières dérogations ne sont mentionnées par aucun texte.

46. Un fonds est possédé dans son ensemble et non quant à ses diverses parties prises isolément, dit le même auteur, et cela se trouve formellement décidé par la loi 2, § 6, *Pro emtore.*

Il faut pour comprendre ce texte le citer en entier.

« Cum Stichus emissem, Dama per ignorantiam mihi pro eo traditus est. Priscus ait, usu me eum non capturum; quia id quod emptum non sit pro emtore usucapi non potest. Sed si fundus emtus sit, et ampliores fines possessi sint, totum longo tempore capi : quoniam universitas ejus possideatur non singulæ partes. »

Le sens est tellement évident que M. de Savigny est obligé d'avouer qu'il n'est question que de *justa causa*.

Dans la première partie, Paul suppose un esclave livré pour un autre; il n'est point possédé *pro emtore* et ne pourra être usucapé faute de titre.

Dans la seconde, un fonds a été vendu et livré; mais l'acquéreur a pris possession de quelques terres qui n'en dépendaient point. Pourra-t-il les usucaper? Il ne possède en réalité *pro emtore* que ce qui faisait l'objet de sa vente. Cependant comme il croit posséder un seul fonds de par son achat, comme il ignore qu'il possède des parties ajoutées par sa méprise, il sera censé posséder un tout à titre d'achat, et non pas des parties *pro emtore*, d'autres *sine titulo*. Le passage est donc la consécration du principe que l'on prescrit outre son titre, et règle une question de *justa causa*, non de possibilité d'acquérir la possession. Il est donc, en apparence seulement, contraire à la loi 4, *eod. tit.*

47. Il nous reste à dire quelques mots sur la loi 7, § 1, *ad exhibendum*, qui elle aussi a été invoquée contre

notre système. Son espèce nous semble fort obscure, mais assurément étrangère à la question.

« Sed si rotam meam vehiculo tuo aptaveris, teneris ad exhibendum. Et ita Pomponius scribit, quamvis tunc civiliter non possideas. »

Civiliter possidere a deux sens (*infra* : il signifie certainement ici, *non possidere ad usucapionem ;* car, quelle chose ne possèderait-on pas ? Le char ? *vehiculum tuum* indique la possession, plutôt même la propriété. La roue ? mais même dans le système exposé plus haut, il est impossible qu'en adaptant la roue, je n'en aie pas acquis la possession, ne fût-ce qu'un instant, et dès lors je pourrai continuer cette possession comme celle de l'anneau et de la pierre. Il faut donc dire que Pomponius accorde la chose bien que l'on ne possède pas *civiliter*, c'est-à-dire *ad usucapionem;* mais alors on la possède *ad interdicta*, et le texte nous est favorable.

Nous ne prétendons cependant pas l'invoquer en notre faveur; mais nous demandons qu'un texte aussi obscur, dont chaque auteur présente une hypothèse différente, ne soit pas considéré comme suffisant pour détruire notre règle. Ainsi, toute partie connexe, subsistant *ut singula res* peut être possédée par l'intermédiaire de la totalité. La roue d'un char, le champ d'un fonds, la pierre de l'anneau seront usucapés par le possesseur du char, du fonds et de l'anneau.

48. *Exception.* — Lorsqu'il s'agit de matériaux unis à des constructions on ne peut les posséder ou usucaper comme *singulæ res.*

Deux motifs justifient cette exception. Nous connaissons le premier : c'est l'impossibilité de posséder tout ou partie de la superficie indépendamment du sol; c'est l'application de la règle *superficies solo cedi.* Tout objet qui est entré dans la construction du bâtiment est immobilisé et devient l'accessoire de la terre. On ne peut plus le posséder comme meuble; autrement tout bâtiment étant composé de matériaux qui sont meubles, il suffit de les avoir possédés isolément pour usucaper l'immeuble en même temps que chacune de ses parties, c'est-à-dire en un an. Aussi Gaius répétait-il à chaque instant : « Omne quod inædificatur solo cedit, superficies solo cedit, plantæ quæ terra coalescunt solo cedunt. »

Si ce motif était le seul, on en conclurait que le meuble immobilisé peut du moins être prescrit par le temps voulu pour prescrire le fonds; que l'usucapion faisant acquérir la propriété de l'immeuble, donne sur chacune de ses parties un droit non résoluble par leur retour à la nature mobilière.

49. Les décisions contraires sont formulées au Digeste de la façon la plus claire et la plus formelle.

L. 23, § 7, *De rei vind.* : « Non si quis ex alienis cementis in solo suo ædificaverit, domum quidem vindicare poterit, cementa autem resoluta prior dominus vindicabit, etiamsi post tempus usucapionis dissolutum sit ædificium, postquam a bonæ fidei emptore possessum sit; nec enim singula cementa usucapiuntur, si domus per temporis spatium nostra fiat. »

L. 23, § 2, *De usurp.* : « Si autem demolita domus est, ex integro res mobiles possidendæ sunt, ut tempore quod in usucapione rerum mobilium constitutum est, usucapiantur. Et non potest recte uti eo tempore quo in ædificio fuerunt. »

Ce résultat exceptionnel se justifie aisément. Dans les hypothèses du paragraphe précédent, j'avais pour recouvrer ma chose, la revendication et l'*actio ad exhibendum ;* si le possesseur l'usucape, c'est la juste punition de ma négligence. L'une et l'autre me sont ici refusées en vertu de la loi des Douze Tables : *tignum junctum ædibus vineæque ne solvito.* Tout ce que peut faire le propriétaire des matériaux enlevés, c'est d'en exiger la valeur au double par l'action *de tigno juncto,* mais il ne peut en aucune façon interrompre une usucapion qui aura lieu fatalement. C'est pour éviter cette injustice que l'on déclara que l'usucapion de la maison, qui, elle, avait pu être revendiquée, n'entraînerait pas celle des meubles qui n'avaient pu l'être ; et que la maison ne fût-elle démolie que cent ans après, les matériaux devraient être individuellement usucapés.

50. Pomponius rapporte cependant une décision contraire de Labéon (L. 30, *De usurp.*) : « Labeo libris epistolarum ait, si is cui ad tegularum vel columnarum usucapionem decem dies superessent, is ad ædificium eas conjecisset, nihilominus eum usucapturum si ædificium possedisset. »

Ce texte, loin de contenir une règle générale, n'est d'après nous qu'une décision exceptionnelle pour un cas particulier qui s'était présenté. Trois motifs ont pu entraîner le jurisconsulte à déroger *æquitatis causa*, à la stricte application des principes : le peu de temps qui reste pour parfaire l'usucapion : *decem dies ;* la nature des objets que tous ne faisaient rentrer sous la dénomination de *tignum* (L. 1, *De tig. junct.*) : *tegulæ et columnæ ;* la manière dont ils ont été appliqués contre le bâtiment, qui peut n'être pas une *junctio* proprement dite : *in ædificium eas conjecisset.*

51. Une dernière remarque doit être faite. Le second motif que nous avons donné pour défendre l'usucapion des matériaux, ne serait point sérieux si le propriétaire avait eu un moyen de les recouvrer sans tomber sous le coup de la prohibition des Douze Tables, sans que la ville *ruinis deformetur.* Or si, possesseur du terrain de Secundus, Primus y construit avec les matériaux du même Secundus, ce dernier a un moyen bien simple de recouvrer la possession de ses matériaux ; il n'a qu'à revendiquer le tout, sol et superficie. Aussi doit-on décider dans cette espèce que Secundus ayant toujours pu agir en restitution pour les parties du tout en agissant pour ce tout, les parties sont usucapées *ut singulæ res* par l'usucapion de l'immeuble, et même après leur séparation, resteront acquises à Primus. On rentre ici dans la règle générale parce que l'on est rentré dans le droit commun en matière de revendication.

Cette exception à l'exception, ou plutôt ce retour à la règle commune résulte pour nous de l'absence complète de textes où les matériaux et le sol soient au même propriétaire, de l'impossibilité d'appliquer à cette hypothèse les raisons d'équité qui s'appliquent à l'autre, et de l'obligation d'interpréter toute exception dans le sens le plus restreint. Ajoutons que la majorité des auteurs adoptent cette limitation de l'exception.

DES CHOSES DÉJA POSSÉDÉES. — DES COMPOSSESSIONES

52. Il nous reste à examiner un dernier cas : celui où la possession ne prendra pas naissance parce que la chose est déjà possédée par un autre. Le fermier me vend sa terre à l'insu de son maître, et m'en fait tradition en me montrant le fonds, ce qui suffit en général pour transférer la possession. Elle n'existera cependant pas encore, parce que le véritable possesseur n'a pas cessé de l'être, parce que la *possessio* n'était pas ce que les auteurs appellent *vacua*.

Ce cas diffère d'ailleurs des précédents, en ce que l'absence de possession tiendra moins à la nature de la chose, qu'à l'insuffisance du moyen de la transmettre. Elle ne tient pas à ce que la nature de la chose y répugne, car cette chose est déjà possédée, et le tiers acquéreur pourra la posséder par la *dejectio* du présent possesseur. Elle tient à ceci : lorsqu'un objet est déjà possédé, le seul obstacle que rencontre l'acquisition de la possession, c'est la volonté du possesseur actuel; par conséquent, si cette volonté était acquise à celui qui veut posséder, la possession par cela même serait transférée; mais à la condition que celui qui transmet la possession à l'acquéreur soit véritablement possesseur, et que nul autre que lui ne possède la chose; or, cela n'a pas eu lieu dans l'hypothèse ci-dessus. Le fermier détenteur qui n'avait pas la possession, n'a pu l'enlever au possesseur par un acte de sa volonté; ce dernier la conservera tant qu'il ne sera pas *dejectus*, par un fait visible, émanant du tiers acquéreur, et ce tiers acquéreur n'aura, jusqu'à cette *dejectio*, aucune possession.

L'analogie entre celui qui reçoit la possession d'une *res non vacua* et celui qui reçoit une *res religiosa*, c'est que l'un et l'autre, malgré leur *animus* et le *corpus*, ne possèdent pas : c'est à ce titre que nous examinons ici la question. La différence, c'est qu'au premier cas l'impossibilité résulte de la nature de la chose, dans le second de l'application des règles sur la perte de la possession mise en rapport avec ces deux principes que, si une possession commence, c'est que l'autre a cessé; que si la première dure, l'autre ne peut commencer.

Ces deux règles ne demandent aucun développement. Mais elles sont la conséquence d'un principe des plus importants et longtemps controversé, que l'on formule généralement ainsi : « Duo eamdem rem in solidum possidere non possunt. » Nous entrerons dans quelques détails sur ce sujet des *compossessiones*.

53. *Compossessio*, *condominium* signifient co-propriété et co-possession : cette expression a donc un sens très-large.

Si on la prend en ce sens que plusieurs personnes posséderont une chose pour parties, rien n'est plus fréquent, ni plus licite.

On ne peut non plus dire que l'impossibilité de la *compossessio* empêche deux personnes de posséder une même chose, l'une par autrui, l'autre au nom d'autrui : car l'un est possesseur, l'autre simple détenteur ne possède pas, il n'y a donc pas concours de possessions. Il n'y a pas d'avantage, *compossessio* prohibée, en cas d'un *juris* et d'un *corporis possessor* d'un même objet. La possession du premier, c'est l'exercice du droit de propriété, *deducto usufructu vel servitute;* celle du second, c'est l'exercice de ce démembrement, sans prétention aux autres droits de propriété. Ces deux possessions ne se cumulent pas réellement sur le même objet : ils portent sur des parties distinctes du droit, au lieu de porter, comme dans le cas précédent sur des parties distinctes de la chose.

Mais deux personnes peuvent-elles prétendre à la possession véritable de la totalité d'une même chose? deux personnes peuvent-elles invoquer l'usucapion, invoquer tous les interdits qui protégent une *corporis* ou une *juris* possession? Nous n'hésitons pas à répondre avec la majorité des jurisconsultes romains, que cela était impossible dans tous les cas.

54. La règle *plures eamdem rem in solidum possidere non possunt*, est une conséquence forcée de la nature de la possession. La détention à laquelle vient s'adjoindre l'*animus domini*, c'est la faculté

physique et exclusive de disposer d'une chose ; et la possession d'une pièce d'argent, d'un vêtement, ne saurait être attribuée à deux personnes exclusivement; aussi était-elle admise par tous les jurisconsultes sans exception comme principe général.

Mais la possession reçut parfois de la loi une existence fictive : par exemple dans certains cas où elle se retient *animo solo* en l'absence de toute mesure conservatoire. Y eut-il une fiction de ce genre qui établit la possession simultanée, de plusieurs personnes, bien que la notion originaire de la possession exclue cette pluralité de personnes? ce qui revient à dire : la règle *plures in solidum possidere non possunt*, eut-elle des exceptions? Nous ne le pensons pas.

55. Les Proculéiens posaient le principe de la façon la plus absolue, et n'admettaient aucune exception. Ce sont précisément leurs passages les plus significatifs qui ont été choisis et reproduits par les compilateurs des Pandectes.

Nous croyons les textes suivants décisifs sur cette règle.

Ulpien, L. 5, § 15 *Commodati* : « Celsus filius ait, duorum quidem in solidum dominium vel possessionem esse non posse. » A la fin du paragraphe Ulpien approuve la règle et en tire plusieurs conséquences.

Paul, L. 3, § 5, est encore plus formel : « Plures eamdem rem in solidum possidere non possunt. Contra naturam quippe est, ut quum aliquid teneam. Tu quoque id tenere videaris. » Puis il cite l'opinion de Labéon. « Non magis enim eadem possessio apud duos esse potest, quam ut tu stare videaris in eo loco, in quo ego sto; vel in quo ego sedeo, tu sedere videaris. »

56. Un jurisconsulte de l'école opposée, Julien semble fournir un texte à l'appui de la généralité de notre règle. « Duo in solidum precario habere non magis possunt, quam duo in solidum vi possidere, aut clam; nam neque justæ, neque injustæ possessiones duæ concurrere possunt. » Mais il résulte, selon nous, du contexte de la loi, que la règle générale, adoptée par les Sabiniens comme par les Proculéiens, est mentionnée, tandis qu'on laissait de côté l'exception qui consiste précisément dans le concours d'une *injusta* et d'une *justa possessio*.

Cela se trouve confirmé par cette remarque, que Julien avait uniquement pour but de réfuter une opinion isolée de Sabinus, d'après qui le précaire aurait toujours donné lieu à une double possession, celle du *rogans* et celle du *rogatus*. Nous n'avons pas à réfuter cette opinion puisqu'elle fut rejetée par les disciples mêmes de Sabinus, par Julien, *loc. cit.*, par Trébatius, qui la restreint au cas où la possession du précariste était *injusta*.

27. Cette dernière opinion était généralement admise par les Sabiniens : deux personnes, disaient-ils, peuvent posséder une même chose, si une possession est injuste et l'autre juste; mais non lorsqu'elles sont de même nature : « Trebatius probabat existimans posse alium juste, alium injuste possidere : duos injuste, vel duos juste non posse. »

Ces exceptions ne pouvaient donc avoir lieu que si l'on rencontrait un des *vitia possessionis*, si elle était rendue *injusta* par violence, précaire ou clandestinité.

Après avoir emprunté à Labéon cette observation générale, qu'il importe peu, en matière d'existence de possession, que la possession soit juste ou injuste, passons à l'examen de chaque hypothèse en particulier.

A. *Possession violente.* — Supposons un *dejiciens* et un *dejectus*, et recherchons en quoi on peut dire qu'ils sont tous deux possesseurs.

Ce n'est pas assurément quant à l'usucapion : « Interrumpitur possessio cum quis de possessione vi dejicitur; vel alicui res eripitur. Quo casu, non adversus eum tantum qui eripit, interrumpitur possessio, sed adversus omnes » (Gaius, loi 5, *De usurp.*).

Sera-ce quant aux interdits ? Mais l'interdit qui compète un *dejectus*, c'est l'*unde vi*, interdit *recuperandæ possessionis*. Or, il est bien clair que l'on ne peut recouvrer que ce que l'on a perdu, et qu'on ne peut avoir encore ce que l'on a perdu. Ici encore le *dejectus* a perdu la possession, le *dejiciens* est seul possesseur; il n'y a donc pas *compossessio*.

Le seul argument des Sabiniens pourrait être celui-ci : Lorsque le possesseur violent intente l'interdit *uti possidetis* contre le *dejectus*, ce dernier paralyse son action par une exception, et même la duplicité de l'interdit permet de le condamner à la restitution de la chose. Le *dejectus* obtenant ainsi la chose en litige par une action *retinendæ*, il faut qu'il soit encore aux yeux du préteur vraiment *possessor*.

Il nous semble bien difficile de voir, dans ce cas exceptionnel, une dérogation à un principe aussi important. Le caractère de duplicité de l'interdit *uti possidetis* explique cette reprise anomale de possession; ni le *violentus* possesseur, ni l'ancien possesseur ne se trouvent dans les conditions de l'édit, parce que, au moment où l'interdit est demandé, l'un possède *vi ab adversario;* l'autre ne possède plus. La facilité de tourner la *condemnatio* contre le demandeur, l'avantage d'éviter un circuit d'actions en donnant la possession par l'interdit *retinendæ*, à celui qui la perdra par l'interdit *reperandæ*, expliquent comment le préteur fit servir l'interdit *uti possidetis* à réintégrer le défendeur : il n'est point besoin de supposer, pour la justifier, une *possessio* du *dejectus*, que tous les textes lui refusent.

Quant à la loi 1, § 45, *De vi*, qui nous serait contraire d'après la leçon du manuscrit de Florence, les dernières études sur ce passage démontrent que l'on doit lire comme dans la *Vulgate* : *qui non possidet*. Cette correction est généralement adoptée, et le texte alors est favorable à notre opinion.

B. Ce que nous venons de dire de la *violenta possessio*, doit se dire, à peu de chose près, de la *clandestina possessio*. Il y eut cependant quelques règles spéciales sur la perte de la possession des immeubles en cas d'occupation clandestine; mais elles ne changèrent point l'opinion d'Ulpien sur les *possessiones plurium in solidum;* car, dans la loi 6, *De acq. poss.*, il enseigne que si le possesseur a occupé un immeuble en l'absence du maître, il y a possession clandestine; mais cependant, ajoute-t-il, s'il refuse de le recevoir lors de son retour, il y aura possession violente plutôt que clandestine. Or, cela serait impossible, s'il y avait eu, à un moment quelconque, possession clandestine, car les qualités de la possession s'apprécient au moment de sa naissance, *origo nanciscendæ possessionis exquirenda est;* elle restera toujours telle qu'elle fut dans son principe. Si la possession de celui qui a détenu clandestinement est violente, c'est qu'elle n'a commencé que par la *dejectio* qui l'a enlevée au premier possesseur; le même acte a donc fait naître l'une et cesser l'autre, et à aucun moment, les *justa* et *clandestina possessiones* n'ont coexisté.

Le texte suivant, qui suppose une possession ou violente ou clandestine, est plus délicat à interpréter : « Si duo possideant in solidum videamus quid sit dicendum. Quod qualiter procedat tractemus. Si quis proponeret possessionem justam et injustam, ego possideo ex justa causa, tu vi aut clam; si a me possides, superior sum interdicto : si vero non a me, neuter nostrum vinceretur nam et tu possides et ego. » (L. 3, pr., *Ut poss.*).

Si l'on considère que ce passage est d'Ulpien, qui enseigne partout ailleurs la doctrine contraire, que cette manière de s'exprimer: *si quis proponeret* indique une supposition momentanée pour en examiner les effets; si l'on remarque enfin le ridicule de sa conclusion, d'après laquelle le juge ne pourrait ni condamner, ni donner gain de cause, on n'hésitera pas à adopter l'opinion de Cujas, reproduite récemment par M. de Savigny.

Ulpien cherche à démontrer la fausseté du système des Sabiniens, par la bizarrerie des résultats qu'amène le *compossessio* en matière d'interdit *uti possidetis*. En cas de possession violente ou clandestine, qu'arrivera-t-il, si le *violentus possessor* intente l'interdit? Première hypothèse. — Le possesseur actuel a enlevé la possession au défendeur, celui-ci doit triompher. Ici les deux écoles admettent la même décision, et ces motifs seuls diffèrent. — Deuxième hypothèse. Le possesseur antérieur a été dépossédé par un tiers, et celui-ci l'a été à son tour par le demandeur. En ce cas, le procès ne peut recevoir de solution, puisque, d'après Trébatius, le *justus* et l'*injustus possessor* auraient chacun leur possession, et que la personnalité des exceptions ne permet pas de faire prévaloir l'une sur l'autre. L'on ne peut pas admettre que ce soit pour arriver à ce résultat qu'Ulpien aurait abandonné dans son 59e livre sur l'édit, l'opinion qu'il avait soutenue dans un des premiers.

C. Le précaire peut être fait de deux manières : tantôt l'abandon porte sur la simple détention; tantôt, au contraire, sur la possession juridique (L. 10, § 1, *De acq. poss.*). « Precario autem rogavit, non est possideret, sed ut in possessione esset). »

Dans quel cas le concours des deux possessions se présenterait-il ?

Serait-ce dans la première hypothèse ? Non, car si on suppose un précaire sans possession, le *rogans* est un simple détenteur au nom d'autrui; s'il refuse, le précaire étant rompu, de rendre la chose, il devient possesseur; mais la possession du *rogatus* a pris fin, puisqu'il peut user de l'interdit *de precario*, qui est récupératoire.

Si l'on suppose un précaire avec volonté de rendre le *rogans* possesseur, la possession du concédant est éteinte (L. 15, § 1, *De acq. poss.*). « Si quis ea mente possessionem tradidit ut postea ei restituatur desinit possidere. » Il ne la recouvre pas lorsqu'il a révoqué le précaire et que le *rogans* a injustement conservé la possession, car c'est encore l'interdit récupératoire *de precario* qui lui servira.

Il faut donc regarder comme une faute des compilateurs du Digeste l'insertion de ce passage de Pomponius : « Placet autem penes utrumque esse eum hominem qui precario datus esset; penes eum qui rogasset, quia possiderat corpore, penes dominum, quia non discesserit animo possessione » (L. 15, § 4, *De prec.*). Il exprime d'une façon mal définie par l'ambiguïté du mot *penes esse*, un principe opposé à l'opinion que Julien exprime quelques lignes plus bas (L. 19, *eod. tit.*), principe contraire aux règles sur l'acquisition de la possession, et qui n'explique rien que ne puissent expliquer les exceptions du *rogatus*.

Ce texte est d'ailleurs contredit par ceux qui règlent l'accession en matière d'usucapion ou d'interdit *utrubi*, car l'accession des possessions est admise dans les deux cas. En effet, après la restitution de chose, la possession intermédiaire du précariste est comptée au possesseur antérieur, et cette *accessio possessionis* a lieu, même lorsqu'il doit employer des moyens de contrainte pour obtenir la restitution, par conséquent, même lorsque la *precaria possessio* est devenue *injusta* par suite du refus de restitution. « Si tamen receperit possessionem, rupto precario, dicendum esse, accedere possessionem ejus temporis, quo precaria possidebatur... Si jussu judicis res mihi restituta sit, accessionem mihi esse dandam placuit » (L. 13, § 7 et 9, *De acq. pos. accessio*).

Cette *accessio*, admise dans tous les cas où le *rogans* a été possesseur juste ou injuste, prouve jusqu'à l'évidence que le *rogatus* n'avait pas simultanément conservé cette possession : car il ne saurait y avoir lieu à la jonction de deux possessions, là où la possession aurait toujours existé chez la même personne, là où il n'y aurait qu'une seule possession continue. Il faut donc nécessairement que la possession du concédant ait été interrompue pendant le précaire, ou après le refus de restituer, pour que la possession du concessionnaire vienne accéder, c'est-à-dire se joindre fictivement pour compléter une durée légale, à celle qui a recouvré de gré ou par contrainte et ici encore il n'y a pas eu possession simultanée de plusieurs.

58. Pour résumer ce qui nous semble résulter de ces recherches nous dirons :

1° La règle « plures eamdem res in solidum possidere non possunt » fut admise de tout temps et devait l'être.

2° Les prétendues exceptions à cette règle ne sont nullement justifiées ; elles sont au contraire démenties par des textes formels.

3° Les jurisconsultes romains avaient dû être amenés à poser ce faux principe, par la confusion que nous avons déjà signalée entre la possession même et le droit aux interdits. Frappés de voir le *dejectus* dans une position souvent plus favorable que le *dejiciens*, ils en tirent un possesseur ; sans remarquer que cette position était la conséquence naturelle du jeu des interdits, et non la suite d'une possession fictive.

4° Les résultats pratiques auraient été peu différents, et l'on peut dire avec Ulpien : — « Si quis vi dejectus est, perinde haberi debet ac si possideret, quum interdicto de vi recuparandæ possessionis facultatem habet » (L. 17, *De acq. poss.*). La question de principe doit seule être réservée.

CHAPITRE III

DES PERSONNES CAPABLES DE POSSÉDER

59. En général, tout le monde peut posséder, et l'on n'exige nullement de la part du possesseur la jouissance du droit de cité, ni la communication du *jus commercii*; mais, comme la possession de celui qui est absolument incapable de droits ne se distinguerait pas de la simple détention, comme d'ailleurs celui qui ne peut acquérir la propriété ne saurait avoir légalement l'*animus domini*, c'est-à-dire l'intention d'exercer ce droit, on doit faire une exception : tous ceux que la loi considère comme dépourvus de tout droit, sont incapables de commencer ou continuer une possession quelconque en leur nom.

Quand il s'agit de continuer à posséder, aucune autre condition n'est exigée; mais si l'on veut acquérir une possession nouvelle, il faut de plus être capable de volonté; car, sans elle, l'un des éléments ferait défaut.

60. Nous allons étudier dans une première section les incapables de droits : esclaves, prisonniers et fils de famille; dans une seconde, les incapables de volonté : personnes morales, furieux et infantes.

SECTION PREMIÈRE

A. *Esclaves.* L'esclave, incapable de droit, n'existant même pas comme personne juridique, ne peut rien posséder, pas même le pécule dont son maître lui a laissé l'administration. «...Peculium, quod servus quidem civiliter possidere non potest, sed naturaliter tenet, dominus creditur possidere (L. 24, *De acq. poss.*). Qui in aliena potestate sunt, rem peculiarem tenere possunt, habere et possidere non possunt, quia possessio non tantum corporis, sed et juris est (L. 49, *eod. tit.*). » Ce dernier texte nous a déjà occupé (*supra*, § 18); son sens est maintenant bien évident, parce que, dit Papinien, la possession n'est pas seulement une chose de fait; il faut aussi qu'elle puisse produire des droits.

L'homme libre, possédé comme esclave, ne peut posséder aucune chose pour lui-même (L. 1, § 6, *De acq. poss.*). Il n'est cependant pas incapable de droits; il peut acquérir pour lui la propriété. « Is quem bona fide possidemus... sibi acquirit, si liber sit (L. 19, § 11; Ulp., *Reg.*, *conf.* LL. 19, 23, 59, *De acq. dom.*). Nous rencontrons donc ici, entre l'acquisition de la possession et celle de la propriété, une différence remarquable, mais facile à justifier : pour avoir le droit de propriété, il suffit de la seule existence de certaines qualités juridiques; pour exercer le droit de propriété, il faut, avant tout, la faculté de pouvoir agir librement. C'est l'impossibilité de disposer librement et exclusivement de la chose possédée, qui a fait assimiler l'homme libre, possédé comme esclave, à l'esclave véritable; et, en ce sens, Ulpien a pu dire : « Quum possideatur, possidere non videtur. »

B. *Prisonniers de guerre.* Le citoyen romain qui tombe au pouvoir de l'ennemi devient esclave, ou plutôt même il est réputé mort; tous ses droits s'éteignent faute de sujet actif, et la possession cesse d'exister, *corporaliter*, c'est-à-dire par le fait, par l'impossibilité où l'on est de l'exercer. Elle cesse d'exister alors même que personne n'aurait, durant la captivité, occupé les possessions vacantes (L. 23, § 1, *De poss.*). « Hi qui in hostium potestatem pervenerunt... corporaliter tamen possessionem amittunt : sequitur ergo ut reversis his nova possessione opus sit, etiam si nemo medio tempore res eorum possiderit. »

Nous savons que les fictions de la loi Cornelia et du *jus postliminii* vinrent adoucir la rigueur de cette situation, quant aux droits des prisonniers; mais jamais elles ne s'étendirent à la possession, et l'on ne trouve en faveur du captif aucune de ces *ficta possessio* comme celle qui punit le dol ou la fraude. La possession est interrompue par la *capitis deminutio*, et tous les effets de l'interruption se produisent : « Interrumpitur usucapio, et si qui reverso non prodest, quemadmodum heredi ejus proderit? Sed verum est eum in sua vita desiisse possidere, ideoque nec postliminium ei prodest, ut videatur usucepisse (L. 15, *pr. De usurp.*).

Le motif, ici comme pour l'homme libre possédé,

c'est l'impossibilité de l'exercice du droit de propriété, l'impossibilité d'agir, de disposer librement, condition essentielle de l'existence de la possession. « Placet interruptam possessionem postliminio non restitui ; quia hæc sine possessione non consistit, possessio autem plurimum facti habet; causa vero facti non continetur postliminio » (Papin., l. 19, *Ex quib. caus.*).

C. *Fils de famille*. La condition des fils de famille subit des modifications considérables; il faut donc l'étudier à deux époques différentes.

Du temps de Gaius, l'incapacité de ceux qui sont en puissance d'autrui, est de principe, qu'ils soient en la *potestas*, *manus* ou *mancipium* d'autrui (G., *Comm.*, 2, § 87). Il n'y a entre eux aucune distinction; et, sur leur pécule, le fils de famille n'a pas plus de droit que l'esclave sur le sien. Il ne le possède donc pas : « Filiusfamilias ad ipsius possessionem rei peculiaris non videtur » (93, *Reg. jur.*).

Mais cette condition n'était pas identique sur tous les points; l'impossibilité de disposer était en fait bien loin d'être aussi grande pour le fils de famille et pour l'esclave; cette différence se manifestait par un premier résultat : l'homme libre et *sui juris*, qui se croit *alieni juris*, acquiert la possession pour lui (L. 44, § 4, *De usurp.*); s'il se croit esclave, il ne possède pour personne.

Une seconde conséquence fut que tous les biens que le fils de famille put successivement acquérir, et sur lesquels on lui donna des droits, purent être possédés par lui; car à leur égard, il n'était plus incapable de droit. Les biens du *peculium castrense* furent les premiers possédés par le fils de famille; mais les extensions qui y furent apportées englobèrent presque tous les biens que le fils pouvait acquérir.

Sous Justinien, on peut dire que la capacité est devenue de règle générale. Les textes reproduits au Digeste visent un état de choses bien changé; car désormais le fils de famille possède en son nom et par lui les pécules *castrense* et *quasi castrense*; il possède, par son père qui en est usufruitier, le pécule adventice, et s'il ne possède pas le pécule profectice, c'est par une règle de droit commun : c'est parce qu'il le possède *alieno nomine*, comme administrateur d'une part de la fortune paternelle (L. 1, *De bon. mat.*).

SECTION II.

A. *Personnes morales*. L'hérédité jacente peut avoir et acquérir toute espèce de droits, mais elle ne peut acquérir la possession; c'est du moins la règle générale, qui ne reçoit d'exception que dans un cas assez rare et même controversé, l'acquisition par le pécule de l'esclave. Le motif de cette incapacité, motif commun à toutes les personnes de création juridique, c'est l'impossibilité de volonté, et, par suite, l'absence de l'*animus domini*. « Possessionem hereditas non habet, quæ est facti et animi » (L. 1, § 15, *Si is qui test.*).

Même décision pour toutes les corporations, pour les municipes, pour les colléges sacerdotaux : « Qui nihil per se possidere possunt, quia uni consentire non possunt. »

Mais cette règle devint presque illusoire, par l'admission de ce principe que la ville ou l'association pourrait acquérir par l'intermédiaire de ses esclaves. Paul rejetait encore cette violation de l'ancien principe, que l'on acquiert la possession par ceux-là seulement que l'on possède. Du temps d'Ulpien, elle était admise et même étendue : désormais la personne morale acquiert la possession par ses esclaves ou par la volonté d'un de ses administrateurs, ou même enfin par le fait et la volonté de toute autre personne libre (L. 1, § 22, et L. 2., *De acq. poss.*).

Les nécessités pratiques avaient entraîné les jurisconsultes romains à des concessions qui étaient en contradiction flagrante avec leurs principes.

B. *Furieux*. Le *furiosus*, c'est-à-dire celui qui a complétement perdu la raison, ne peut acquérir la possession par lui-même. « Furiosus possidere incipere non potest, quia affectionem tenendi non habet. » L'on ne peut, en effet, sauf le cas d'un intervalle lucide, et alors le possesseur ne serait plus *furiosus*, concevoir un *animus possidendi* capable d'effet juridique.

Mais l'absence d'*animus* qui résulte de la folie ne faisait pas perdre la possession déjà commencée (L. 27, *De acq. poss.*). Le *furiosus* continuait donc à posséder ses esclaves, et pouvait dès lors acquérir par eux une possession nouvelle. Nous pensons même qu'il pouvait l'acquérir par son curateur, placé par la loi des Douze Tables dans une position exceptionnelle, celle de représentant de sa personne (Gaius, II, § 64).

C. *Pupilles*. En principe, celui qui se trouve soumis à un tuteur ne peut commencer à posséder, si sa volonté n'est sanctionnée par l'autorisation de ce tuteur. C'est ce que dit la loi 1, § 3, *De acq. poss.*; mais cette règle reçut des exceptions sur l'étendue desquelles l'on n'est pas d'accord.

Nous pensons qu'elles doivent être acceptées dans le sens le plus large ; l'on sait combien la situation des mineurs était favorable : de là, le désir de leur faciliter une acquisition de possession presque toujours lucrative, et la série de décisions contraires aux anciens principes, et souvent contradictoires parce qu'elles dépendaient de la volonté des prudents.

Le pupille pouvait, croyons-nous, dans le dernier état du droit, acquérir la possession : 1° par son tuteur, ou *tutore auctore*, s'il est absolument *infans*; 2° par son tuteur, *tutore auctore*, ou par lui-même, s'il a la connaissance de ce qu'il fait.

Le pupille acquiert par le fait de son tuteur, « per tutorem curatoremve possessio nobis acquiritur (1, § 20, *De acq. poss.*). Ce point n'est nullement controversé, et cette substitution de la personne du tuteur à celle du pupille n'est pas un fait isolé ; la loi 1, § 2, *De adm. test.*, et les Inst. Just., 3, l. 19, § 10, nous en fournissent deux exemples. Ce moyen d'acquérir la possession pourra seul exister (nous n'examinons pas ici l'acquisition faite *peculiariter*), lorsque l'enfant sera dans un âge qui ne lui permettra pas d'accomplir aucune appréhension ; mais la possibilité de l'employer n'est pas limitée à cette époque ; le § 20 de la loi 1 de notre titre ne porte aucune restriction.

Le pupille peut aussi acquérir, avec l'*auctoritas* de son tuteur, dès qu'il est en état d'accomplir le *factum :* « Pupillus tutore auctore incipiet (L. 1, § 3, *De acq. poss.*). Infans possidere recte potest si tutore auctore cœpit. » (L. 32, § 2, *eod. cit.*).

61. Mais quels sont les impubères qui peuvent acquérir *tutore auctore?*

Il ne peut y avoir de doute pour ceux qui sont *pubertati proximi*, ou qui simplement *aliquem intellectum capiunt*. Pour eux tout se passe régulièrement : ils accomplissent le fait, ils ont la volonté de posséder ; le tuteur n'intervient que pour sanctionner la volonté d'un pupille qui n'a pas un jugement plein et entier ; c'est le rôle ordinaire de son *auctoritas*.

La question est plus difficile, lorsqu'il s'agit d'enfants, et deux motifs semblent devoir y faire répondre négativement : le premier, c'est que le tuteur ne peut interposer son *auctoritas*, que si le pupille n'est plus *infans ;* jusque-là, il peut seulement *negotia gerere* (Ulp., *Reg.*, II, § 25) ; et si quelques exceptions furent apportées, elles concernèrent seulement les actes juridiques, et la possession n'en est pas. Le second motif, c'est l'acquisition tout à fait anomale par le fait et sans la volonté du possesseur, c'est la bizarrerie d'une possession qui comprend comme éléments le *factum* d'un être inconscient et un *animus pro alio possidendi*.

62. Cependant l'affirmative doit, pensons-nous, être préférée : la loi 32 nous semble décisive : « Infans possidere recte potest, si tutore auctore cœpit, nam judicium infantis suppletur auctoritate tutoris; utilitatis enim causa hoc receptum est, nam alioquin nullus consensus est infantis accipienti possessionem. » Elle déclare valable la possession commencée par l'*infans* avec l'autorisation de son tuteur, et, dans la leçon que nous avons adoptée, justifie cette absence de volonté de la part du possesseur. Déjà, dans un cas admis par nécessité, l'enfant acquérait sans qu'il y eût de sa part *nullus consensus*; c'était celui d'acquisition *per tutorem* : on n'avait plus dès lors de motif pour refuser, faute de volonté de l'enfant, l'acquisition de la possession dont l'enfant pose le *factum*, si le tuteur y joint sa volonté, puisque le fait et la volonté de ce dernier suffisaient à l'enfant. Aussi l'on finit par l'admettre *utilitatis causa*, probablement vers l'époque de Papinien.

63. Le pupille pouvait enfin acquérir seul et par lui-même. Pour être admis à jouir de cette faveur si exceptionnelle, on lui demande une seule chose, qu'il ait la connaissance de l'acte qu'il accomplit. « Pupillus etiam sine tutoris auctoritate possessionem nancisci potest (L. 32, *De poss.*, et L. 4, § 2, *De usurp.*) : « Pupillum si non tutore auctore possi-

deat, et animum possidendi habeat, dicemus posse usucapere. »

La loi 18, § 3, précise l'époque où cette dérogation fut admise; elle pose en principe l'incapacité du mineur; puis mentionne l'opinion contraire de Nerva et Olfilius, que Paul n'admet qu'avec un tempérament, « *quæ sententia recipi potest, si ejus ætatis sit ut intellectum capiat.* »

64. Cette exception reproduite au Digeste et confirmée par d'autres textes, était admise en dernier lieu, et même un peu étendue, si l'on se rapporte au rescrit de Decius, C. VII, L. 32, L. 3.

« Donatarum rerum a quacumque persona infanti vacua possessio, tradita corpore quæritur. Quamvis enim sint auctorum sententiæ dissentientes, tamen consultius videtur, interim, licet plenus animi non fuisset affectus, possessionem per traditionem esse quæsitam : alioquin, sicuti consultissimi viri Papiniani responso continetur, nec quidem per tutorem possessio infanti poterit acquiri. » Les interprétations de ce passage peuvent se ranger en trois classes :

Dans une première opinion l'enfant peut acquérir seul la possession, mais provisoirement seulement, c'est-à-dire jusqu'à ce que l'*auctoritas* du tuteur vienne suppléer à ce qui manque à cette acquisition. Le mot *interim* aurait dans ce cas une importance capitale : mais elle a le tort de supposer un fait tout à fait anormal, l'intervention non concomittante de l'*auctoritas* du tuteur, et de ne point expliquer la dernière partie du rescrit.

D'après une autre opinion, l'autorisation du tuteur est sous-entendue : elle est développée par Doneau, *Comm. j. civ.*, L. V, chap. 2; et adoptée par M. de Savigny. Le rescrit aurait donc pour but de déclarer la possession acquise quoique l'appréhension et l'*animus* ne se soient pas trouvés réunis dans une seule et même personne. L'autorité de ces deux auteurs ne peut cependant faire adopter une supposition aussi gratuite : il est impossible de supposer que le rescrit aurait oublié de mentionner cette circonstance capitale.

Aussi nous adoptons de préférence le troisième système, celui qui voit dans cette espèce l'acquisition de la possession par un enfant sans le concours de son tuteur.

65. Cette acquisition était admise dès le troisième siècle, époque du rescrit, pour les pupilles *pubertati proximi* : toute la question était donc de savoir si un infans pouvait participer à cette faveur; or, les textes ne distinguent pas entre les *pubertati vel infantiæ proximi;* ils exigent seulement que le pupille ait quelque intelligence, et le sentiment de ce qu'il fait; c'était le cas du rescrit qui ne parle plus du *nullus consensus* de la loi 32. Mais d'un *affectus animi non plenus;* aussi l'empereur déclare-t-il la possession acquise, conformément et non contrairement aux textes ci-dessus cités.

66. La seconde partie du rescrit ne peut être expliquée avec certitude, parce qu'elle répond vraisemblablement à l'un des motifs exposés dans la demande

d'un rescrit. Il y a cependant une explication bien plausible : le motif de douter de l'acquisition de possession, c'était l'imperfection de l'*animus* de celui qui doit acquérir telle possession. Mais, répond l'empereur, si vous la refusez au pupille qui n'a qu'une volonté imparfaite, vous devriez *a fortiori* la refuser au pupille qui n'a aucune volonté : et par suite à l'*infans* qui acquiert *per tutorem*, dont la volonté est nulle, *nullus consensus*, dit Papinien (L. 32).

Quant au mot, *interim*, il nous semble devoir être interprété en ce sens, que le tuteur à l'insu duquel la possession aura été acquise, pourra la faire cesser s'il la croit funeste à son pupille. Supposons une donation avec charges, le tuteur pourrait, après avoir examiné les conditions, refuser la donation; il faut dès lors qu'il puisse restituer. Cela résulte d'après nous, du principe que le mineur ne peut rendre sa condition pire; comme l'acquisition de la loi 4 au Code VII, 36, résulte de celui-ci : que le pupille peut toujours rendre sa condition meilleure, et que son incapacité n'existe que dans son intérêt.

CHAPITRE IV

DE L'ACQUISITION DE LA POSSESSION

67. La possession est acquise par la réunion des deux éléments qui la composent, la possibilité d'agir sur la chose d'une manière exclusive, et la volonté de la traiter comme sienne. Son acquisition exige

donc deux faits : le premier, fait matériel qui réalise le rapport physique, c'est l'appréhension ou *factum*; le second, fait intellectuel qui réalise l'esprit de maîtrise, c'est l'*animus*. *Adipiscimur possessionem animo et corpore, neque per se animo aut per se corpore.* (L. 3, L. 8, *De poss.* etc.).

68. Peu importe l'ordre dans lequel ces faits se sont produits, l'*animus* peut précéder le *corpus*; c'est généralement ce qui aura lieu, et M. Molitor a pu dire dans ce sens : l'acquisition de la possession est la volonté de posséder qui se réalise. Mais le fait peut aussi précéder la volonté, nous rencontrons des cas où une longue détention a pu précéder la possession, par exemple dans les interversions de titre ou les traditions dites de brève main.

69. Dès l'instant où ces deux faits se sont trouvés réunis par quelque fait que ce soit, la possession est acquise, mais il est indispensable qu'il concourent. Sans *corpus*, il n'y a rien qu'une intention absolument impuissante par l'absence de manifestation extérieure; *quod in jure non apparet non est*; et les quelques textes qui semblent supposer une acquisition *animo solo*, s'appliquent à des cas d'appréhension antérieure. Sans *animus*, l'on a une détention *nomine alieno* ou même un simple rapport physique qui, dénué de volonté, n'est de nulle considération : *qui nescit non possidet*.

70. Les deux faits qui commencent et engendrent les éléments de la possession seront généralement accomplis par celui qui veut l'acquérir; mais il peu-

vent néanmoins, nous avons eu l'occasion de le dire au chapitre précédent, être dans certains cas réalisés par des tiers. L'acquisition de la possession par autrui exigeant alors quelques conditions nouvelles et recevant des exceptions particulières, nous en ferons l'objet d'une seconde section : la première sera consacrée à l'étude du caractère et des conditions du *factum* et de l'*animus*, dans l'hypothèse la plus simple, celle d'une acquisition directe et par ses propres actes.

SECTION PREMIÈRE

§ 1. *Du Factum.*

71. Celui qui tient à la main une pièce d'argent, celui qui habite une maison a certainement réalisé un fait capable de le rendre possesseur; de ces cas et d'autres semblables l'on a déduit l'idée que tout attouchement physique devait être l'essentiel dans toute acquisition de possession; dès lors le *factum* consistera toujours, soit à saisir de la main une chose mobilière, soit à poser le pied sur un immeuble.

Peut-être, dans leur très-ancien droit, les Romains ne reconnaissaient-ils que ces deux espèces d'actes ; auxquels, par une première, mais unique dérogation, se joignait l'appréhension par la vue, *oculis*; l'impossibilité de posséder les choses incorporelles provient évidemment de ce que les jurisconsultes s'étaient placés dans cet ordre d'idées, et ne pouvaient établir un contact physique entre l'homme et la création juridique. Mais à l'époque classique, il faut reconnaître que les manières de prendre possession s'étaient singulièrement multipliés.

Presque tous les anciens glossateurs avaient pris cet acte physique dans le sens ancien, dans le sens d'un attouchement immédiat; mais, comme ils rencontraient un grand nombre de cas où la possession s'acquiert par un acte physique, mais sans attouchement immédiat, ils furent entraînés à considérer ces actes comme des actes symboliques, qui représenteraient par une fiction juridique, le fait d'appréhender réellement la chose.

Cette opinion était si généralement admise, que l'on avait classé ces différentes appréhensions fictives, l'on avait distingué les traditions symboliques, de brève main, de longue main, et chaque auteur jusque dans ces derniers temps, reproduisait cette théorie sans songer à la vérifier.

72. On peut la considérer actuellement comme étant complétement et à bon droit abandonnée. Elle avait le tort de supposer sans aucun texte qui pût la soutenir, une forme symbolique dans une institution de droit naturel, et des exceptions beaucoup plus nombreuses que la règle.

73. Les formes symboliques étaient fréquentes en droit romain, mais toujours dans des actes particulièrement propres au droit civil, dans la mancipation, la manumission, la revendication; au contraire dans les actes juridiques qui n'exigent point le droit

de cité, qui sont en dehors du *jus civile Quiritium*, tels que la vente, le louage, on ne rencontre jamais ces formes sacramentelles; or, la possession, si l'on en excepte l'usucapion, n'avait aucun rapport avec le droit spécial aux citoyens. Ajoutons que les actes présentés comme une fiction, comme des symboles, diffèrent profondément de ces formes symboliques, celles de la *vindicatio* par exemple : l'on comprend qu'une motte de terre, une tuile représente le champ ou l'édifice dont elles furent arrachées; mais comment comprendre que des titres représentent un champ, une clef les marchandises contenues dans un magasin, qu'un coup d'œil soit une fiction? Il serait donc contraire à toute analogie que la possession pût s'acquérir par des actes symboliques.

74. Les textes, avons-nous dit, ne contiennent aucune expression d'où l'on puisse inférer que les Romains fissent une distinction et connussent des appréhensions d'après le droit commun et d'après un droit exceptionnel. Or, ce silence prouve bien évidemment l'inexistence de la distinction ; car toutes les fois que les jurisconsultes se trouvent en face d'un droit exceptionnel, d'un *jus singulare*, ils ont grand soin de le faire remarquer : et un oubli, déjà si contraire à leurs habitudes, ne peut être supposé, dans un cas où l'exception serait d'une application plus fréquente que la règle, et non restreinte à quelques cas isolés. N'est-ce pas en effet dans la majorité des hypothèses que la possession s'acquerrait de la manière prétendue symbolique? Pour les immeubles l'appréhension

ne serait jamais réelle, puisque, pour éviter la tradition feinte, il faudrait que l'acquéreur se mît en contact avec toutes les parties du sol : *omnes glebas circumambulet.*

Même pour les choses mobilières, le cas le plus fréquent n'est pas celui où la chose entière sera prise dans la main ; pour les unes le poids ou la grandeur, pour d'autres, livrées à des commerçants, le grand nombre, rendront nécessaire ou feront préférer une tradition symbolique.

L'on ne peut pas supposer qu'une pareille inconséquence aurait échappé à l'attention des jurisconsultes romains; il faut renoncer à voir une exception dans les cas de traditions dites symboliques, et par suite, à les interpréter limitativement, ce que les interprètes anciens n'avaient pas manqué de faire, quoi que les sources ne disent rien de semblables restrictions.

75. Avant de rechercher quelle définition du *factum* pourra comprendre toutes les espèces d'appréhensions, nous mentionnerons une explication ingénieuse de l'extension don[illegible] au contact matériel ; elle est fort ancienne, tirée de la glose sur la loi 18, § 2, mais reproduite par plusieurs auteurs modernes, et tout récemment par M. Troplong. D'après ce système, c'est la perception au moyen des sens qui constitue l'élément matériel, chacun d'eux peut l'acquérir, ainsi la vue du champ *per decem milliaria.* Mais comme il considère le toucher comme le mode originaire, toute acquisition par un autre sens,

est une fiction de l'acquisition par le toucher. Ainsi, dit M. Troplong prenant dans son sens littéral une expression de Javolenus, celui qui acquiert par la vue, acquiert en quelque sorte par une main plus longue. « L'école moderne, ajoute-t-il, peut-elle nier ce qu'il y a de symbolique là dedans? » Nous pensons que oui; car tous les reproches que nous adressions au système précédent. peuvent s'appliquer à celui-ci, et de plus, quelques-uns spéciaux : ainsi la tradition par remise des clefs serait réelle, car aucun coup d'œil n'aurait été jeté; mais si les objets étaient en vue, elle serait symbolique, différence qui ne peut se justifier.

Le contact matériel n'est point exigé pour la prise de possession; il n'y a aucune distinction à établir entre les différents modes d'appréhension : « non est enim corpore et tactu necesse apprehendere possessionem, sed etiam oculis et animo » (Paul, l. 1, *De poss.*); tels sont les principes que nous croyons pouvoir adopter et qui d'ailleurs sont généralement professés maintenant. Il nous reste à trouver une définition plus large du *factum*, telle qu'elle puisse comprendre toutes les traditions.

76. Or, le *corpus*, élément de la possession, est la possibilité physique d'agir sur la chose d'une manière exclusive, de même le *factum*, élément de l'acquisition, doit consister dans tout fait qui nous donne cette possibilité. Tel était croyons-nous, dans la pensée des jurisconsultes romains, la véritable nature du *factum;* car cette condition, ils l'exigent

toujours, mais n'exigent jamais qu'elle : c'est ce que nous allons essayer de démontrer par l'étude des textes relatifs à cette matière.

77. Mais quels faits doivent se produire pour constituer cette possibilité? La question peu importante en pratique parce que le grand nombre de solutions permettrait de décider par analogie, est extrêmement délicate à préciser en théorie. D'après M. de Savigny, il suffit que la libre disposition de la chose soit rendue extrêmement probable, que celui qui veut acquérir la possession ait la conviction, par suite de faits réellement existants, de son pouvoir sur l'objet, et l'on ne doit pas s'arrêter, pour refuser l'acquisition, à des faits improbables qui n'entraient dans les prévisions de personne. Nous pensons pouvoir adopter ce système; il explique comment l'on est plus sévère pour l'acquisition originaire des *res nullius* que pour celles d'une possession transmise, car la tranquillité de la possession antérieure répond de celle de la possession future ; il est enfin ailleurs évident qu'on n'exige pas la certitude de la libre disposition, qui ne pourrait résulter que d'une *contrectatio* ou d'une jouissance prolongées. Les Romains n'avaient d'ailleurs établi aucune théorie, et s'étaient bornés, suivant leur habitude, à poser certaines espèces que nous allons étudier.

A. Acquisition d'une possession originaire.

La présence et le contact matériel sont ici toujours exigés comme donnant seuls des garanties sérieuses de la possibilité de disposer.

Le gibier blessé peut facilement échapper; aussi celui qui l'a blessé mortellement, qui le poursuit de près n'est pas encore possesseur : il faut qu'il l'ait tué et blessé : « Plerique putaverint non aliter feram nostram esse, quam si eam ceperimus, quia multa accidere possunt ut eam non capiamus; quod verius est.»(Gaius.) Cette opinion fut rendue obligatoire par Justinien (Inst., 11, 1-13).

Le § 14, loi 3, *De acq. poss.*, confirme cette règle; mettre du poisson dans un vivier est un *corpus* suffisant à cause de la possibilité de le prendre à toute heure; mais on ne possède pas le poisson de son étang à cause des chances de la pêche.

Les pierres précieuses, minerais, etc., sont possédés par qui les ramasse; celui qui les apercevrait le premier n'aurait point réalisé une appréhension suffisante. (Inst., 11, 1, 19.) Il en est de même du butin fait sur l'ennemi; nous supposons, naturellement, que les armes ont été jetées dans la déroute, et ne sont plus entre les mains des combattants.

L'île née dans la mer est la propriété de l'occupant : *statim occupantis fit*, dit Gaius, ce qui suppose une résidence, une exploitation et *a fortiori* un contact matériel.

78. Quant au trésor, la question était controversée, mais nous pensons qu'on devait lui appliquer les règles ordinaires.

Dans les questions de propriété, le trésor se définit : « Vetus quædam depositio pecuniæ, cujus non exstat memoria, ut jam dominum non habeat. » Il est en effet indispensable que le dépôt soit devenu *res nullius*, pour qu'il puisse être acquis par une sorte d'occupation, mais en matière de possession, le mot *thesaurus* a un sens beaucoup plus large; toute valeur est ici un trésor, peu importe qu'il y ait ou non, moyen de découvrir le propriétaire. *Thesaurus meus in tuo fundo est*, dit la loi 15, *Ad exhibendum*. Termes inconciliables avec ceux cités plus haut : *Ut jam dominum non habeat*. La loi 44, *De acq. poss.* est encore plus claire : « Peregre profecturus pecuniam in terram custodiæ causa condiderat. Quum reversus locum *thesauri*...» Le propriétaire, loin d'être absolument inconnu, revient ici lui-même chercher son trésor.

Lors donc qu'une chose mobilière se trouve enfouie dans un fonds, ce seul fait suffit-il pour que le possesseur du sol possède aussi la chose enfouie? Si le possesseur du sol ignore l'existence de ce dépôt, il n'y a aucun doute; il ne possède pas, car il n'a pas l'*animus* quant à cet objet : et cet objet n'est pas une partie intégrante du tout que l'on doive posséder avec lui. Il est si distinct du fonds, que son ancien propriétaire ne perd ni le droit de propriété, ni même la possession qu'il en avait; ces solutions de la loi 44, pr., *De acq. poss.*, sont conformes à notre définition du *corpus*, car le propriétaire connaissant seul l'endroit du dépôt, a seul la possibilité d'en disposer; mais la même loi consacre une dérogation en faveur de celui qui a oublié et ne peut reconnaître l'endroit où il a caché son trésor.

79. Si le possesseur du fonds vient à connaître l'existence de ce trésor, en acquerra-t-il par ce seul fait la possession, ou d'autres conditions sont-elles exigées? La question était controversée entre les Sabiniens et les Proculéiens qui se partageaient entre ces deux systèmes que nous rapporte la loi 3, § 3, *De acq. poss.*; mais l'opinion de Sabinus nous paraît devoir être preférée, comme plus conforme aux principes et à la réalité des faits.

« (A) Neratius et Proculus solo animo non posse nos adquirere possessionem aiunt, si non antecedat naturalis possessio. (B) Ideoque si thesaurum in fundo meo positum sciam, continuo me possidere, simul atque possidendi affectum habuero; quia quod desit naturali possessioni, id animus implet. (C) Ceterum quod Brutus et Manilius putant, eum qui fundum longa possessione cepit, etiam thesaurum cepisse, quamvis in fundo nesciat esse, non est verum; is enim qui nescit, non possidet thesaurum, quamvis fundum possideat; sed etsi sciat, non capiet longa possessione; quia scit alienum esse. (D) Quidam putant Sabini sententiam veriorem esse, nec alias eum, qui scit, possidere, nisi si loco motus sit, quia non sit sub custodia nostra : quibus consentio. »

Ce texte de Paul contient plusieurs propositions fort importantes.

Deux d'entre elles ne soulèvent aucune discussion : celui qui ignore ne possède point (*C. méd.*). La possession s'acquiert *animo solo*, si la détention existe auparavant (A).

L'opinion de Brutus, que le trésor est usucapé en même temps que le fonds dans lequel il est enfoui, ne peut non plus faire de doute, car elle est victorieusement réfutée même par les Proculéiens eux-mêmes (C).

Mais la controverse s'engage dans les §§ B et D. Neratius et Proculus, après avoir posé un principe indiscutable, en font une application au cas du trésor. Le possesseur du sol a, disent-ils, la possession naturelle du trésor; s'il apprend son existence et veut le posséder en propre, l'*animus* vient se joindre au *corpus*, et une véritable possession prend immédiatement naissance.

Sabinus, Paul et les compilateurs du Digeste qui ont inséré ce fragment étaient d'un avis différent. D'après eux, il ne suffit pas de savoir que le trésor existe, il faut l'avoir retiré de terre et mis sous sa *custodia*. Nous adoptons cette opinion; la connaissance du dépôt d'un trésor en mon champ, ne me donne nullement la possibilité de m'en servir, d'en disposer; il faut savoir où il est, il faut avoir vérifié son existence en le découvrant, et l'avoir mis à l'abri de la découverte des tiers. C'est en ce sens, croyons-nous, que Sabinus exigeait la *loco motio;* ce n'est pas qu'il exige une *contrectatio*, un contact matériel, mais il veut qu'un trésor découvert soit enlevé pour être mis en sûreté.

80. La *custodia*, la facilité de garder le trésor, étant une des conditions d'acquisition, la différence qui existe naturellement et légalement entre les

champs et la maison où l'on habite, donnerait dans certains cas, une solution différente. Si, par exemple, un trésor est caché, non plus dans mon fonds, mais dans ma maison, j'en devrai acquérir la possession du moment où je saurai exactement où il est; en effet, sa place dans ma maison m'en donne la *custodia;* la connaissance de l'endroit précis où il se trouve, me permet d'en disposer à tout instant.

Aucun texte ne peut cependant être directement invoqué à l'appui de cette opinion, si nombreuses que soient les lois relatives aux trésors; cette question offrit cependant un grand intérêt pratique après les guerres civiles et les troubles politiques dont l'Italie fut si souvent victime.

B. *Transmission de possession* (*immeubles*).

81. Comme *factum* suffisant pour faire acquérir la possession de biens-fonds donnés ou vendus, nous trouvons en premier lieu le contact, la présence sur l'immeuble : « Proponebatur quod etiam in eo agro, qui donabatur, fuisset cum epistola emitteretur; quæ res sufficiebat ad traditam possessionem » (L. 75, *De rei vind.*). « Sufficit quamlibet partem fundi introire. »

Mais le contact matériel n'est pas ici la cause de l'acquisition; l'entrée dans le fonds n'a qu'un but : s'assurer que la possession est *vacua*, c'est-à-dire qu'il n'existe pas, sur ce domaine, de tiers possesseur ayant l'*animus nomine proprio possidendi*. Du moment où le fonds est *vacuus*, il suffit que l'ancien possesseur ait la volonté de transférer, et le nouveau la volonté d'acquérir la possession, et qu'aucun autre obstacle matériel n'empêche la prise de possession. Dès lors, la tradition est faite, car la volonté du précédent possesseur, seul obstacle à la jouissance de l'acquéreur est annulée, et ce dernier a, conformément à notre principe, la possibilité de disposer de la chose.

Dans la loi 18, § 2, *De poss.* : « Si vicinum mihi fundum mercatum venditor in mea turre demonstret, vacuamque se tradere possessionem dicat : non minus possidere cœpi quam si pedem finibus intulissem. » La prise de possession n'exige donc ni un acte de maître, ni même la présence sur le fonds, mais elle résulte ici de l'assurance de la *vacuitas* du fonds et de la possibilité d'agir sur lui garantie par le voisinage, *vicinum fundum*. Notons que les expressions du texte montrent que cette tradition n'a rien d'inférieur à la tradition faite sur le champ lui-même; rien n'indique que le jurisconsulte y ait vu une exception et une faveur.

82. Ainsi, en général, la présence de l'acquéreur sur le fonds ou en vue de l'immeuble, sera un fait suffisant; mais nous devons dès à présent signaler une restriction que nous ne développerons que dans le chapitre suivant. Il fut admis que la possession d'une chose immobilière ne serait jamais perdue avant que le possesseur eût acquis la connaissance de ce fait; or, comme une chose ne peut être pos-

sédée par deux personnes à la fois, il en résulte que si la chose est livrée par le possesseur apparent, il faut, pour acquérir la possession, une troisième condition : la connaissance du possesseur antérieur, du possesseur réel.

C. *Tradition d'une chose mobilière.*

83. Pour la possession d'une chose mobilière, on exige toujours le consentement en sa présence; dans un seul cas, celui de dépôt dans la maison de l'acquéreur, la possession est transmise hors de la présence de l'objet.

Ce cas prouve bien que le *factum* exigé consiste uniquement dans la possibilité de disposer de l'objet d'une façon exclusive, possibilité garantie par la *custodia*, la garde que l'on exerce sur les choses renfermées dans son domicile. Car dans cette hypothèse, comme dans celui de la remise des clefs, il n'existe aucune appréhension manuelle, aucun coup d'œil, aucun symbole en quoi l'on puisse faire consister ce *factum*.

84. Examinons à la suite de quels faits les jurisconsultes admettent la translation de possession.

La tradition suivie de l'enlèvement de la chose, ou d'une appréhension matérielle, transfère la possession; cela est si évident que les sources n'ont même pas jugé nécessaire de le dire expressément.

Cette appréhension manuelle n'est pas toujours possible; le poids ou le volume de la chose peuvent rendre son déplacement difficile; il importe peu d'ailleurs, si je suis en présence de l'objet, et suis à chaque instant en mesure de la saisir, que je l'aie réellement prise en main; aussi maint texte déclare que la présence immédiate de la chose suffit, puisqu'elle garantit la possibilité d'agir sur elle.

L. 79, *De solut.* :

« Pecuniam quam mihi debes, aut aliam rem, *si in conspectu meo*, ponere te jubeam, efficitur ut tu statim libereris, et mea esse incipiat. » C'est la fin de ce texte qui renferme l'expression *manu longa*, dont on avait fait la tradition de longue main.

L. 1, § 21, *De acq. poss.*

« Si jusserim venditorem procuratori rem tradere, quum *ea in præsentia* sit, videri mihi traditam Priscus ait..... columnas traditas haberi; si in re præsenti consenserint. » La première partie contient une double tradition, dont la loi 31, § 1, *De donat.*, nous fournit un autre exemple; les objets donnés par une mère au nom de sa fille, sont censés avoir été remis à la fille et par elle au mari; seulement, *celeritate conjungendarum inter se actionum unam actionem occultari.*

La loi 51, *De acq. poss.*, offre quelques difficultés; elle suppose que la tradition d'un amas de bois s'est effectuée par le fait d'y avoir mis un gardien; Labéon pense qu'il y a là une tradition réelle, car peu importe que la garde en soit confiée à un mandataire ou exercée personnellement par l'acquéreur. Nous partageons cet avis, et ne voyons dans l'hypothèse rien de contraire à notre définition du *factum*, puisque la garde du monceau de bois a précisément pour but d'en assurer la détention exclusive. Quant à l'expression de Javolenus, *animi quodam genere possessio*, nous renonçons à l'expliquer.

85. La tradition peut encore consister dans la remise des clefs, des titres, dans l'apposition de la marque, ou enfin dans le transport à domicile.

La remise des clefs d'un magasin, d'un grenier ou d'une cave, pour opérer la tradition des marchandises qui y sont contenues, paraissait, aux anciens auteurs (entre autres Dumoulin, Voët, et récemment M. Merlin), un acte symbolique. Assurément, les clefs peuvent être un symbole : ainsi, dans l'exemple maintes fois cité de la remise au vainqueur des clefs d'une ville. Mais, dans le cas des lois 9, § 6, *De acq. r. dom.*, et 1, § 21, *De acq. poss.*, elles ne représentent point les marchandises, ce qui n'aurait aucune raison d'être; elles donnent simplement à l'acquéreur la possibilité d'en disposer. La loi 74, *De contr. emt.*, en est la preuve irrécusable. Si la tradition est symbolique, elle aura autant d'effet à cent lieues qu'en présence de l'objet, puisque l'acquéreur appréhendera matériellement la représentation des marchandises. Or, la loi nous avertit que la remise des clefs doit avoir lieu en présence du magasin. C'est que, ici comme ailleurs, la possession commence avec la possibilité d'agir; possibilité qui existe lorsque je n'ai plus qu'à ouvrir, avec la clef qui m'est remise, la porte devant laquelle nous nous trouvons; possibilité qui n'existe pas, si l'on me livre à Paris les clefs d'un magasin qui est à Rome. « Clavibus traditis, ita mercium in horreis conditarum possessio tradita videtur, *si claves apud horrea traditæ sint.* »

La remise des titres doit, pensons-nous, être entièrement assimilée à la remise des clefs, quant à cette dernière condition. La raison de douter serait un rescrit de Sévère et Antonin, au Code, L. 1, *De donat.* : « Emptionum mancipiorum instrumentis donatis et traditis, et ipsorum mancipiorum donationem factam et traditam intelligimus, et ideo potes adversus donatorem in rem actionem exercere. » Comme il n'existe aucune trace d'un droit particulier pour les traditions d'esclaves, droit qui n'aurait aucune raison d'être, l'on doit chercher dans quelle hypothèse le cas du rescrit rentre dans le droit commun; on y arrive en supposant, soit un constitut possessoire, soit une remise des titres en présence des esclaves ; nous adoptons cette dernière opinion, comme la plus simple et la plus conforme à la fin du texte, qui parle d'exercer une action réelle, ce qui suppose que le donateur est possesseur des esclaves et non un simple détenteur.

L'apposition d'une marque équivaut-elle à une appréhension ?

Il est inutile de dire que la présence de l'objet est en ce cas inévitable.

De deux textes, l'un dit oui, l'autre dit non (L. 1, § 2, et L. 14, § 1, *De periculo res venditæ et traditæ*). Nous pensons que l'apposition de la marque ne joue qu'un rôle secondaire. Vendeur et acquéreur sont-ils convenus, en marquant des poutres sur un chantier ouvert, de transférer la possession? Elle est livrée : *in re præsenti consenserunt* (L. 14). Si, au contraire, l'acheteur a marqué d'un signe les tonneaux, dans la crainte qu'on n'y substitue d'autre vin, mais sans les enlever d'une cave étrangère, où il ne possède nul moyen d'entrer ni surtout d'exclure d'autres possesseurs, il n'y a pas tradition, parce qu'il n'y a pas possibilité de disposer (L. 1).

86. La possession d'une chose peut enfin être acquise sans la présence de l'acquéreur ou de son mandataire, si cette chose est, par son ordre, transportée dans sa propre maison (L. 18, § 2, *De poss.*). Ici la possibilité de disposer est garantie par une cause toute spéciale, par le droit de chacun d'être maître chez soi, par le respect dû au domicile; on considérait la garde de l'objet comme aussi complète en ce cas que dans celui de remise personnelle : « quod enim interest inferantur volenti eo in domum ejus, an ei tradantur. » Mais le mot *domus sua* demande quelques explications. Il ne s'agit pas ici de maison dont on ait la propriété ou la possession : il suffit, mais il faut que l'objet soit transporté dans une maison dont on a l'usage exclusif, et où, par conséquent, l'objet sera à l'abri des atteintes d'un tiers. Dès lors le dépôt de l'objet dans une maison que je loue, mais que j'habite, m'en acquiert la possession; mais non le transport dans une maison dont je suis possesseur ou propriétaire, si un détenteur à précaire ou un locataire y a son domicile.

§ 2. *De l'animus.*

87. Nous venons de définir l'acte physique qui fait acquérir la possession; mais à cet acte doit se joindre, pour que la possession se produise réellement, une volonté déterminée, *animus;* c'est le point que nous avons maintenant à préciser.

En principe, cette volonté consiste à traiter la chose comme nous appartenant. Cela résulte de la nature même de la possession; la propriété étant le droit sur la chose, la possession, l'exercice de ce droit de propriété ; celui qui veut posséder doit par cela même, vouloir se comporter en propriétaire. Presque tous les auteurs adoptent cette définition, et, donnent à cette intention le nom d'*animus domini* sous lequel nous le désignerons. Mais il faut reconnaître que ce nom n'est pas celui des jurisconsultes romains : on n'en trouve l'équivalent que dans la paraphrase de Théophile : ψυχη δεσπο ζοντος κατεχειν. Dans les Instituts et les Pandectes nous trouvons plus souvent *animus vel affectus possidendi*, *tenendi :* mais ce mot *animus possidendi* a le tort de ne rien expliquer puisqu'il fait rentrer le mot défini dans la définition.

88. Précisons rapidement la valeur de chacune de ces expressions.

Animus signifie l'intention, la volonté de propriété, mais nullement la croyance à ce droit de propriété. Le voleur, le *dejiciens* ont la possession ; il leur est cependant impossible de croire, et même pour le premier, de prétendre à un droit de propriété. L'*opinio dominii* n'est pas sans influence; car elle seule permet d'usucaper ; c'est par elle que la possession sera *bonæ fidei*, et fera les fruits siens : mais en matière d'acquisition de possession, la volonté de traiter la chose en maître est la seule chose exigée.

89. Le mot *domini* doit être entendu dans un sens très-large, et il faut bien se garder de le restreindre au *dominium ex jure Quiritium*. La possession n'a rien de commun avec les actes de pur droit civil, et même une nombreuse école en fait remonter l'origine à une source toute prétorienne ; on peut donc l'acquérir en prétendant exercer sur la chose les droits analogues au droit de propriété, tout aussi bien qu'en prétendant sur elle au domaine quiritaire. Il y aura donc un *animus domini* de la part du possesseur qui se croit propriétaire bonitaire, propriétaire de fonds provinciaux ou publics, enfin possesseur *jure emphyteuticario*.

99. La possession de ce dernier est controversée; nous ne l'étudierons que dans quelques instants ; mais il est facile d'établir la propriété des deux premiers.

L'usucapion avait pour effet de donner le domaine quiritaire à celui qui n'avait que la propriété bonitaire; comme la possession est la base de la prescription, il en résulte que celui qui a une chose *in bonis*, la possède puisqu'il la prescrit. D'ailleurs, dans tous les cas qui n'étaient pas exclusivement propres à l'ancien droit civil, strict et rigoureux, la propriété bonitaire se confondait d'une manière absolue avec la propriété proprement dite.

Les fonds provinciaux étaient, selon le droit strict, insusceptibles de domaine, et restèrent, jusque sous Justinien, distincts du sol italique, mais ce principe que la propriété du sol provincial est au peuple ou à César, n'était guère qu'une abstraction ayant pour but et pour seul effet d'obliger le détenteur à payer un tribut. Sous tous les autres rapports, les possessions provinciales étaient protégées d'une manière à peu près équivalente à la propriété, par des institutions prétoriennes, et même la revendication devait pouvoir s'y appliquer (Gaius, p. 71-76), dans les derniers temps. L'*animus domini* se conçoit donc parfaitement à l'égard des possesseurs de fonds provinciaux. Les mêmes raisons nous expliquent comment l'*ager publicus* pouvait être en Italie l'objet d'une véritable possession : le droit de propriété du peuple romain aurait ici une importance bien plus réelle, puisque ces concessions pouvaient toujours être retirées ; mais cela ne se fixait que par des plébiscites, par des actes du domaine du droit public ; et pour ce qui est des rapports privés des particuliers entre eux, l'*animus domini* s'y concevait tout aussi bien que dans le cas d'une propriété quiritaire.

91. L'*animus domini* n'est autre chose que l'intention d'exercer un droit de propriété ; mais cette définition ne suffit pas ; car celui qui détient une chose peut avoir cette volonté de deux manières : il

peut vouloir exercer le droit d'autrui ou le sien propre. Le fermier, par exemple, cultive les terres, récolte leurs produits, exerce le droit de propriété; mais en reconnaissant ce droit chez une autre personne; dans cette hypothèse, l'*animus possidendi* nécessaire pour que la détention se transforme en possession n'existe pas. Il faut que le détenteur ait l'intention d'exercer son propre droit de propriété, qu'il y ait *animus sibi habendi;* sans quoi la volonté est insuffisante et inefficace. Il est très-important de ne pas se laisser induire en erreur par les fausses locutions : posséder pour autrui, *alieno nomine possidere,* et d'en conclure, *pro alio possidet, ergo possidet.* L'on possède par soi-même ou par autrui : mais l'on possède toujours pour soi, ou l'on ne possède pas; l'on est simple détenteur au nom d'autrui : « Nec idem est possidere et alieno nomine possidere. Nam *possidet cujus nomine* possidetur. Procurator *alienæ* possessioni præstat ministerium. »

92. Une même chose peut parfois être détenue par une personne *suo et alieno nomine.* Supposons un usufruitier à qui l'on a remis un immeuble : il aura tout à la fois l'*animus domini* quant à ces deux droits : *usus et fructus;* mais quant au droit d'*abusus,* il aura la volonté de détenir, au nom du nu-propriétaire, qui lui aussi possédera par un intermédiaire. Tous deux ont donc une possession, ce qui est possible, parce qu'elle n'est pas *in solidum* et qu'elle porte sur des démembrements différents de la propriété: celle du premier est dite *juris possessio;* du second, co-

poris possessio. Nous aurons à nous demander, dans plusieurs cas controversés, si la possession est *juris* ou *corporis;* mais, auparavant, nous allons examiner la question des possessions dérivées.

93. Lorsqu'il s'agit de l'acquisition originaire d'une possession, la volonté doit toujours consister en un *animus domini;* la règle que nous venons de poser ne reçoit aucune exception. Mais nous trouvons certains cas où un possesseur a la volonté de transférer à son tour la possession de sa chose, sans lui en transférer en même temps la propriété; la possession est déclarée par les textes acquise à ce tiers, qui n'a certainement pas l'*animus domini*, et qui reconnaît dans le chef d'autrui un droit de propriété; soit, par exemple, au créancier gagiste, au *rogans* en cas de précaire, ou au séquestre. De là une controverse chez les commentateurs, sur le point de savoir si on doit les considérer comme autant d'exceptions à la règle, ou s'il faut au contraire élargir la définition de l'*animus* pour les y comprendre tous.

94. Quelques auteurs ont pris un troisième parti dont nous devons parler en premier lieu, parce qu'il rendrait toute discussion superflue : celui de nier absolument l'existence de ces cas exceptionnels.

L'*animus domini* est pour eux la règle, et cette règle, dans aucun cas on n'y déroge; si le précariste, le créancier, le séquestre n'ont pas la volonté d'être propriétaires, ils n'auront pas la possession. Mais alors, qu'auraient-ils? D'après les uns, ce sera une *juris possessio;* d'après d'autres, une *ficta possessio*.

Ce système est contraire à l'opinion communément reçue que le gage, séquestre ou précaire donnent une *corporis* possession, ce que nous établirons pour chacun en particulier. Si l'on admet la *ficta possessio*, l'on rencontre une impossibilité, la coexistence de deux possessions *in solidum;* d'ailleurs, quelle sera-t-elle? Sans *animus*, nous savons que cela est contraire aux principes. Avec *animus?* mais alors cet *animus*, qui ne sera pas l'*animus domini*, sera d'une nature exceptionnelle : c'est tout ce que nous prétendons. Enfin, les textes ne parlent pas de possession feinte, et parlent de la possession bien réelle du séquestre (L. 3 et 39, *De poss.;* L. 17, *De poss.*), du *rogans* (L. 10, *De poss.*, et 4, *De prec.*), et du créancier gagiste (L. 37, *De pign.;* L. 16, *De usurp.*, L. 36 et 15, *De poss.*), ce qui exclut celles des débiteur, dépositaire et *rogatus* auxquels ce système prétend la conserver.

95. Ce système étant écarté, il nous reste à opter entre le parti qui étend l'*animus possidendi* et celui qui admet les possessions exceptionnelles dites dérivées ; nous croyons ce dernier préférable.

Un premier argument en sa faveur consiste dans la variété même des systèmes qui lui ont été opposé par Warnkœnig, Molitor, Sintenis, etc., dans l'obscurité et le sens vague et indéfini des expressions *animus possidendi*, *animus rem sibi habendi*, qui lui ont été substituées; enfin, dans ce fait que chaque système donne plus de prise à la critique que celui de MM. de Savigny et Thibaut. Un second motif nous semble décisif : les premiers auteurs font plier les principes pour expliquer quelques exceptions; les seconds restent fidèles à leurs principes sur la nature de la possession, et peuvent facilement justifier les exceptions qu'ils rencontrent par des raisons d'utilité pratique aussi simples qu'évidentes : ainsi le *rogans* eut la possession, parce que le patron ne pouvait sans cesse s'occuper des concessions faites à sa clientèle; le créancier eut la possession, parce qu'un débiteur de mauvaise foi aurait annulé le gage par le jeu des interdits; le séquestre eut la possession, parce que, sans cela, personne n'aurait eu le droit d'invoquer les interdits.

Nous n'insisterons pas davantage sur cette controverse dont l'intérêt pratique est nul; car M. de Savigny lui-même reconnaît que la seule conclusion qu'il puisse tirer de son système, c'est que les cas où la possession s'acquiert sans *animus domini* ne devront pas être étendus, parce qu'ils sont exceptionnels, partant de droit étroit; or, il y a bien peu de cas, où l'on pourrait être tenté d'attribuer par analogie un *animus possidendi*.

96. En résumé l'acquisition de la possession exige une appréhension et la volonté d'exercer en son propre nom le droit de propriété : dans un très-petit nombre de cas, l'on admit par motif d'utilité, une transmission de possession à un tiers qui ne prétend point à la propriété. Dans ce cas il n'y a point d'*animus domini*, et l'un des éléments de l'acquisition de la possession se trouve ainsi exceptionnellement mo-

difié : mais la possession reste toujours la même, et engendre les mêmes droits ; aussi les jurisconsultes romains n'avaient aucun terme spécial pour la désigner, et si nous la qualifions de dérivée, c'est pour distinguer une particularité de son acquisition et non de sa nature.

97. Après avoir exposé d'une manière générale, la théorie des jurisconsultes romains en matière d'*animus*, nous devons en examiner les effets dans les divers cas particuliers.

Tous les actes translatifs de propriété : vente, payement, donation, etc., donnaient naissance à un *animus domini ;* il ne pouvait donc y avoir à leur égard aucune difficulté.

Mais si les actes juridiques qui ne transfèrent point la propriété, sont suivis de tradition, il y aura tantôt simple détention, tantôt véritable possession, invoquée sans *animus domini;* c'est ici le moment de préciser. En passant successivement en revue toutes les hypothèses possibles, quelles sont les possessions dites dérivées que les lois autorisent ?

98. Pour six classes de personnes, le transfert de la détention n'implique jamais le transfert de la possession juridique :

A. *Procurator.* — Celui qui est chargé de gérer pour autrui, qui administre au nom de ce dernier, ne possède pas, mais sert d'instrument à celui qui possède par lui : « Quod procurator tenet, dominus creditur possidere » (L. 1, § 22, *De vi*, et Gaius ; L. 9, *De acq. poss.*).

B. *Commodataire.* — Celui qui permet à un autre l'usage d'une chose dont il est propriétaire n'en perd pas plus la possession que le commodataire ne l'acquiert. « Rei commodatæ et possessionem et proprietatem retinemus. » (L. 8, *Commod.*, et L. 8, 20, *De poss.*).

C. *Fermier.* — En cas de bail, il n'y a qu'une simple détention du locataire, fermier ou colon ; et des obligations personnelles qui assurent la jouissance de ce dernier contre le propriétaire ; mais, à l'égard des tiers, les interdits peuvent seulement être demandés par le preneur et intentés au nom du bailleur, seul possesseur, « per inquilinos et colonos possidemus » (L. 25, *De acq. poss.*, L. 6, § 2, *De precareo*).

L'expression *possessionis locatio* a parfois été interprétée dans un sens contraire à ce principe : on y voyait un bail dont le droit de possession, et non de simple jouissance, était l'objet. D'après nous, elle signifie un bail consenti par un simple possesseur reconnu, au lieu de l'être par un propriétaire réel ou apparent ; par exemple, la *locatio* d'une chose donnée en gage (L. 37, *De pign. act.*).

D. *Missus in pos. ex primo decreto.* — Le préteur donnait l'autorisation de se mettre en possession dans deux buts bien distincts : faire acquérir indirectement un *dominium* qu'il ne pouvait concéder contre le droit civil ; prévenir une aliénation et permettre de jouir des fruits. Dans le premier cas, la détention est accompagnée de la possession ; le *missus* possède même *cum justa causa* et au titre *pro suo*. Dans le second, il n'y a point de possession (3, § 23, *De acq. poss.*, L. 15, § 16 et 17, *De damn. inf.*). L'envoyé en possession n'usucape point, ne peut pas invoquer les interdits ordinaires; il n'a qu'un droit, invoquer l'interdit *Ne vis fiat ei qui in poss.*, droit qui n'est pas inconciliable avec la détention.

E. *Usufruitier*. — « Fructuarius est in prædio, et tamen non possidet » (L. 6, § 2, *De prec.*). « Naturaliter videtur possidere is qui usumfructum habet. » Les jurisconsultes romains refusent donc à l'usufruitier de la façon la plus formelle la possession de l'objet de l'usufruit; mais, il faut se le rappeler, c'est la *corporis possessio* qui est ainsi déniée; il en résulte que toute usucapion est impossible, et que les interdits pourront toujours être invoqués par le nu-propriétaire. L'usufruitier cependant avait été regardé par plusieurs auteurs comme ayant une possession juridique de la chose elle-même; une anomalie était cause de cette erreur : la *juris possessio* de l'usufruitier est protégée par les mêmes interdits que la *corporis possessio*, au lieu de l'être par des interdits spéciaux. Mais il est évident que ce n'est qu'une extension des interdits *unde vi* et *uti possidetis :* et qu'une question de nom ne doit pas faire douter des principes si formellement exprimés dans les lois précitées et dans la 52e, *De acq. poss. :* « Permisceri causas possessionis et ususfructus non oportet; quemadmodum nec possessio et proprietas misceri debent, itaque impediri possessionem si alius fruatur... »

F. *Usager*. Aucun texte n'est relatif au droit

d'usage; mais tous les motifs de décider quant à l'usufruit, s'appliquent aux autres servitudes personnelles ; ajoutons que si le nu-propriétaire conserve la possession, il en sera de même *a fortiori* de celui dont la propriété est grevée d'une servitude bien moins lourde, d'un simple droit d'usage.

99. Mais dans trois cas la possession doit ou peut accompagner la détention, ces hypothèses où la possession dérivée se rencontre, sont le gage, le précaire et le dépôt.

A. *Créancier gagiste.* — Il faut supposer un gage résultant du contrat de ce nom ; le gage prétorien suit généralement des règles particulières. La remise du gage conférera-t-elle une *corporis possessio*, malgré l'absence d'*animus domini ?*

Il est évident, à première vue, que la possession du créancier n'est pas une *juris possessio*. Le droit de gage n'est pas un de ces fractionnements de la propriété pour lesquels fut admise la quasi-possession ; la nature même de ce droit y répugne, car il est de ceux qui périssent par l'usage que l'on en fait, par la vente de l'objet du gage.

Quant à l'*animus domini*, son absence est non moins flagrante ; il suffit donc de prouver la possession du créancier pour établir par cela même un cas de possession dérivée.

Or la loi 16, *De usurp.*, nous dit formellement que le créancier possède, qu'il en a tous les avantages, sauf la faculté d'usucaper. La loi 37, *De pign. act.*, fournit un argument décisif : « Si pignus mihi traditum locassem domino, per locationem *retineo possessionem*; quia antequam conduceret debitor, non fuerit *ejus possessio*, cum et animus mihi retinendi sit, et conducenti non sit animus apiscendi. » Ainsi le créancier possède, et peut comme tout autre posséder par un intermédiaire; si ce tiers est le débiteur, celui-ci se trouvera tout à la fois propriétaire et détenteur du gage, au nom du véritable possesseur, le créancier.

Plusieurs auteurs nient cependant la possession du créancier. La raison de douter se trouve pour eux dans la phrase : « qui pignori dedit ad usucapionem tantum possidet ». Le créancier prescrit; donc il possède, d'après la règle : « sine possessione usucapio contingere non potest ». Mais alors il faut, ou bien admettre que la règle « duo in solidum possidere non possunt » est ici complétement mise à l'écart, ou bien refuser au créancier la possession que la loi 37 semble lui accorder.

Nous avons cherché à établir dans le chapitre second de notre thèse que nulle *compossessio in solidum* n'était admise pour le droit romain : ce n'est donc pas à cette seconde règle que l'on doit rapporter l'exception qui nous occupe (la possession de l'un *ad interdicta*, de l'autre *ad usucapionem*), c'est à la première; le débiteur usucape par faveur, bien que la possession du créancier l'empêche de posséder. Julien, Paul disent en parlant de lui : « intelligitur possidere, videtur a debitore possideri ». La loi suivante (36, *De acq. poss.*) montre bien que c'est lui que l'on considère, sous le rapport de l'usucapion, comme s'il possédait réellement, bien qu'il n'en soit absolument rien. « Sed et si pignus precario rogaverit, æque per diutinam possessionem capiet. Nam quum possessio creditoris non impediat usucapionem, longe minus precarii rogatio impedimento esse, quum plus juris in possessione habeat qui precario rogaverit, *quam qui omnino non possideat.* » L'argument de Julien est celui-ci : la possession à titre précaire est insuffisante pour usucaper, mais si le débiteur obtient un gage à ce titre, il ne l'usucapera pas moins, lui qui l'eût usucapé sans aucune possession ; car accorder la prescription pour une possession vicieuse est une faveur moins grande que de l'accorder en l'absence de toute possession.

Il nous semble donc impossible de soutenir en face de ces textes, la possession du débiteur, et la simple cession au créancier de quelques interdits; l'historique du contrat de gage confirmera encore notre système en montrant comment l'on fut amené à reconnaître la possession du créancier.

Le droit romain primitif ne connaissait que deux manières de donner au créancier des garanties sur les biens du débiteur; la mancipation *cum fiducia*, la remise au créancier; le premier mode était dangereux pour le débiteur qui perdait la propriété; le second l'était pour le créancier simple détenteur; ce danger serait devenu plus grand lorsque, par les interdits, le débiteur aurait eu un moyen facile de recouvrer la possession du gage; aussi le créancier fut-il alors déclaré possesseur, dans son intérêt à lui-même, parce qu'il avait ainsi les interdits pour conserver ou recouvrer son gage, dans l'intérêt des débiteurs qui ne furent plus astreints à une mancipation désormais sans avantage.

Sous un seul point, cette acquisition de la possession était désavantageuse au créancier; la chose en voie d'usucapion et donnée en gage ne pouvait plus être usucapée ni par le débiteur, puisqu'il ne possédait plus, ni par le créancier qui possédait, mais sans juste titre; le double intérêt du créancier et du débiteur fit admettre ici l'exception unique que nous connaissons : le débiteur continuera l'usucapion commencée comme s'il possédait toujours.

B. *Rogans*. — Les Romains admettaient la possession dans l'hypothèse d'un *precarium* où l'*animus dimini* faisait défaut d'une manière plus certaine encore que dans le *pignus*. Il y avait précaire lorsqu'une personne sur la prière d'une autre, lui abandonnait la jouissance d'une chose, à condition de pouvoir toujours invoquer à son gré cette espèce de libéralité. Le droit de révocation arbitraire était de l'essence du précaire : la possession du précariste n'en était pas, car ce dernier pouvait n'en demander que la détention, *rogare non ut possideret, sed ut in possessione esset ;* mais la règla générale, et par suite la condition du *rogans* en l'absence de clause expresse (un seul cas excepté : si le créancier donne à précaire le gage au débiteur, il conserve les interdits ;

comme ils sont la seule protection de son gage, on ne peut supposer la renonciation), c'est que le concessionnaire possède.

Cette qualité de possesseur s'explique historiquement par l'avantage que trouvaient les patriciens à abandonner à leurs clients le soin et les embarras de l'administration des terres publiques concédées à titre précaire. En conservant la possession, ils sont obligés d'intervenir pour empêcher l'usurpation des fonds concédés; en transférant la possession, ils sont à l'abri de tout recours, le précaire n'étant pas un contrat lorsqu'il intervient entre clients et patron; car on le considère alors comme une sorte de pécule (Festus, v° *Patres*).

Le précaire se généralisa; il s'étendit aux meubles. Il s'accorda à des personnes non *gentiles* et devint ainsi un véritable contrat; mais le concessionnaire eut toujours la possession : « *Meminisse autem nos oportet eum qui precario habet etiam possidere* » (L. 4, *De prec.*). Javolenus le confirme en la loi 21, *De poss.*, si celui qui avait reçu une chose à titre précaire la reçoit du maître à titre de bail, la possession retourne au maître de la chose; donc il ne l'avait pas pendant le précaire. La loi 33, *De usurp.*, est encore dans le même sens.

Il résulte de cette possession du précariste, que les interdits passent de la personne du *rogatus* à celle du *rogans*; mais, en même temps, le concédant acquiert le droit à un interdit spécial, l'interdit *de precario*, dont l'effet sera de lui faire recouvrer la possession de l'objet du précaire, qu'on ne voudrait point lui restituer, *rupto precario*. L'existence de cet interdit récupératoire dans la personne du *rogatus* serait par elle-même un faible argument pour prouver la possession de ce dernier; mais l'on s'est efforcé de le rendre plus sérieux, en le rapprochant de la phrase, « *unusquisque potest rem suam, quamvis non possideat precario dare ei qui possideat* » (L. 18, *De prec.*). Notre système, disait-on, accorderait au *rogatus* un interdit pour recouvrer une possession qu'il n'aurait jamais eue. Cette objection doit, croyons-nous, tomber devant l'analogie du cas présent avec ceux qui contiennent une double tradition (*sup.*, § 84); j'apprends que je suis propriétaire d'une terre; le possesseur le reconnaît, mais il me supplie de la lui laisser encore à titre précaire, et j'y consens. L'on supposera une tradition et retradition inutiles, de même que l'on voyait deux traditions en une, ou une tradition nouvelle là où il n'y avait qu'un fait antérieur. Nous pensons même pouvoir dire que la possession a été régulièrement acquise par le *rogatus*; lorsque l'ancien possesseur acceptait et que lui concédait le précaire ; il est bien certain que le premier avait l'*animus nomine alio possidendi*, que le second avait l'*animus domini*, puisqu'il faisait acte de propriétaire; l'on rencontre donc les trois éléments nécessaires, mais suffisants pour acquérir par un tiers; l'*animus domini* de l'acquéreur, et chez le tiers, le fait et la volonté de posséder pour lui.

La situation du précariste, sous le rapport de l'usucapion, était celle d'un possesseur injuste; nous pensons qu'elle l'était à l'égard de tous, et non pas seulement vis-à-vis du concédant, mais ce dernier pouvait après la rupture du precarium compléter le délai de l'usucapion par le temps de la possession du précariste. C'est un cas d'accession de possession, du moins d'après Ulpien; mais quelques auteurs étendaient la faveur jusqu'à permettre d'invoquer la prescription *manente precario* (L. 18, § 7, *De acq. poss.*).

C. *Séquestre.* On nomme séquestre le dépositaire d'une chose litigieuse, qui la conserve de l'accord des deux parties, pour la remettre à l'issue du procès à celui qui aura triomphé.

En règle générale, le dépositaire est un simple détenteur, qui n'acquiert jamais, sauf un cas très-rare, la possession de la chose. Les lois 3, § 20, *De acq. pr.*, 33, § 4, *De usurp.*, et 9, § 9, *De rebus cred.*, nous le montrent simple agent de la possession du déposant.

Une seule exception se rencontre en cas de séquestre. La possession peut alors être transférée par l'accord des parties en litige; mais loin d'être obligatoire, ce transfert ne doit même pas se présumer, et il faut une volonté bien formellement exprimée, « et hoc aperte fuerit adprobatum »(L. 39, *De acq. pr.*). La loi 17, *de p.*, pose la règle et l'exception : « rei depositæ proprietas apud deponentem manet, sed et possessio, nisi apud sequestrem deposita est ». Duaren a le premier précisé la portée de cette loi, en donnant *possessio* comme sujet à *deposita*, au lieu du mot *res* que sous-entendait la glose. L'effet de cette remarque fut de restreindre l'exception au cas de volonté expresse, ou d'en faire la règle générale en matière de séquestre.

L'intérêt que deux plaideurs peuvent trouver à perdre la possession est assez rare; cependant si l'on agit au possessoire par l'interdit *utrubi*, chacun peut craindre de voir son adversaire gagner, et compléter par la possession que le séquestre aurait exercée, en l'absence de convention, au nom du vainqueur, le temps voulu pour usucaper. Au pétitoire, l'intérêt du demandeur est facile à comprendre : il interrompt ainsi l'usucapion du défendeur qui continuerait, sans un tel séquestre, sa possession; mais le défendeur n'a qu'un avantage, et bien minime : éviter de donner la caution *judicatum solvi*.

100. Nous terminerons en disant quelques mots d'une question vivement controversée : quelle est la nature du droit de superficie?

La possession de l'emphytéote était en droit romain très-mal définie; des considérations historiques nous ont amené à y voir la possession, dans un sens très-large, de l'ancien domaine public, possession qui est presque la propriété, avec un domaine supérieur; mais ces motifs ne se reproduisent pas pour la superficie.

La question se pose généralement ainsi : le superficiaire a-t-il une *juris* ou une *corporis possesssio?* L'intérêt de cette question est de savoir si le propriétaire du sol a droit aux interdits. D'après M. Molitor, le superficiaire est le véritable possesseur, et il y a une analogie presque absolue entre l'emphytéose et la superficie : il invoque en sa faveur le grand nombre d'interdits accordés au superficiaire, le fait que sa possession n'est jamais qualifiée de *juris possessio*, enfin la différence qui existe entre le droit de superficie, mode de jouir, et les servitudes, démembrements de la propriété.

Le superficiaire n'a cependant, selon nous, qu'une *juris possessio*. L'analogie entre la superficie et l'emphytéose est loin d'être complète : le propriétaire du sol, possesseur du sol, possède la superficie *quia solo cedit;* ce droit dont jouit le superficiaire est de plus qualifié de servitude par la loi 86, § 4, *De legat*. Or, les servitudes ne sont susceptibles que d'une *juris* quasi-possession. Quant aux interdits, voyons comment ils sont partagés : le superficiaire a l'interdit *de superficiebus* d'une manière exclusive; réciproquement le nu-propriétaire a seul l'interdit *uti possidetis* parce que seul il a sur la chose un droit réel de création non prétorienne : les interdits *unde vi* et *utrubi* appartiennent au superficiaire; mais nous disons que c'est comme interdits utiles, par faveur et comme protection d'un droit que le propriétaire du fonds est peu intéressé à protéger; mais les interdits directs restent au propriétaire, seul *corporis possessor*. Si l'on n'adopte pas cette manière de voir, il faut absolument admettre pour la maison possédée par le superficiaire, une double possession *in solidum*, ce que nous savons être impossible.

SECTION II

ACQUISITION PAR LE FAIT D'UN TIERS

101. Avant d'examiner par quel concours de circonstances cette acquisition se réalise, nous avons à indiquer sommairement quelles personnes peuvent servir d'intermédiaire pour acquérir la possession.

Sous la République, on ne pouvait acquérir que par les individus qui se trouvaient en la puissance du futur possesseur; mais cette faculté fut étendue dès les premiers temps de la République aux personnes étrangères que l'on chargeait de ce soin : examinons successivement ces deux catégories.

Personnes en puissance. — Ce sont les esclaves, les fils de famille, la femme *in manu*, l'individu *in mancipio*.

102. Si le maître est à la fois propriétaire et possesseur de l'esclave, l'acquisition de la possession ne fait aucun doute; exprimée dans les textes, elle est conforme aux principes de l'acquisition des droits par le *dominus* qui a seul une personne juridique; elle est conforme aux principes de l'acquisition de la possession, car le maître a réellement la possibilité d'agir sur la chose d'une manière exclusive.

Le maître qui a perdu la possession de son esclave, et par suite celui qui l'a donné en gage, ne peut plus acquérir la possession en sa qualité de maître (L. 21, et 54, *De acq, r. dom.*, et L. 1, 15, *De acq. p.*); mais il pourrait, si l'esclave n'était possédé par personne, acquérir par lui comme mandataire.

Le possesseur de bonne foi d'un esclave acquiert, sans aucun doute, la possession par son intermédiaire, si cette acquisition découle soit du travail de l'esclave, soit du patrimoine du possesseur (Gaius, 2, § 94, L. 1, § 6, *De acq. p.*, L. 21, *De acq. d.*). D'après plusieurs auteurs, la possession serait même acquise par tout esclave possédé, d'après la loi 3, § 2, *De acq. pos.*, dans laquelle Ulpien ne distingue ni bonne ni mauvaise foi, ni cause d'acquisition.

L'usufruitier d'un esclave acquiert aussi la possession par l'esclave objet de son droit; mais seulement en tant que cette acquisition provient *ex re domini vel ex operis servi;* cela se justifie par la position de l'usufruitier, qui n'a qu'un droit, user et jouir ; mais cette restriction n'avait aucune raison d'être dans l'hypothèse précédente; l'assimilation des deux cas n'était donc que le résultat d'une confusion contre laquelle Venuleius s'élevait plus tard. « Permisceri causas possessionis et ususfructus non oportet. »

103. Le fils de famille acquiert aussi la possession au chef de famille; nous avons indiqué dans le chapitre XI, dans quelles proportions. A leur égard il ne peut être question d'usufruit ni de gage ; mais peut-on acquérir par une personne que l'on croit son fils soumis à sa puissance, comme on acquérait certainement par l'esclave possédé de bonne foi? Hermogenien enseigne positivement que non (L. 50). La *patria potestas* doit en effet exister réellement; car

elle est seule base de l'acquisition; la possession ne pouvant se concevoir à l'égard d'un fils comme elle se conçoit pour un esclave qui, lui, est une chose.

104. A côté de la *dominica* et de la *patria potestas* se trouvaient, dans l'ancien droit, la *manus* et le *mancipium;* on discutait sur le point de savoir si la possession pouvait s'acquérir par leur intermédiaire. Gaius, II, § 90, trouve la question douteuse, parce que le mari n'a pas sa femme en sa possession; mais alors la raison de douter eût été la même pour le fils de famille, que cependant Gaius déclare acquérir pour son père. La similitude des situations nous porte à croire que la femme *in manu* et l'homme *in mancipio* devaient acquérir la possession à celui qui a sur eux cette sorte de puissance.

105. *Personnes hors de la puissance de l'acquéreur.* — La jurisprudence romaine, dérogeant à ses principes rigoureux, avait fini par admettre la représentation de l'acquéreur par une personne libre accomplissant en son nom le *corpus.*

L'époque de l'introduction de cette règle dans la pratique judiciaire est difficile à préciser; car si Labéon, *anno* 750, et Nératius, *anno* 870, parlent d'une acquisition par mandataire dans les lois 51, *De acq. poss.*, 41, *De usurp.*, et 13, *De acq. dom.*, Gaius, au § 95 du second livre, enseigne que la question est controversée : « De possessione enim quæritur anno per liberam personam nobis acquiratur. » Peu de temps après, un rescrit de Sévère et Antonin trancha la difficulté en consacrant la possibilité d'acquérir : « Per liberam personam ignorante quoque acquiri possessionem, tam ratione utilitatis quam juris, pridem receptum est » (L. 1, *De acq. poss.*, anno 949). La loi 11, *De pign. act.*, d'Ulpien, et les Institutes de Justinien consacrent la même opinion.

Toute personne peut, en général, acquérir la possession pour autrui : celles qui sont incapables de volonté, ou que nous venons de voir acquérir forcément à leur maître, sont seules exceptées. L'esclave qui n'est possédé par personne, le pupille incapable de contracter civilement, peuvent se charger d'accomplir le fait d'appréhension (LL. 32 et 34, *De acq. poss.*), car l'on n'exige aucune capacité de droit civil.

Ainsi, le mandataire général ou spécial acquiert à celui qu'il représente la possession qu'il a mission de commencer ; le mandat pourrait même ne pas précéder, car la possession se trouverait tout aussi complétement acquise par la ratification de l'acte qui aurait commencé une possession au nom d'autrui.

106. Examinons maintenant à quelles conditions se réalise cette acquisition.

Lorsque la possession s'acquiert directement, deux faits seulement sont exigés : *corpus* et *factum* de l'acquéreur. Ici trois éléments doivent, en règle générale, coexister pour que la possession soit acquise par un intermédiaire : un chez le représenté, c'est l'*animus domini*, tel que nous l'avons défini dans la section précédente ; deux chez le représentant, le *factum* ou *corpus*, c'est-à-dire la prise de possession ordinaire, et de plus un *animus* spécial, la volonté d'acquérir pour son mandant.

De ces éléments, il y en a le *factum*, qui existe toujours, et sans qu'une exception soit possible ; car la loi exige toujours l'*animus* du mandant : si le mandant n'accomplissait pas le *factum*, il y aurait ou une acquisition sans *factum*, ce qui est impossible, ou une acquisition par le *factum* du mandant, et ce ne serait plus qu'une acquisition directe. Mais l'*animus* du mandant ou du mandataire peut ne pas exister dans quelques cas.

107. Exceptions à l'*animus* du mandataire d'acquérir pour le mandant.

1° Un esclave ou un fils de famille sans pécule a la volonté d'acquérir pour lui et en son nom. Malgré cette intention contraire, il est forcé par son incapacité d'acquérir pour son maître. Cette décision est écrite dans les lois 15 et 40, pr., *De acq. p.*, qui en expliquent le motif. Esclaves ou fils de famille, ils ne peuvent se soustraire à l'autorité de leur chef ; et nous savons que le *servus fugitivus* est toujours possédé par son maître ; le *dominus* conserve ainsi la possibilité, par celui qui lui est soumis, d'agir sur la chose ; il a aussi l'*animus possidendi*. Les deux éléments d'acquisition de la possession sont donc réunis, et la première exception à la nécessité du consentement du mandataire ne déroge pas aux principes.

2° La seconde exception est controversée, mais cependant admise par la grande majorité des auteurs. Voici dans quelle hypothèse elle se présente : Primus a donné à Secundus mandat de recevoir en son nom la possession d'un immeuble qui lui est vendu par Tertius. Le mandataire, infidèle à sa mission, reçoit cet immeuble dans l'intention d'acquérir pour lui la possession; néanmoins Primus acquiert la possession, parce que la volonté de Tertius, au moment où s'opère la tradition, domine l'acte tout entier. La solution serait la même en cas de tradition d'un meuble, ou dans l'hypothèse d'un *procurator* voulant acquérir pour un autre que le mandant. Il en serait ainsi *a fortiori* de la tradition faite à un esclave commun.

C'est ce que dit très-formellement et très-clairement Ulpien, en la loi 13, *De donat.* : « Qui mihi donatum volebat servo communi meo et Titii rem tradidit; servus vel sic accepit quasi socio acquisiturus, vel sic quasi mihi et socio. Quærebatur : quid ageretur? Et placet, quamvis servus hac mente acceperit, ut socio meo, vel mihi et socio acquirat, mihi tamen acquiri. Nam etsi procuratori meo hoc animo rem tradiderit ut mihi adquirat, ille quasi sibi adquisiturus accepit, nihil agit in sua persona, sed mihi adquirit. »

La raison de douter se trouve dans la loi 37, § 6, *De acq. d.*, où Julien consacre d'une manière non moins formelle l'opinion contraire : aucun de ces deux textes, qui sont la contre-partie l'un de l'autre, ne mentionne l'existence d'une controverse à ce sujet; il faut donc admettre que l'un des deux est falsifié, et prendre parti entre ces deux opinions. Bien que l'on doive, en cas de doute, rester dans la règle générale, nous pensons que l'exception indiquée par Ulpien exista réellement, dans les limites que lui assigne M. de Savigny ; la possession, acquise au représenté par l'effet immédiat de la tradition, pouvait être perdue par lui si son mandataire le met dans l'impossibilité de jouir de sa chose. Dès lors, quel aura été l'effet de l'exception que nous adoptons? Permettre au représenté de triompher au possessoire, soit par l'interdit *unde vi*, puisqu'il aura été possesseur au moment de la *dejectio*, soit par l'interdit *utrubi*, en joignant à la possession qu'il avait acquise momentanément celle de son auteur. Rien n'est plus équitable que ces deux décisions.

108. *Exceptions à l'animus du mandant.* — Nous venons de voir une acquisition malgré la volonté contraire du *procurator*, quant à l'*animus* du représenté, il peut lui faire défaut dans deux cas, mais il ne peut jamais être contraire : « nemo invitus possessionem acquirit. »

1° L'esclave auquel son maître laisse la libre administration d'un pécule, lui acquiert la possession pour toutes les choses relatives à ce pécule, on n'exige de la part du maître aucune volonté, aucune connaissance même de son acquisition : « ex peculii causa per servum ignorantibus possessio adquiritur » (L. 44, *De poss.)*. Cette même loi nous dit que l'exception fut admise *utilitatis causa*, afin que le maître ne fût pas forcé de vérifier à chaque instant l'étendue, les pertes ou les profits du pécule, ce qui lui eût imposé toutes les charges d'une administration dont il avait voulu se délivrer en constituant le pécule. Paul (L. 1, § 5) montre qu'elle n'avait rien d'exorbitant; car en réalité la constitution d'un pécule était un véritable mandat général d'administration sur les biens qui le composent; l'esclave était donc le *procurator* du maître, et acquérait la possession « voluntate domini qui eis peculium habere permiserat ». Il ne faut cependant pas prendre à la lettre cette explication, qui ferait rentrer dans la règle générale l'acquisition faite *peculiariter;* il existe là une exception bien réelle; les lois 44 et 24, *De acq.*, l'expriment bien formellement : « jure singulari receptum est ». Paul lui-même, l. 3, § 12, avoue que nous semblons acquérir *servorum et animo et corpore.*

Tout ce que nous venons de dire sur le pécule de l'esclave s'appliquait également aux pécules du fils de famille; sous Justinien, le père peut encore acquérir la possession sans sa volonté, pour ce qui provient du pécule profectice.

2° La seconde exception consacre une dérogation plus importante en ce qu'elle s'applique à des cas où l'*animus* est absolument impossible; les municipes, les corporations, les fous et les enfants, bien qu'ils n'aient aucune intelligence, pourront acquérir la possession par une faveur de la loi, *ex causa peculiari;* il en sera de même de l'hérédité jacente, dont un esclave posséderait un pécule (L. 1, § 5, *De acq. p.*).

Ces mêmes personnes pourront aussi acquérir par ceux qui les représentent : administrateurs, tuteurs ou curateurs (L. 1, 20 et 22, et l. 2, *De acq. p.*). L'*animus* du mandant fait ici complétement défaut (*infra*).

109. De même qu'il suffit de l'existence du *factum* et de l'*animus* pour acquérir directement la possession, de même sitôt que le mandataire aura accompli l'appréhension pour le compte du mandant, la possession sera acquise à ce dernier.

Il faut cependant distinguer entre la possession *ad interdicta* et la possession *ad usucapionem*, dans l'hypothèse d'un *procurator* pour une acquisition particulière. Le droit aux interdits se trouve acquis par l'appréhension, alors même que le possesseur n'en aurait pas encore reçu avis ; l'usucapion commence seulement lorsque le possesseur apprend la prise de possession ; les lois 1, *C. de acq. p.*, et 49, § 2, *De acq. p.*, opposent la *scientia* de celui qui usucape à l'ignorance de celui qui acquiert.

La distinction n'existe plus dans l'hypothèse d'une acquisition faite *peculiariter* : l. 2, *pro emtore*, §§ 11 et 12 : « Celsus scribit : si servus meus peculiari nomine adipiscatur possessionem, id, etiam ignorantem me usucapere... » Cette différence est facile à justifier : le fils de famille ou l'esclave a la libre administration et acquiert *corpore et animo suo ;* peu importe en ce cas l'ignorance du représenté, car son *animus* n'est pas à considérer pour déterminer les qualités de la possession.

110. Le mandataire général doit-il être assimilé au mandataire spécial ou à l'administrateur du pécule? c'est-à-dire la connaissance du représenté est-elle ou n'est-elle pas nécessaire pour que l'usucapion puisse commencer?

M. de Savigny croit nécessaire la ratification du mandant, comme pour le cas d'une *negotiorum gestio;* il s'appuie sur un passage de Paul, l. 5, t. 1, § 2, et sur les lois 42, § 1, *De acq. p.*

Ces textes nous paraissent peu décisifs et doivent viser des cas de *negotiorum gestio, absente domino, sua sponte,* et l'opinion de M. Molitor qui assimile le *procurator* au fils de famille, doit être préférée; l'analogie entre les deux situations est très-grande; tous deux ont l'administration des biens, tous deux acquièrent par une volonté générale du représenté; la seule différence, c'est que le lien d'autorité de l'un est remplacé dans le second par un lien résultant d'une convention libre.

Il y avait dans la pratique un grand intérêt à préciser le moment de cette acquisition de possession *ad usucapionem;* car, non-seulement le délai de l'usucapion pouvait se trouver complet par cet intervalle de temps qui s'écoule entre le fait et la réception de l'avis; mais les qualités de la possession pouvaient même être modifiées; dans le cas d'acquisition par mandataire spécial, c'est-à-dire d'acquisition *animo mandantis,* l'on exige la bonne foi du mandant au moment où il apprend l'acquisition; dans le cas d'acquisition par mandataire général, faite *animo servi vel filii*, la bonne foi n'est exigée que du mandataire, et au moment de l'acquisition; le représenté peut être de mauvaise foi lors de la réception de l'avis, s'il ne l'était pas lors de l'acquisition, il aura commencé à posséder de bonne foi et usucapera s'il a juste titre (L. 2, §§ 11 et 12, *pro emtore*).

SECTION ADDITIONNELLE

DU CONSTITUT POSSESSOIRE

111. L'acte que les jurisconsultes modernes ont appelé constitut possessoire est une manière d'acquérir par un tiers; elle renferme ceci d'exceptionnel, c'est que le *factum* consiste en un état de choses résultant d'une appréhension antérieure, et que la possession se trouve transférée sans qu'il y ait aucun fait apparent modifiant la situation des parties.

De possesseur d'une chose s'en faire, par un changement d'*animus*, détenteur au nom d'un tiers auquel on transfère la possession; tel est l'acte, innomé en droit romain, mais parfaitement expliqué dans la loi 18, que nous désignerons sous le nom de constitut : « Quod meo nomine possideo, possum alieno nomine possidere; nec enim muto mihi causam possessionis, sed desino possidere, et alium possessorem ministerio meo facio » (Celsus, L. 18, *De poss.*).

112. Les commentateurs du droit romain ont vu longtemps dans le constitut une exception fort

extraordinaire, une fiction des plus singulières et que l'on doit restreindre aux cas prévus par les textes ; mais l'on reconnaît maintenant que le seul fait anormal, c'est l'appréhension antérieure à l'acquisition ; fait qui se rencontre aussi dans la tradition *brevi manu*, et que l'on ne peut considérer comme contraire aux principes. Tous les autres éléments de l'acquisition par un tiers se rencontrent dans le constitut : l'acquéreur a l'*animus domini*, représentant la volonté de posséder pour le représenté et la faculté d'agir sur la chose. Les trois conditions exigées se sont donc accomplies, et nous nous trouvons en présence d'une acquisition normale *per extraneam personam* ; ajoutons que l'on ne voit pas pourquoi l'ancien possesseur serait incapable d'acquérir pour autrui, lorsque cette faculté est accordée à tout étranger.

Le *constitutum possessorium* n'a donc rien de fictif ; il en résulte qu'il n'a besoin pour exister que de la volonté certaine du constituant, et non d'un texte de loi qui l'autorise formellement. Bien plus, cette volonté peut être tacite ; voici trois cas où on l'admet comme conséquence nécessaire d'un acte ou fait précédent.

A. Un fonds est donné, puis pris à bail par le donateur ; aucun *factum* n'a été posé par le donataire, et néanmoins il possède ; car le bail ne peut exister que si le propriétaire possède par le fermier, si le fermier possède pour le propriétaire (Ulpien, L. 77, *De rei vind.*).

B. Celui qui donne ou vend une chose en s'en réservant l'usufruit a également transféré par constitut la possession de la chose; il ne faut plus que gérer pour autrui, du moins quant à la *corporis possessio* (L. 28 et 35, § 5, *De don.*).

Enfin, dans une société universelle, tous les biens des associés tombent en communauté au moment même de la conclusion du contrat. On suppose parfaite une tradition qui n'a pas eu lieu, parce que chacun est, en quelque sorte, possesseur pour tous : c'est donc encore un constitut possessoire (L. 1 et 2, *pro socio*).

CHAPITRE V

DE LA PERTE DE LA POSSESSION

113. Les idées d'acquisition et de conservation ne sont pas absolument corrélatives, en ce sens que l'on n'est pas obligé, pour continuer à posséder, de reproduire constamment et d'une manière identique, les faits qui donnèrent naissance à la possession ; ainsi nous verrons l'*animus domini* du fou disparaître, la détention d'un immeuble passer aux mains d'un usurpateur, et cependant la possession se continuera.

Mais une corrélation évidente et absolue existe entre la perte et la continuation de la possession; préciser le moment où elle cesse, n'est-ce pas préciser jusqu'où elle s'est continuée; indiquer en l'absence de quelles conditions elle prend fin, c'est indiquer quelles conditions suffisent pour prolonger son existence. Nous n'imiterons donc pas les auteurs anciens, qui, malgré les avertissements de la glose et d'Azon (*in summ. Cod.*, tit. *De poss.*), consacraient un chapitre spécial à la conservation de la possession : « tamdiu enim retinetur quamdiu non amittitur. »

114. La règle générale sur la perte de la possession peut se déduire de la notion même de la possession : elle comprend deux éléments : possibilité et volonté de disposer exclusivement de la chose, et n'existe que par leur coexistence; dès lors, elle cessera d'exister, du moment où l'une de ces deux conditions aura disparu d'une manière quelconque ; ou, *a fortiori*, si les deux viennent à disparaître en même temps. Dans un grand nombre de cas, l'application de cette règle ne donnera lieu à aucune difficulté, parce que l'inexistence de l'un des éléments sera patente : soit que l'*animus* soit remplacé par la volonté positive de ne plus posséder, de transférer à un autre : soit qu'il y ait impossibilité absolue de disposer de la chose, qu'elle soit détruite ou consacrée, que l'esclave soit affranchi, ou l'animal redevenu libre (L. 3, §§ 14, 15, 16); mais dans d'autres la question sera des plus délicates; si la différence entre les conditions d'acquisition, et celles de la continuation ne porte pas sur leur essence, elle peut modifier le degré de ces conditions, et le droit romain se relâcha singulièrement de la sévérité de ses principes sur l'*animus* et l'appréhension. Préciser d'après

les textes, dans quelles hypothèses l'on doit admettre ou rejeter l'existence de l'un des éléments de la possession, tel sera l'objet de ce chapitre ; mais nous commencerons par donner quelques preuves à l'appui de la règle que nous venons de poser.

115. La perte de la possession par défaut des deux éléments est reconnue par tous les textes et admise par tous les auteurs. Un seul passage semble contredire la règle que la possession se perd par l'absence de l'un de ces éléments (nous exceptons naturellement ceux relatifs aux immeubles ou esclaves qui visent des cas exceptionnels). Les lois 3, § 6, ch. § 13 ; 19, § 1 et L. 29 la contiennent implicitement, et dans la loi 44, Papinien déclare que : « ejus quidem quod corpore nostro, teneremus, possessio amittitur *vel animo vel etiam corpore.* » On doit donc considérer la règle comme positive.

Il faut alors chercher à expliquer la loi 133, *de reg. jur.*, dont un fragment est reproduit en la loi 8, *De acq. p.*; elle est de Paul. « Vere, quibuscumque modis obligamur, iisdem in contrarium actis liberamur; quum quibus modis adquiramus, iisdem in contrarium actis amittimus. Ut igitur nulla possessio adquiri nisi corpore et animo potest, ita nulla amittitur, nisi in qua utrumque in contrarium actum. »

Plusieurs manières d'éluder la difficulté doivent être rejetées : ainsi l'on ne peut supposer une controverse qui aurait divisé les anciens jurisconsultes ; car le sujet ne la comporte guère, et de plus ce passage est d'un auteur qui enseigne, en deux endroits, une doctrine contraire.

Toute correction de texte, par exemple la substitution d'*utrumcumque* ou *utrumque* à *utrumque*, est rendue arbitraire par la circonstance que ce passage, reproduit en deux endroits, ne porte sur aucun manuscrit trace d'une variante.

Cujas et Pothier acceptaient le texte, et cherchaient à écarter la difficulté en rapportant le passage entier à un cas spécial et exceptionnel, par exemple la perte d'un immeuble ; mais la place que ce titre occupe au titre *De regulis juris*, et sa rédaction prouvent qu'il pose une règle générale. Ajoutons que dans un cas, la règle serait fausse, car si l'immeuble ne se perd pas *corpore*, il se perd *animo solo*.

D'après M. de Savigny, dont l'opinion est maintenant généralement admise, toute la difficulté provient d'une erreur de traduction et peut être évitée si l'on restitue au mot *utrumque* la signification qu'il avait dans l'esprit de Paul. Si l'on traduit *uterque* par l'un et l'autre, ce qui est son sens ordinaire, la règle de Paul voulant un acte contraire à chacun des éléments, s'écarte des principes admis ; mais si on le traduit par l'un ou l'autre, la loi rentre dans la règle générale. Or, le mot *uterque* équivaut au mot *alteruter* dans les auteurs suivants : Varron, *de re rustica;* Cicéron, *de officiis;* Celsus, L. 16, *de leg.*, L. 31 ; Justinien, L. 8, § 5, C. *de bonis quæ liberis ;* enfin par Paul lui-même, dans la loi 10, § 13, *de gradibus.* « Frater quoque per *utrumque* parentem accipitur, id est aut per patrem, aut per matrem tantum, aut per utrumque. » La seconde fois que le mot est employé, il désigne l'un et l'autre indifféremment ; or. la possession peut de même se perdre par l'absence des deux éléments, ou de l'un, ou de l'autre : ce premier sens du mot *uterque* convient donc admirablement à la loi 153.

Cette explication que nous adoptons se trouvait déjà dans la glose sous la loi 8, § 5, C. *de bonis qui l.*, dans Brissonius et Azon ; elle seule empêche le texte d'être en opposition avec les idées universellement reçues; mais la loi n'en pèche pas moins par un autre point, en assimilant faussement l'extinction de la possession à celle d'une obligation. La seule chose vraie, c'est que l'acte qui termine la possession doit être de même nature que l'acte qui lui a donné naissance et que la possession ne peut se perdre sans acte aucun ou par un acte d'une nature différente ; à l'*animus domini* doit succéder une *animus non possidendi*, à la détention, une impossibilité de disposer; il faut qu'il y ait eu un *contrarium actum.*

116. L'interprétation des textes prouve donc que l'absence de chacun des éléments de la possession suffit pour la faire perdre; nous allons examiner quelques applications de cette règle, ainsi que les exceptions qu'elle reçut, en supposant dans une première section la possession exercée directement; dans une seconde, exercée par un tiers.

SECTION I

PERTE D'UNE POSSESSION EXERCÉE DIRECTEMENT

§ 1er

Possession perdue animo.

117. Il n'est pas nécessaire, et il serait d'ailleurs impossible, que le possesseur maintienne constamment la volonté de posséder que l'on exige de lui lors de l'acquisition. Il conservera donc sa possession, malgré un oubli momentané; il la conservera même s'il devient incapable de toute volonté, par suite d'un accès de folie (L. 27, *De poss.*). L'absence d'*animus* n'est donc pas un fait suffisant pour faire perdre la possession : il faut que l'*animus* soit dirigé par un acte nouveau, en sens contraire de la volonté première, qu'il y ait quelque chose *in contrarium actum*, d'après les expressions de Paul dans la loi que nous venons d'étudier.

Mais l'*animus* à lui seul fait perdre la possession si le possesseur a la volonté d'y renoncer : « Possessio autem recedit, ut quisque constituit nolle possidere » (L. 19), et cela quand même le *corpus* continuerait à exister, *si in fundo sis...* (L. 3, § 6, *De poss.*). Ajoutons qu'il importe peu que l'abandon soit pur et simple, ou inspiré par le désir de transférer à un tiers, que la volonté soit libre ou dictée par la crainte; car nous verrons le possesseur d'un immeuble, n'osant attaquer un usurpateur, en perdre la possession *animo*.

118. De la nécessité d'un *animus non possidendi*, il résulte que les personnes absolument incapables de volonté, ne peuvent pas perdre la possession *animo* (L. 1, § 3) : « licet enim desinat habere animum possidendi, non tamen habet animum non possidendi », dit la glose en parlant du furieux; il en est de même de l'impubère, et les exceptions, introduites en sa faveur pour l'acquisition, ne sont nullement applicables lorsqu'il s'agit de lui enlever la possession. (L. 29, *in fine*.)

Cette impossibilité de perdre la possession *animo*, sera parfois très-favorable au mineur ou au furieux; supposons l'occupation d'un de leurs immeubles; ils en conservent la possession jusqu'à la connaissance du fait, parce qu'elle ne se perd point *corpore*; ils la conserveront après la connaissance de l'occupation, parce qu'ils ne peuvent pas la perdre *animo*; il y a donc jusqu'à leur majorité impossibilité absolue de perdre toute possession se conservant *animo solo* (L. 27 et 29, *de poss.*).

119. Il nous reste à nous demander comment doit se manifester cet *animus non possidendi*.

Une déclaration expresse de la volonté du possesseur ne laisserait aucun doute; mais elle sera bien rarement la cause efficiente d'une perte de possession *animo solo*; ainsi dans le cas de tradition, la volonté de ne plus posséder existe, mais la possession ne se perd qu'au moment de la remise, et par elle; il est donc nécessaire d'induire la volonté du possesseur d'actes qu'il aura posés; voici quelques exemples où les jurisconsultes romains interprétaient dans le sens d'une renonciation, les circonstances dans lesquelles un acte s'était produit.

A. L'aliénateur d'une chose s'en porte locataire; la possession est perdue *animo solo* (V. *supra*, § 111). C'est le constitut possessoire.

B. L'inaction du possesseur peut même faire supposer la volonté de ne plus posséder; supposons un immeuble abandonné depuis de longues années; la possession se conservant *animo solo*, celui qui viendrait occuper l'immeuble n'en pourrait acquérir la possession, ou serait, par la *dejectio* de l'ancien maître qui se serait fait connaître, un *violentus possessor*. Or, la loi 3, § 1, *De usurp.*, nous dit : « Fundi quoque alieni potest aliquem sine vi nancisci possessionem; quæ vel ex *negligentia domini vacet*, vel quia dominus sine successore de cesserit, *vel longo tempore abfuerit.* » D'après elle, la possession est *vacua*, c'est-à-dire que le champ est sans possesseur, lorsque ce dernier est resté absent pendant un long temps. Or, comme il ne pouvait la perdre *corpore*, il faut qu'il l'ait perdue par la renonciation qu'on suppose avoir été faite.

La loi 4, *De pos.*, C, confirme la règle en montrant qu'elle ne s'applique pas au cas où le possesseur a laissé son fonds inculte : « Non derelinquendi affectione, sed metus necessitate », par exemple en cas de guerre. Toute autre juste cause d'absence sera d'ailleurs reçue; il n'y a là qu'une question de fait.

C. Le possesseur qui revendique sa chose, sera-t-il censé avoir perdu la possession *animo?* L'action en revendication ne pouvant s'intenter que contre le possesseur, il semble que le demandeur reconnaît cette qualité dans son adversaire, et ne peut plus la lui contester par l'interdit *uti possidetis*. Cependant on décide le contraire (L. 12, *de acq. poss.*), soit que les jurisconsultes aient craint l'ignorance du possesseur (Glose), soit qu'ils se soient refusés à voir une renonciation à la possession, dans l'acte qui a pour but de réclamer la propriété, et par elle, la possession.

120. Avant de terminer ce paragraphe, nous ajouterons un mot sur une question purement théorique. M. Molitor rattache à la perte, *animo solo*, la cessation de possession par décès du possesseur. Il nous semble peu conséquent avec lui-même; il enseigne que l'*animus contrarius* est nécessaire, et que la cessation de la volonté ne suffit pas. Or, n'est-il pas évident que le défunt cesse seulement d'avoir une volonté, et devrait, dès lors, continuer à posséder au même titre que le furieux? Il la perd, d'après nous, *corpore*, par suite de l'impossibilité de tout rapport entre lui, qui n'existe plus, et la chose qu'il possédait; c'est exactement l'inverse du cas où la possession disparaît par l'anéantissement de la chose.

§ 2.

Possession perdue corpore.

121. La possession se perd *corpore* par la destruction de la chose, sa spécification ou sa mise hors du commerce, par la mort ou la captivité du possesseur; ces différentes causes ne demandent aucune explication nouvelle et s'appliquent également aux meubles et aux immeubles; mais plusieurs règles sont spéciales à chacune de ces deux classes de choses.

122. *Meubles.* — A l'égard des meubles la possession se conserve tant que l'on peut faire renaître à volonté la faculté d'en disposer (Paul, L. 3, § 13): « Nerva filius res mobiles, excepto homine, quatenus sub custodia nostra sit, hactenus possideri, *id est,* quatenus, si velimus, naturalem possessionem nominis possimus. »

Nous avons, en citant ce texte, adopté la leçon ordinaire, *id est,* d'après laquelle les deux membres de la phrase s'expliquent l'un par l'autre. M. de Savigny, sur la foi de quelques manuscrits, lit *idem;* la loi indiquerait alors deux moyens de conserver la possession : l'avoir en sa garde et pouvoir en ressaisir à son gré la détention naturelle.

La question n'a guère d'importance qu'en cas de perte de l'objet ; la perte réelle et absolue de l'objet, par exemple la chute durant un trajet, est une cause de perte de possession : « si id, quod possidemus, ita perdiderimus ut ignoremus, ubi sit, desinimus possidere » (L. 25, *De poss.*). Mais dans deux hypothèses la possession n'est pas perdue : la première, c'est le cas où un oubli momentané ne permet pas de retrouver de suite l'objet; mais où des mesures spéciales prises pour sa conservation donnent au possesseur la certitude de le retrouver; la possession est conservée par la *custodia* (L. 3, § 13). Dans la seconde hypothèse (pr. L., 44, *de poss.*), une somme d'argent a été cachée dans une terre appartenant à autrui, par son propriétaire qui a oublié la place de ce dépôt; néanmoins il conservera la possession, tant qu'un tiers ne l'aura pas acquise lui-même en mettant l'objet sous sa garde; de même, celui qui a déposé un objet dans un bois et se rappelle l'endroit, en conserve la possession; dans ces deux hypothèses, la *custodia* n'existe pas, et c'est pour justifier la solution de Pomponius que M. de Savigny a imaginé le second moyen de conserver la possession, la possibilité de disposer, certaine dans le second cas, probable dans le premier, puisqu'on suppose un oubli momentané, une absence de mémoire passagère. Cette altération du texte nous semble complétement inutile; la *custodia* sera le moyen ordinaire de s'assurer de la faculté de disposer, mais il n'est pas indispensable ; les deux hypothèses prévues par les lois 44 et 49, nous montrent la possibilité d'une *naturalis possessio*, seule condition indispensable, garantie par le dépôt en un lieu secret, hors de notre *custodia*, mais aussi à l'abri de l'action d'un tiers.

Le vol nous enlève la possession des choses qui nous sont dérobées, ou arrachées par la violence, *subreptæ vel vi ereptæ* (L. 15, *de poss.*), quand même le voleur n'en pourrait acquérir la possession; par exemple, l'esclave d'autrui agissant sans l'ordre de son maître (L. 24, *de poss.*).

L'esclave qui s'enfuit est considéré par les Romains comme se volant lui-même à son maître, mais des motifs d'utilité pratique le firent considérer comme étant toujours au pouvoir et en la possession de son maître (1, § 14). Dès lors, son maître continuerait à posséder par lui la chose qu'il lui aurait volée lors de sa fuite.

123. Voici comment se perd la possession des animaux :

Les animaux domestiques cessent d'être possédés lorsqu'ils se sont égarés : « simul atque pecus aberraverit » (L. 3, § 13).

Les animaux sauvages, dès que les mesures prises pour les garder sont devenues insuffisantes, et qu'ils ont recouvré leur liberté naturelle (L. 3, § 2, et L. 5, *De acq. r. dom.*).

Les animaux sauvages de leur nature, mais apprivoisés, sont considérés comme des animaux domestiques tant qu'ils ont conservé l'habitude de revenir à l'endroit où leur maître les garde (L. 4 et 5, § 4, *de acq. d.*, L. 3, §§ 14 et 16, *de poss.*).

Un genre de perte que nous avions oublié, est indiqué en la loi 13, pr., *De poss.*, c'est le naufrage, la chute de l'objet en un endroit inaccessible.

124. *Immeubles.* — Parmi les faits qui, en enlevant au possesseur la faculté de disposer du fonds, rendent sa possession impossible, se trouve en premier lieu la *dejectio* (4, § 22, *De usurp.*).

Dejicere, primitivement *detrudere*, indique le fait de précipiter, de chasser le possesseur, et implique un acte de violence. Cette expulsion violente est très-importante en ce que, seule, elle permet d'intenter l'interdit *unde vi;* mais nous n'avons à l'examiner ici qu'au point de vue de la perte de possession.

Deux autres cas furent assimilés à la *dejectio*, la captivité du possesseur sur son ancien domaine, qu'il est réduit à cultiver en qualité d'esclave (Loi 1, § 47, *De vi;* Paul. S., V. 6, § 6) : « Vi dejectus videtur qui in prædio vi retinetur » et en second lieu, le refus par un fermier d'admettre sur la ferme, le possesseur que le maître y envoie. Les lois 12 et 18, *De vi*, nous disent que le vendeur (l'ancien possesseur dans l'espèce) sera considéré comme *dejectus* et aura droit à l'interdit *unde vi*, le colon eût-il été lui-même expulsé postérieurement.

125. Il semble plus difficile de résoudre la question de savoir si la possession se perd aussi lorsque le possesseur n'est pas réellement expulsé, mais qu'il abandonne l'immeuble par crainte de son adversaire. La loi 9, pr., l. 1, § 29, et 3, § 7, *De vi*, enfin Paul, S., V, 6, 54 semblent considérer la possession comme n'étant pas perdue. D'autres passages la considèrent très-

positivement comme perdue (33, § 2, *De usurp.*, 3, § 6, *De vi*, etc.). Ces derniers ont complétement raison, et tous les auteurs étaient en réalité d'accord sur la perte de la possession. La seule controverse, fort importante d'ailleurs au point de vue des actions qui en dépendaient, était celle-ci : la possession est-elle perdue *animo*, par la volonté du possesseur qui aime mieux fuir que s'exposer, ou l'est-elle *facto*, par la menace d'expulsion ? C'est en effet la seule question résolue par les lois 9 et 1, § 29, question qui implique une perte de possession antérieure.

Les jurisconsultes romains se partageaient en trois systèmes : (A) Pomponius : il n'y a pas lieu à l'interdit *unde vi*, car une *dejectio* n'a pas lieu sans violence corporelle ; — (B) Labéon : l'interdit doit être donné si le danger était pressant ; — (C) Ulpien et le Digeste exigent une condition de plus : l'occupation immédiate du fonds. La loi 9, pr., *Quod met.*, nous enseigne que la crainte fondée d'un danger présent donne droit à l'action *quod metus* ; dès lors, tout possesseur ayant pris la fuite, se trouvera dans l'une des situations suivantes :

1° Crainte vaine : possession perdue *animo* ; il n'a droit qu'aux actions pétitoires.

2° Crainte fondée : possession perdue *animo* ; il a de plus l'action *quod metus*.

3° Crainte fondée suivie d'occupation *corpore*, et protégée par l'interdit *unde vi*. Cette troisième hypothèse est donc une extension de la *dejectio*.

126. Nous avons jusqu'ici supposé le possesseur

demeurant sur l'immeuble, et présent au moment de l'occupation par un tiers; mais nous savons que cette présence continue n'est pas indispensable pour conserver la possession, car un éloignement momentané rend moins immédiate la faculté de disposer de la chose, mais n'enlève pas cette faculté d'une manière absolue.

Qu'arrive-t-il donc, si au fait de l'éloignement se joint une circonstance qui supprime en réalité cette faculté? D'après les principes la possession sera perdue; c'est ce que décident les plus anciens jurisconsultes. Mais plus tard une exception fut admise; la possession se conserva en l'absence de *corpus*, jusqu'au moment où ce fait est connu du possesseur; l'absent put donc conserver la possession des immeubles *animo solo*.

127. Il y eut donc selon l'époque deux systèmes bien distincts. Dans le premier la possession est perdue *corpore*, mais le dépossédé a l'interdit recupératoire *de clandestina possessione*. Dans le second, la possession se conserve jusqu'à la connaissance du fait; l'interdit *de clandestina* ne peut plus se présenter et tombe en désuétude. Le passage de l'un à l'autre s'effectua vers le troisième siècle au milieu d'une vive controverse. Labéon dans le premier et Julien dans le second siècle parlent encore d'une possession clandestine. Dans le troisième siècle Papinien parle de la conservation *animo tantum* des *saltus hiberni vel æstivi*, dont la possession est abandonnée pendant une moitié de l'année. Gaius, qui est presque

son contemporain, approuve ce système, *plerique putant*, dans un passage (IV, § 154) d'ailleurs fort altéré. Enfin Paul et Ulpien généralisent l'exception; la possession de tous les immeubles est conservée *animo tantum* et les Instituts de Justinien, IV, 15, § 5, consacrent ce principe.

Les conséquences de ce principe sont des plus importantes. Du moment où le possesseur conserva la possession *animo*, le tiers occupant ne put l'acquérir, bien qu'il réunit les deux conditions de l'*animus* et du *factum* : deux possessions *in solidum* ne pouvant coexister (V. *supra*, § 53 et 3).

128. L'instant où l'occupation de l'immeuble s'est réalisée, n'offre plus aucun intérêt, car ce fait n'a plus de conséquence juridique. Il faut pour apprécier la possession du tiers occupant se reporter au moment où ce fait vient à la connaissance du maître. Trois hypothèses peuvent alors se présenter.

A. L'absent revient et chasse l'intrus ; la possession n'a jamais été perdue (L. 17, *De vi*).

B. L'absent essaie de reprendre son bien, mais il est repoussé par la force. Il subit une *dejectio* qui lui donne droit à l'interdit *unde vi* (25, § 2, *De poss.* et L. 6, *in fine*.) La possession est donc perdue *corpore* à dater de la *dejectio*.

C. Le possesseur antérieur s'abstient de faire valoir ses droits; s'il n'y a pas juste crainte assimilée à la *dejectio*, la possession est perdue *animo*, et la voie du pétitoire est seule ouverte au dépossédé. (L. 3, §§ 7 et 8.)

Sous Justinien, le possesseur dont les biens furent occupés en son absence, eut une situation bien plus favorable. La loi 11, t. IV et l. 1, t. V, au Code L. VIII, qui accordent sans limite de temps l'interdit *unde vi* et un interdit nommé *momentariæ possessionis.*

129. La possession pouvait-elle se conserver *animo* indéfiniment? nous avons déjà indiqué que nous ne le pensons pas. Les expressions des jurisconsultes dans les lois que nous venons d'étudier : « ad nundinas profectus (Labéon et Ulpien) dum in parte fundi sit (Celsus) postea reversurus » (Instituts) nous confirment dans cette opinion. La loi 11, C., *unde vi*, qui vient modifier la règle par une innovation formelle, puisque le tribunal d'Illyrie se trouvait désarmé, nous paraît un nouvel argument en sa faveur.

SECTION II

PERTE DE LA POSSESSION EXERCÉE PAR UN INTERMÉDIAIRE

130. L'acquisition de la possession par le fait d'un tiers, comprend trois éléments : l'*animus domini* du représenté, l'*animus pro alio acquirendi* et le *factum* du représentant.

La perte de la possession par un changement d'*animus* du possesseur n'est point douteux ; toutes les règles ordinaires s'y appliquent, et nous en avons déjà rencontré de nombreux exemples, entre autres tous les cas de *constitut* possessoire.

Mais ce possesseur ne peut perdre la possession *corpore*, par un fait qui agirait directement et exclusivement sur lui ; le motif en est clair; n'ayant pas par lui-même le pouvoir physique de disposer de la chose, il ne peut en être privé par la violence dont il est victime. La coexistence des deux éléments, *animus* du représenté, *corpus* du représentant, maintient la possession, et ne permet pas d'intenter les interdits (L. 1, § 45, *De vi*) : « Si quis me vi dejecerit, meos non dejecerit, non posse me hoc interdicto experiri ; quia per eos retineo possessionem qui dejecti non sunt. »

Nous n'avons donc à nous occuper ici que de la perte de possession par suite d'un changement de volonté du représentant, ou d'un fait qui lui rend la détention impossible : la possession par les personnes en puissance a des règles spéciales : ainsi l'esclave ne peut avoir la volonté de posséder pour un autre que son maître ; il ne peut lui faire perdre *corpore* la possession de l'objet qu'ils lui ont volé, (15 et 40, *De p.*, 33, *De usurp.*). Presque toutes ces dérogations ayant été déjà indiquées, nous supposerons toujours que le représentant est un *procurator*, une personne libre.

131. La possession peut se perdre du chef du représentant de plusieurs manières : examinons successivement ces quatre hypothèses.

1° La possibilité de disposer n'existe plus chez le représentant.

2° Le représentant a la volonté de posséder pour lui.

3° Le représentant a la volonté de ne plus posséder la chose.

4° Le représentant a la volonté de transférer la possession à un tiers.

Première hypothèse. — Si l'objet a disparu ou si la possibilité d'en disposer n'existe plus, la possession est perdue *corpore*, et toutes les règles indiquées dans la section précédente sont applicables dans celle-ci.

La possession d'un meuble sera perdue *corpore* par la perte absolue de l'objet, sa spécification, ou sa chute dans un endroit inaccessible; par le vol dont le dépositaire serait victime ou complice.

Les immeubles seront perdus par un incendie ou par la *dejectio* du représentant (L. 1, § 22, *De poss.*) : « Etsi igitur quis alius, per quem possidebam, dejectus fuerit, mihi competere interdictum, nemini dubium est. » Et cela, quand même je n'aurais nulle connaissance du fait, *etiamsi ignorem eos dejectos;* solution d'ailleurs conforme aux principes; car la possession de l'immeuble ne se conserve *animo tantum* malgré l'occupation d'un tiers, que quand elle était avant l'occupation retenue *animo tantum;* or, ici elle est exercée *animo et corpore;* il n'y a donc pas lieu d'appliquer l'exception.

Seconde hypothèse. — Le représentant a la volonté de posséder pour lui, c'est-à-dire l'*animus domini.*

Nous rencontrons ici des dispositions spéciales; car si l'on appliquait les principes exposés plus haut sur l'acquisition et la perte de la possession, l'on devrait dire ; le représenté a perdu la possibilité de disposer de la chose qui se trouve aux mains d'un mandataire infidèle; le représentant a joint au *corpus* qui préexistait l'*animus domini* qui lui manquait ; le premier a donc perdu et le second acquis la possession.

Il est cependant généralement admis que le changement de volonté du mandataire ne suffit pas, et qu'il faut un acte apparent d'interversion pour que la possession soit acquise et perdue; cet acte sera pour les meubles une *contrectatio* entraînant un vol, pour les immeubles un acte de *dejectio*.

En matière de meubles la question fût longtemps controversée, car la loi 47, *De poss.*, mentionne l'opinion contraire, et Paul, dans la loi 3, § 18, mentionne le système qu'il adopte comme particulier aux Sabinus; il n'en fut pas moins positivement consacré, et dès lors on peut dire que le *furtum* et la perte de possession allant toujours ensemble, la seule *infitiatio* n'enlève pas la possession, car elle ne constitue pas un *furtum* (L. 1, § 2, et 67, *De furtis*).

La perte de la possession d'un immeuble au moment de la *dejectio* et non lors du changement de volonté, ne peut guère s'appuyer que sur la loi 12, *De vi.* « Quum dejecisse tunc videtur, quum emptori possessionem non tradidit. » Mais d'autres considérations justifient cette opinion; la règle « nemo sibi causam possessionis mutare potest » s'applique à celui qui possède au nom d'autrui, bien qu'en réalité il ne possède point; car il est bien certain qu'elle atteignait le *rogans* qui possède pour autrui aussi bien que le *rogans* qui possède pour lui; les interversions de titres exigeaient un fait patent et connu du possesseur, L. 12 et 18, *unde vi*, il fallait qu'à l'*animus domini* vînt se joindre une manifestation extérieure de cette volonté, un *corpus* nouveau. Les motifs de cette exigence sont bien clairs; sans ce fait, le possesseur aurait pu croire à la continuation de sa propre possession; sans ce fait, l'ancien mandataire n'aurait pu établir son *animus domini*, qu'en affirmant son infidélité; or devant le juge « nemo auditur propriam turpitudinem allegans. »

Troisième hypothèse. — Le représentant a la volonté de ne plus posséder la chose, ou n'a plus cette volonté.

Si le mandataire, sans intervention d'une violence étrangère, devient incapable d'exercer la possession, par exemple s'il vient à mourir ou à perdre la raison, le possesseur ne cesse pas de l'être (L. 25, § 1, et 40, § 1, *De poss.*; L. 60, § 1, *loc.*). Pour les immeubles, cela ne pourrait faire aucun doute, puisque leur possession se conserve *animo;* mais cela s'appliquera même aux meubles. Seulement la possession de l'immeuble ne se perdra que par la connaissance d'un fait d'occupation; celle des meubles se perdra dès le moment de la prise de possession.

Quid si le débiteur abandonne purement et simplement la possession? Les lois 5 pr., *Pro emtore*, 31, *De dol.*, 44, § 2, *De poss.*, assimilent ce cas au précédent, et déclarent que la possession continuera.

Quelques jurisconsultes l'ont-ils considérée comme perdue? Tout dépend de la leçon adoptée sur la loi 40, § 1, *Idem existimandum* ou *aliud*.

Quatrième hypothèse. — Le représentant transfère volontairement la possession à un tiers.

Relativement aux meubles, la question est à l'abri de toute discussion. La loi 33, § 4, *De usurp.*, déclare la possession perdue.

Mais la question était controversée dans le cas de vente et tradition d'un immeuble; Paul déclare que la possession se conserve jusqu'à la connaissance du fait. « Quod si servus vel colonus per quos corpore possidebam discesserint decesserintve, animo retinebo possessionem. Nam constat possidere nos donec aut nostra voluntate discesserimus, aut vi dejecti fuerimus. » Les lois 40, § 1, et 44, § 2, sont contraires et impliquent la perte dès la prise de possession.

A partir de Justinien la question cessa d'être controversée; la loi 12, au Code 4, *De poss.*, tranchant une controverse parvenue jusqu'aux oreilles de l'empereur, déclare que le maître ne peut recevoir aucun dommage, « nihil penitus præjudicii domino generetur, » du fait d'un mandataire infidèle qui a livré à un autre ou abandonné la chose. La possession se conserve donc *animo*, et la volonté du représenté cesse, à dater de ce prince, d'avoir aucune influence.

CHAPITRE VI

DES EFFETS DE LA POSSESSION

132. La divergence des opinions sur ce sujet est quelque chose d'incroyable. M. de Savigny ne reconnaît que deux effets à la possession : le droit aux interdits et l'usucapion; cette dernière avec quelques restrictions. Un de ses compatriotes soutient même que les interdits et l'usucapion ne sont pas une suite immédiate nécessaire de la possession, car l'une suppose un titre et les autres un acte de violence; il est impossible d'aller plus loin, puisque dans ce système la possession n'a plus une seule conséquence juridique.

Les anciens auteurs tombaient généralement dans le défaut contraire et multipliaient à l'infini les avantages attachés à la qualité de possesseur; l'un d'eux était parvenu à en énumérer soixante-douze à l'appui de la maxime *beati possidentes.* La confusion entre les cas où la possession peut se présenter comme circonstance accidentelle, et celle où elle est réellement cause efficiente du droit, était poussée aux dernières limites; examinons rapidement ceux qui peuvent être sérieusement controversés.

133. Le droit de légitime défense existe au profit du possesseur (L. 1, C., *unde vi*); mais il existe certainement au profit du propriétaire et du simple détenteur. On ne peut donc y voir une conséquence juri-

dique spéciale à la possession : le droit, bien plus étendu, n'a même pas sa base dans le droit privé; car ce n'est qu'une application particulière du principe : « Vim vi propulsare omnes leges omniaque jura permittunt ».

134. La qualité de défendeur au procès en revendication n'est pas davantage une conséquence de la possession juridique; le simple détenteur peut jouer ce rôle (L. 9, *De rei vind.*). Ici encore la cause efficiente se rencontre dans un principe plus éloigné : Le possesseur actuel n'a aucun intérêt à voir modifier sa situation : le propriétaire demande au contraire la restitution de la chose; c'est donc lui qui agit, et c'est à lui qu'incombe la preuve : « necessitas probandi incumbit illi qui agit. »

135. Quant au droit de rétention, il n'est en réalité qu'une exception *doli mali*; elle appartient à toute personne qui a la possibilité de l'invoquer par suite d'une détention de la chose; le commodataire et le dépositaire peuvent l'invoquer, bien qu'ils ne possèdent pas; elle n'est donc pas le résultat d'une possession juridique antérieure.

En résumé les trois droits de légitime défense, de rétention, et celui de figurer comme défendeur, ne sont ni la conséquence de la possession juridique, ni même spéciaux aux possesseurs : la seule condition exigée, c'est le fait de la détention.

136. Une propriété immédiate semble être, dans l'hypothèse de l'*occupatio* d'une *res nullius*, la conséquence de la possession; telle est la doctrine de

plusieurs auteurs. L'impossibilité de ce rapport de cause à effet entre la possession et la propriété nous semble cependant évidente. L'occupation est un *modus acquirendi*, qui confère la propriété par le seul fait d'une prise de possession *animo domini;* or ces conditions étant précisément celle de l'acquisition de la possession, il en résulte que cette dernière ne peut exister sans que le droit de propriété ne soit en même temps acquis. Du moment où la propriété et la possession naissent simultanément, il est impossible de voir dans l'une d'elles la cause de l'existence de l'autre.

La même raison doit, en cas de tradition par le propriétaire lui-même, faire dire que la propriété est produite par l'acte d'appréhension et non par la possession; car ici encore elles se réalisent en un seul et même instant dans la personne de l'acquéreur.

L'occupation et la tradition sont donc des moyens d'acquérir la propriété régis par les règles et soumis aux conditions d'acquisition de la possession, mais ne sont pas comme l'usucapion, un mode d'acquérir par la possession, et l'une de ses conséquences juridiques.

137. Quant à l'action publicienne, il nous semble bien difficile de ne pas y voir un des droits découlants de la possession. Elle se donne au possesseur de bonne foi, et ne se donne qu'à lui; elle a pour but la restitution d'une chose non encore usucapée, donc de restitution de la possession et non de la propriété. Mais nous rencontrons dans la publicienne l'inverse

de ce qui se produit dans l'occupation : là, c'était une question de propriété régie par les règles de la possession, ici, c'est une question qui se rattache à la possession soumise aux règles de la revendication; en un mot, la publicienne n'est qu'une *vindicatio utilis* donnée au possesseur de bonne foi, une action fictice basée sur une supposition d'usucapion parfaite.

Voici en quelques mots les conditions requises pour triompher dans l'action publicienne.

1° Avoir été possesseur (L. 1, 7, § 16, *De Publ.*). Il n'y a d'exception qu'en faveur du légataire et du fidéicommissaire. (*Ibid.*, 1 et 12.)

2° D'une chose prescriptible. (*Ibid.*, 12, § 2, et 9, § 5.)

3° Être possesseur d'après un juste titre : voici le texte de l'édit : « Si id quod traditur *ex justa causa* a non domino et nondum usucaptum petet, judicium petibo. » Titre putatif suffit si l'erreur est de fait. (*Ibid.*, L. 7, § 2.)

4° Et de bonne foi, comme pour l'usucapion, c'est-à-dire lors de l'acquisition, et non au moment d'intenter l'action. (*Ibid.*, L. 7, § 11.)

5° Agir contre une personne qui possède, détient ou *dolo desiit possidere*, ajoutons : et qui possède à moindre titre que le demandeur.

Dès lors, si le défendeur est propriétaire, il a l'exception *dominii* : dans l'ancien droit on peut supposer que ce propriétaire a vendu sans transférer le *dominium*; son exception est alors anéantie par la réplique du demandeur, « exceptio rei venditæ et traditæ. »

La forme de procédure est absolument celle de la revendication civile.

138. Un dernier point controversé est celui de savoir si la *fructuum perceptio* est une des prérogatives de la possession. M. de Savigny n'y voit qu'une application *de l'action Publicienne aux fruits de l'immeuble*, elle se rattacherait donc à la possession au même titre que cette dernière.

Son système nous semble devoir être adopté, comme étant celui qui justifie le mieux la différence extraordinaire des situations du possesseur en face des tiers ou en face du propriétaire. En effet, vis-à-vis des tiers, il est propriétaire des fruits; il les revendique, ou, au contraire, les aliène légalement tant qu'il est de bonne foi, c'est-à-dire tant qu'il a commencé à leur égard une possession de bonne foi et à juste titre; ces droits découlent pour lui d'une présomption de propriété analogue à celle de l'action Publicienne; la preuve, c'est qu'en face du propriétaire qui fait la preuve de son droit de domaine a rendu cette présomption impossible, il n'est plus ce *pene dominus* qui fait les fruits siens au moment de la séparation. (L. 13, *Quib. mod. usus.*) Il y a lieu à un règlement de comptes, pour les fruits comme pour les améliorations ou dégâts, et ce n'est qu'à sa bonne foi que le possesseur devra l'avantage de conserver, non pas les fruits consommés, car ils n'existent plus, mais l'émolument qu'il a retiré de leur vente ou consommation.

139. En résumé, à l'égard des tiers, le possesseur de bonne foi fait les fruits siens par une présomption de propriété, conséquence de sa possession; mais il ne conserve les fruits consommés, à l'encontre du propriétaire, que par la faveur d'une jurisprudence constante en matière de règlement de la condamnation.

140. Il ne reste donc que deux effets légaux que l'on puisse attribuer à la possession indépendamment de toute idée de propriété; ce sont l'usucapion et le droit aux interdits. Au sujet de la première, qui serait à elle seule le sujet d'une thèse, nous nous bornerons à établir qu'elle est un droit découlant directement de la possession; mais nous étudierons en détail les interdits, partie intégrante de notre sujet; car ils ne sont pas seulement un effet de la possession, ils en sont la garantie.

141. *De l'usucapion.* — « Usucapio est adjectio dominii per continuationem possessionis temporis lege definiti. » Cette définition de Modestin semble n'exiger que deux conditions, la possession et le délai légal; mais nous savons que la possession *ad usucapionem* est la *possessio civilis*, ce qui implique deux autres conditions, *justa causa* et *bona fides*.

Ainsi possession de bonne foi, sur juste titre, non interrompue pendant deux ans. Telle est la base de l'usucapion.

Parmi ces diverses conditions, y en a-t-il une que l'on puisse considérer comme une cause d'acquisition de la propriété, et qui permette de refuser cet effet à la possession? Sintenis croit la trouver dans le juste titre; mais il ne voit pas que ce système est insoutenable en droit romain où l'usucapion est déclarée un *modus acquirendi*; or dans son système, le possesseur, dont le temps viendrait simplement confirmer le titre, serait propriétaire en vertu de ce titre, vente, échange, donation, et l'usucapion, moyen de preuve, sorte de ratification tacite, ne serait jamais un moyen d'acquérir. Voudra-t-on attribuer au laps de temps, l'effet de cette mutation de propriété? D'après nous le temps n'est même pas un des éléments de l'usucapion, il est comme la bonne foi, une simple qualité de la possession. « Tempus per se nullam vim effectricem habet » (Grotius). Sauf la définition de Modestin qui doit se lire « adjectio per possessionem continuatam tempore » et qui d'ailleurs ne disait point « adjectio per tempus et possessionem », tous les textes et tous les auteurs sont d'accord pour attribuer à la possession l'acquisition de la propriété par usucapion; le nom même de ce mode d'acquérir en est la preuve: *usucapio, usus-auctoritas*. Si nous avons insisté sur un point si peu douteux, c'est en vue du droit français et de la définition du Code.

Le délai légal pour usucaper fut primitivement de un an pour les meubles, deux pour les immeubles; sous Justinien, il est de trois ans pour les meubles, dix ans et vingt ans pour les immeubles, selon que l'acquéreur et l'aliénateur habitent ou n'habitent pas dans une même province. Quant aux règles sur la suspension ou l'interruption du cours de cette prescription elles sont complétement en dehors de notre sujet.

DES INTERDITS POSSESSOIRES

145. Toute possession donne, avons-nous dit, un droit à des actions; les Romains nommaient ces actions possessoires des interdits, d'après l'une des parties les plus importantes de leur procédure, la défense du préteur de troubler la possession, l'espèce d'édit particulier aux parties, *inter duos edictum.*

En indiquant quelles sont les personnes qui possèdent, nous avons implicitement indiqué à qui compète le droit aux interdits; mais il nous reste à étudier la forme, les diverses espèces, les résultats possibles de ces actions. Telles sont les questions que nous essayerons de résoudre dans la fin de ce chapitre.

Une première section sera consacrée aux interdits possessoires en général, cinq autres à chacun d'eux en particulier.

SECTION PREMIÈRE

CONSIDÉRATIONS GÉNÉRALES

146. *Procédure.* — Le premier acte de l'instance était une *in jus vocatio;* le possesseur ajourne devant le magistrat compétent, c'est-à-dire qui a le droit de délivrer un interdit, le tiers dont il a sujet de se plaindre. Si au jour fixé l'adversaire ne comparait

point, il y a envoi en possession de ses biens, *in bonis ejus eumdum est* (L. 3, § 14, *De hom. lib.*).

Supposons que les deux parties se rencontrent devant le préteur, condition nécessaire pour que la procédure suive son cours (G., 4, §§ 165 et 115, Theop., 4, 15, pr. et *Defin.* Just.). Le demandeur expose ses prétentions et réclame la délivrance de tel interdit ; s'il résulte de ce débat *in jure* que les faits ne se prêtent point à un interdit, soit par exemple que le demandeur se dise fermier, ou que la chose soit *res nullius*, le préteur renvoie les parties ; mais si le demandeur se trouve dans les conditions de l'interdit, le défendeur est obligé de nier les faits ou de les avouer ; dans cette seconde hypothèse, la situation de celui qui avoue est absolument identique à celle de celui qui est condamné, « omne omnino quod quid confessus est, pro judicato habetur » (L. 6, § 2, *De conf.*) ; dans la première hypothèse, il y aura lieu à la délivrance immédiate de l'interdit, en faveur de l'une ou peut-être des deux parties ; nous disons délivrance immédiate, car cela aura lieu dans l'immense majorité des cas ; cependant exceptionnellement, la décision du préteur pourra être renvoyée après une *causæ cognitio*. En voici quelques exemples d'après M. Machelard : demande par procureur de l'interdit *de liberis ducendis* ; demande d'un interdit utile, demande de *restitutio in integrum*, ou d'exceptions particulières.

Dans aucun cas, l'interdit n'est un jugement : c'est un acte de *merum imperium*, un ordre émis pour prescrire ou défendre de faire telle chose, et qui doit servir de loi dans la contestation qui viendrait à s'engager. Souvent il sera obéi à cet ordre, parce que la partie contre qui le préteur l'accorde, se sent dans une position défavorable et ne veut point s'exposer aux dangers d'une contravention; d'autres fois le débat ne fera guère que s'engager après l'interdit, et sur cet interdit, « nec quum quid jusserit fieri aut fieri prohibuerit negotium statim peractum est. » (G., 4-141.) Voici comment : le préteur ne vérifiait aucune des obligations du demandeur, n'examinait aucune question de fait; son rôle se bornait à déclarer la situation alléguée digne de protection, puis plus tard conforme aux règles de l'édit. Dès lors son interdit, inattaquable au point de vue de la solution de droit, qu'il donne, n'est que conditionnel au point de vue de la question de fait. Si le défendeur conteste l'exactitude des déclarations du demandeur, il faut aller devant le juge pour vérifier s'ils sont ou non fondés; car de leur existence dépend l'efficacité d'un ordre qui les avait sous-entendus. De là toute une nouvelle instance, conforme au *jus ordinarium*; mais où l'on se demande si l'édit du préteur et non plus tel droit, a été violé « si contra edictum prætoris quid factum sit » (G., *ibid.*).

La procédure postérieure à l'émission de l'interdit, suit une marche différente suivant qu'on agit *cum periculo* ou *sine periculo*.

147. *Première hypothèse.* — Les parties agissent *cum periculo ou cum pœna*. La demande de la for-

mule devait suivre la délivrance de l'interdit dans un délai de moins d'un an, mais un certain délai était possible (Arg. *a contrar.* de la L. 4, § 2, *de lib. hom.*, et décision généralisée de Paul, L. IV, L. VII, § 6). Elle se demandait au préteur, lors d'une comparution *in jure* des deux parties, comparution indispensable pour les *sponsiones* et la *fructuum licitatio* qui doivent avoir lieu avant sa délivrance.

La sponsio était une sorte de gageure faite dans les formes légales et à laquelle celui qui avait obtenu l'interdit provoquait son adversaire. « Spondes ne mihi dare centum, si contra edictum prætoris, non restitueris; stipule le demandeur. Spondeo, doit répondre le défendeur s'il ne veut être réputé *confessus in jure*. Cette première stipulation est suivie d'une restipulation en sens inverse; « spondes ne mihi dare centum si contra edictum prætoris nihil actum sit, » demande à son tour le défendeur. Dans l'hypothèse d'un interdit double, chacun jouant à la fois le rôle de demandeur et de défendeur, celui qui avait dans la première stipulation et restipulation joué le rôle de défendeur, venait à son tour stipuler comme demandeur, et promettre à ce même titre dans une restipulation. L'on rencontrait alors quatre obligations conditionnelles : dont deux se réaliseront au profit de l'un ou de l'autre, une stipulation et une restipulation, et donneront lieu à deux *condictiones certæ pecuniæ*. Ces deux ou quatre *sponsiones* dont la valeur nous est inconnue, se payaient *pœnæ nomine*; elles étaient un des dangers de cette procédure.

La *fructuum licitatio* avait pour but de régler la possession intérimaire de l'objet du litige; elle est remise à celui des deux prétendants qui promet à son adversaire la somme la plus forte pour le cas où il viendrait à perdre le procès : c'est une espèce de vente aux enchères de la jouissance intérimaire, au profit de celui qui triomphe, mais ici encore la *licitatio* se paie à titre de peine et non comme prix des fruits.

Après ces préliminaires, la formule est délivrée aux parties, formule arbitraire d'après Gaius : « nisi instituat possessionem restituere jubetur, » et l'affaire est portée devant le juge qui prononce pour ou contre celui qui a obtenu la possession province.

148. Dans le premier cas, la condamnation comprendra dans un interdit double :

1° Montant d'une stipulation.

2° Montant d'une restipulation.

Dans l'hypothèse d'un interdit double et d'un jugement rendu contre le détenteur en licitation, la *condemnatio* comprend :

1. Valeur de la stipulation.

2. Valeur de la restipulation.

3. Valeur de la somme promise lors de la *fructuum licitatio*.

4. Restitution des fruits ou de la valeur du jour de la demande. « Ex judicio fructuario secutorio. »

5. Restitution de la chose (de fait même *manu militari*) ou payement de sa valeur; *ex judicio Cuscelliano secutorio*.

De ces cinq condamnations, les trois premières sont

purement pénales, la quatrième et la cinquième seules tendent à l'exécution de l'interdit.

149. *Seconde hypothèse.* — L'instance se poursuit *sine periculo.* — Immédiatement après l'omission d'un interdit exhibitoire ou restitutoire, les parties, défendeur ou demandeur, pouvaient solliciter une formule arbitraire; mais elles devaient le faire dans la même comparution, « antequam ex jure exeant, id est a prætore discedant. »

L'effet de cette formule était en premier lieu de donner au juge la faculté d'émettre un ordre, *jussus*, dont l'exécution pût de bonne heure être accomplie *manu militari :* elle permettait en outre, d'éviter les *sponsiones pœnales* dont nous venons de parler, stipulation, restipulation, caution pour les fruits. C'est en ce sens que l'on était dit *agere sine periculo*, expression qui n'est pas absolument vraie à l'égard du demandeur; car ce dernier, nous dit Gaius, ne pouvait jamais être à l'abri du *judicium calumniæ* (§ 163), action permise à tout défendeur qui prouve que l'action précédente fut intentée par esprit de chicane; or, en matière d'interdits, la pénalité de ce jugement était singulièrement aggravée : elle équivalait, non plus au dixième, mais au quart de la valeur du litige (G., 175).

Telles étaient, au temps de Gaius, les formes de la procédure; probablement fort anciennes, car elles sont calquées sur les actions de la loi, elles se maintinrent, sauf quelques modifications, jusqu'à l'époque de Dioclétien. La réunion des pouvoirs de juge et de magistrat dans une même personne, les rendit impossibles, et désormais, il n'y eut plus, sous le nom d'interdits, que des actions ordinaires; leur objet seul diffère, c'est la possession au lieu d'être la propriété.

150. *Caractère des interdits.* — Les anciens glossateurs voyaient dans les interdits, un mode de procédure sommaire, qui attribuait sur une demi-preuve une propriété provisoire. Toutes ces propositions étaient erronées; dans un interdit, la question de possession est seule discutée; or le jugement qui intervient, la tranche d'une façon définitive : la question de propriété pourra venir plus tard, mais elle n'a été ni en cause, ni attribuée provisoirement : c'est en ce sens qu'Ulpien disait : « Nihil commune habet proprietas cum possessione. » La dispense d'une preuve complète se liait à cette idée de décision provisoire; elle ne résulte d'aucun texte; il est donc évident pour nous que le demandeur doit pour triompher, convaincre le juge de son droit, car la décision sera irrévocable. Quant à la célérité de la procédure, la découverte de Gaius a rendu cette opinion bien difficile à soutenir. La procédure qu'indiquent ses commentaires est loin d'être sommaire : nul texte ne mentionne une abréviation, ou la défense d'aller en appel; aucune phrase du long plaidoyer de Cicéron en faveur de Cecina ne peut non plus s'interpréter en ce sens.

Nous pensons cependant que le système imaginé par les préteurs, dut avoir pour effet de terminer dans un très-bref délai la majorité des contestations possessoires. Cette procédure comprenait deux parties indépendantes : l'interdit et l'action ; or les sévérités particulières à ce second acte de la procédure, les « sponsiones, judicium calumniæ, juramenta in litem », nous semblent destinés à intimider les plaideurs, à les détourner de la demande d'une formule, à les faire obéir à l'ordre du préteur. On peut donc dire que la procédure était sommaire en ce sens, qu'elle tendait à s'arrêter après l'émission de l'interdit, c'est-à-dire après une *vocatio in jus* et une comparution *in jure*, ou parfois une *cognitio causæ* faite rapidement par le magistrat lui-même.

151. L'on a beaucoup discuté sur l'origine des interdits. Un premier système soutient qu'ils furent introduits pour déterminer le rôle des parties dans la revendication. Malgré l'appui de Gaius et des lois 35, *De poss.*, et 1, §§ 2 et 3, *uti. poss.*, cette opinion n'est pas soutenable; dans l'ancien droit, si l'on réclame la propriété bonitaire, point de revendication; si l'on réclame le domaine quiritaire, c'est par l'action *sacramenti*, et le rôle des parties est déterminé non par un interdit, mais par la caution *pro procde vindiciarum*. Sous Justinien, celui qui intente le pétitoire peut se retourner vers le possessoire, ou même y être envoyé d'office, et cela *pendente lite*, c'est-à-dire après détermination des rôles de demandeur et défendeur : les deux actions sont donc indépendantes.

M. de Savigny, d'après Nieburh, rattache leur origine aux concessions faites sur l'*ager publicus*, et à la nécessité de protéger le possesseur qui ne pouvait user des actions accordées seulement aux propriétaires. Ce systèma compte peu de partisans, parce qu'il a le tort d'envisager la question à un point de vue trop restreint, sinon erroné. Les interdits ont dû être introduits pour combler les lacunes du droit civil et fournir un moyen d'action là où il n'y en avait point; à quelle occasion le préteur émit-il les premiers, nous l'ignorons; mais il nous semble que le possesseur d'un bien privé, que le propriétaire troublé, étaient aussi dignes de protection que le possesseur de biens publics.

L'origine des interdits se rattache donc pour nous aux nécessités de l'ordre public et de la paix sociale : le préteur devait réprimer les envahissements, forcer les parties à terminer leurs querelles devant le juge et non à main armée; là où les moyens de droit civil lui manquaient, où le cas est urgent, il en créait en vertu de son *imperium*. L'utilité des interdits possessoires dut apparaître de bonne heure : « quoniam in hujusmodi controversiis sæpe contingit et cædes fieri, et vulnera infligi, et plagas inferri(*Par.*, Théop., 4, 15).

152. *Division des interdits.* — Les interdits peuvent être :

A. Exhibitoires, restitutoires ou prohibitoires.

B. Simples ou doubles.

C. In præsens vel in præteritum relata.

D. Adipiscendæ, retinendæ, vel recuperandæ possessionis.

Cette dernière division paraît contenir uniquement

des interdits possessoires; mais il ne faut pas se laisser influencer par le nom et la place qu'occupent les interdits *adipiscendæ possessionis*. Ces derniers, leur nom seul l'indique, n'ont pas la possession pour base; on peut même se demander s'ils l'ont réellement pour objet; ils ne sont donc pas des actions possessoires. Les interdits *retinendæ vel recuperandæ* appartiennent seuls à notre sujet.

SECTION II

DE L'INTERDIT UTI POSSIDETIS

153. « *Uti eas ædes, quibus de agitur, nec vi, nec clam, nec precario alter ab altero possidetis, quominus ita possideatis vim fieri veto. De cloacis hoc interdictum non dabo, neque pluris quam quanti res erit, intra annum, quo primum experiundi potestas fuerit agere permittam.* »

Tel était, d'après Ulpien, le texte de l'édit qui institua cet interdit et lui donna son nom.

L'interdit *uti possidetis* est prohibitoire : il ne s'applique qu'aux possessions immobilières (Gaius, IV, 149); enfin, il est *duplex* (*id.*, 160), et chacune des parties y est à la fois *actor et reus*.

154. *Procédure.* — La procédure suivie dans l'interdit *uti possidetis* était celle que nous venons d'indiquer dans la section précédente; nous ajouterons donc simplement que l'interdi *uti possidetis* étant prohibitoire, la procédure aurait toujours dû agir *cum pœna*. Cependant, dès le temps de Gaius, les

préteurs avaient mis à la disposition des parties qui refusaient d'engager une instance aussi périlleuse, un mode de solution plus simple; quel était-il? L'état du manuscrit de Gaius ne permet aucune restitution qui ne soit absolument arbitraire. Il constate que beaucoup de plaideurs refusaient de poursuivre l'instance après l'émission de l'interdit, et que l'action de la justice en était entravée, *et ideo prætor comparavit interdicta.* Le reste du paragraphe 170 ne comprend que quelques mots isolés et n'offrant aucun sens suivi. M. Machelard conjecture que le magistrat délivrait une formule *in factum*, et nommait un juge pour régler la question *ex æquo et bono.*

Deux autres questions donnent lieu à de bien plus graves difficultés : quel était le but, quelles étaient les conditions de cet interdit? Ce sont les seules que nous étudierons dans la présente section.

155. *But de l'interdit « uti possidetis. »* — Dans un premier système, l'interdit *uti possidetis* aurait été introduit uniquement pour régler les qualités de défendeur et demandeur, dans les questions de revendication. Bien qu'il puisse invoquer en sa faveur les textes formels des Instituts de Gaius et de Justinien, nous croyons ce système beaucoup trop absolu; non-seulement cette fonction de l'interdit n'est pas la seule, elle n'en est même pas la fonction principale.

Nous avons eu déjà l'occasion de faire remarquer combien l'action possessoire est distincte du pétitoire; l'interdit peut s'intenter entre deux personnes qui ne prétendent nullement invoquer le droit de propriété. Réciproquement, la question de propriété sera presque toujours engagée sans débat préliminaire sur une possession non douteuse : *si convenit, absolutum est,* dit Ulpien. Mais bien plus, lorsque les actions de la loi étaient en vigueur, et que les deux prétendants au droit de propriété prétendaient aussi avoir la possession actuelle, ce n'est point par un interdit que la question était tranchée, mais par une décision arbitraire du préteur. « Postea prætor secundum alterum eorum vindicias dicebat, id est, interim aliquem possessorem constituebat. » Cependant les interdits existaient à cette époque; le possesseur du bien revendiqué pouvait les invoquer, et il nous semble bien évident que le préteur, après avoir prononcé dans un sens sur l'interdit, ne se pouvait déjuger en quelque sorte, en prononçant en sens contraire dans la *vindiciarum addictio.* L'intérêt que le possesseur avait à faire précéder la revendication de l'interdit, explique comment ce dernier en devint une sorte de préliminaire, et comment, à l'époque de la procédure formulaire, l'interdit *uti possidetis* est le seul moyen de fixer les rôles de demandeur et de défendeur; mais cette fonction de l'interdit, introduite indirectement et accessoirement, ne doit pas être présentée comme le but que le préteur s'était proposé en le créant; le texte même de l'édit s'y refuse : *vim fieri veto,* comme le fait observer M. de Savigny.

Ainsi, tout en admettant ce but secondaire de l'interdit, nous pensons que sa destination directe et immédiate était la réparation du dommage causé. Protéger indirectement la propriété et la paix publique, en protégeant directement la possession, telle est la large base que nous avons assignée aux actions possessoires prétoriennes; or il n'y a qu'un moyen de protéger le possesseur, c'est de forcer celui qui le trouble à réparer le dommage qu'il a causé.

155. Ce second effet de notre interdit est formellement nié par plusieurs auteurs : il dépend d'ailleurs de la solution de cette autre question : la condamnation qui intervient après l'interdit peut-elle ou non contenir le montant du dommage causé par le trouble antérieur à la demande? Examinons donc quelles sont les condamnations possibles en pareil cas.

Les condamnations *pœnæ nomine* sur la *sponsio*, la *restipulatio* et la *fructuum licitatio*, n'offrent point de difficultés et peu d'intérêt. Parmi celles qui affectent un caractère d'indemnité, nous trouvons en premier lieu la condamnation qui intervient sur le *judicium secutorium fructuarium*, égale à la valeur des fruits perçus depuis l'instance; et la condamnation qui suit le *judicium cascellianum*. Cette dernière, qui était arbitraire, devait permettre de se faire restituer l'immeuble, fût-ce *manu militari*. Cependant la condamnation pécuniaire est indiquée comme la plus commune, et comprendrait, d'après Ulpien, l'équivalent de ce que le possesseur a perdu (L. 8, § 11; L. 17, XLIII). « Quanti res est sic intelligimus quanti uniuscujusque interest possessionem retinere. Servii autem sententia est, existimantis tanti possessionem æstimandam, quanti ipsa res est. Sed hoc nequaquam opinandum est. Longe enim aliud est rei pretium, aliud possessionis. » Si, en théorie, la décision d'Ulpien est irréprochable, nous la croyons absolument inapplicable, comme nécessitant un examen de la question de propriété. La question n'offrait d'ailleurs que peu d'intérêt pratique, car ou le fonds était restitué, et il n'y avait pas lieu au *cascellianum*, ou bien le vaincu, coupable de dol par suite de son refus de restituer, devait payer la valeur fixée par serment du vainqueur.

156. Mais le juge peut-il faire entrer dans la condamnation la réparation du trouble antérieur à l'interdit?

Deux auteurs allemands soutiennent que la valeur actuelle de la possession et les fruits perçus depuis la demande de l'interdit peuvent seuls entrer en compte; que l'on ne peut considérer comme une violation de l'ordre du préteur l'acte antérieur à l'émission de l'interdit; et conséquents avec eux-mêmes, ils déclarent que le perturbateur qui s'abstient de tout nouveau trouble lorsqu'il est poursuivi, ne pourra être condamné. Ainsi, disent-ils, Aulus perd une récolte par suite du trouble causé par Numérius; après cette perte, Aulus demande et *obtient* l'interdit, si Numérius s'est abstenu d'apporter le moindre trouble depuis le jour de l'émission de l'interdit, c'est lui, dit Keller, qui gagnera le procès, car il n'aura rien fait contre l'édit du préteur.

La conclusion de ce système serait une honte pour le droit romain, et tous les autres auteurs concèdent qu'il y aura réparation du dommage; il est d'ailleurs manifestement faux, car pour que Numérius ait agi contre l'édit du préteur, il suffit qu'il ait élevé des prétentions à la possession, et s'il n'en a point élevé, l'instance n'a pu s'engager; en un mot il y aura de deux choses l'une, ou une *confessio in jure*, ou une dénégation qui permettra au juge de condamner.

Dans un autre système M. Molitor pense que le juge peut comprendre tout *lucrum cessans*, sans comprendre le *dominum emergens ?* Les motifs qu'il invoque nous semblent trop insignifiants pour nous y arrêter; il reconnaît d'ailleurs, avec l'unanimité des auteurs, moins Keller et Schmidt, Wiederhold, que la réparation du dommage sera obtenue par une action subséquente, *quod vi aut clam*, *ex lege Aquilia*, *in factum*, etc.

L'intérêt de la question se trouve fort réduit : il ne s'agit plus de savoir si la perte sera réparée; mais si elle le sera dans une procédure concomittante ou postérieure à celle qui succède à l'émission de l'interdit; elle n'est plus ainsi qu'un détail de procédure.

Nous pensons, avons-nous dit, que le juge nommé pour vérifier l'exactitude des faits allégués par les parties pouvait outre les diverses formules entraînant les condamnations pénales, la restitution des fruits et de la chose; , en recevoir une, permettant de condamner à des dommages-intérêts; d'après la majorité des auteurs, cette formule n'aurait pu être délivrée qu'après la première instance terminée, et aurait nécessité une nouvelle *postulatio judicis*. A quoi serviraient ce retard et cette complication? La réparation du préjudice est subordonnée à son existence et au triomphe sur l'écrit *sponsio;* mais la *condemnatio* qui interviendra sur le *judicium cascellianum* ou *fructuarium* est de même subordonnée à deux conditions. la perte de la *sponsio*, la qualité de possesseur intérimaire; l'analogie entre les actions qui poursuivent la restitution de la chose et celles qui poursuivent la réparation du dommage, nous paraît donc complète; et nous tenons pour certain, avec M. Machelard, qu'elles étaient confiées au même juge.

157. En résumé, assurer la réparation du préjudice causé à une possession reconnue, et accessoirement, régler les rôles de ceux qui agissent en revendication, tel était le but de l'interdit *uti possidetis*. Avait-il aussi la troisième fonction que lui assigne Savigny, assurer le repos du possesseur contre des troubles futurs en permettant d'exiger une caution *de non amplius turbando?*

L'inexactitude de cette théorie nous semble flagrante dans l'hypothèse d'un défendeur n'ayant élevé et n'élevant aucune prétention : l'interdit ne peut être accordé; une *condemnatio* est à plus forte raison impossible. Si l'on suppose qu'un tiers a contesté votre possession, peut-on demander une garantie contre un nouveau trouble de sa part, trouble judiciaire ou extra-judiciaire? M. Savigny le prétend, bien qu'il avoue ne pouvoir invoquer de texte; mais, en l'absence de loi, les pouvoirs généraux du juge ne nous paraissent point permettre des mesures aussi arbitraires et aussi inutiles; car le possesseur est sûr de trouver dans les *sponsiones* d'une seconde instance une indemnité et une garantie contre de nouveaux troubles.

158. *Conditions de l'interdit.* — Pour pouvoir intenter l'interdit *uti possidetis*, il suffit de réunir deux conditions: posséder, et se voir troubler dans sa possession; quiconque prouve sa possession et le trouble dont il fut victime doit triompher.

La possession doit naturellement être antérieure au trouble dont on se plaint; mais le délai le plus court suffit, et les Romains n'exigent rien d'analogue à notre saisine, à la possession annale. Le terme d'un an qui se trouve exprimé dans les derniers mots de l'édit, vise une toute autre question; il indique le délai maximum pour intenter l'action en réparation du préjudice qui a fait demander l'interdit.

La possession que l'on invoque doit aussi être exempté de vice: *nec vi, nec clam, nec precario alter ab altero possidetis*, dit Ulpien, d'après l'édit. Mais il faut remarquer que la présence de l'un de ces vices ne produisant pas une déchéance absolue, mais permettant simplement d'invoquer une exception, une possession vicieuse peut triompher toutes les fois que le défendeur n'est point la victime de la violence ou du dol; cela tient au principe de la personnalité des exceptions. Ainsi Primus possesseur violent, *dejector*, vis-à-vis de Secundus, invoque l'interdit contre Tertius ; ce dernier ne peut se prévaloir du vice de possession de Primus, et devra succomber. Nous n'avons pas besoin de rappeler que la possession n'a nul besoin d'être *civilis*, c'est-à-dire de bonne foi et avec juste titre.

159. Quant au trouble qui sert de base à la demande de l'interdit, nous n'hésitons pas à dire qu'il doit impliquer une contestation de la possession. Cette idée est généralement admise ; cependant Thibaut va jusqu'à prétendre qu'il protége *adversus quemcumque turbantem*, qu'on peut l'invoquer pour faire cesser des tapages nocturnes, et quand même le perturbateur aurait agi par malice et dans le dessein de nuire, non avec l'intention d'user de son droit.

En faveur de ce système, l'on invoque le passage suivant : « Cum inquilinus dominum ædes reficere volentem prohiberet, æque competere interdictum uti possidetis placuit, testarique dominum non prohibere inquilinum ne habitaret, sed ne possideret. » La qualité constante d'*inquilinus*, de locataire, prouve bien, dit-on, que l'interdit s'engagera entre personnes dont l'une reconnaît la possession de l'autre ; il n'est donc point nécessaire que chacune des parties prétende à la possession.

Cet argument ne nous semble pas résulter du texte d'une façon bien certaine : quelle est l'espèce ? un propriétaire qui a le droit de faire des réparations se trouve empêché par un locataire qui n'a qu'un droit, demander résiliation ou diminution du bail; il peut alors le faire venir déclarer devant le préteur s'il prétend avoir le droit d'empêcher les réparations; et c'est seulement en cas d'affirmation du locataire, c'est-à-dire de prétention à un droit et de trouble à la possession, que l'interdit *uti possidetis* pourra s'engager; il n'y a donc plus d'*inquilinus*, puisque l'on sort des limites du bail.

Comment d'ailleurs concevoir une action possessoire, une *controversia de possessione*, suivant les expressions romaines, là où la possession n'est pas en jeu, n'est point déniée au moins pour partie? comment s'engageront des *sponsiones* entre deux personnes d'accord sur le fait en question? comment expliquer cette donation d'une action dont le but direct et immédiat est uniquement de faire reconnaître qui est possesseur?

Quelques exemples empruntés au Digeste vont nous montrer que la jurisprudence d'accord avec la théorie, refusait les interdits *uti possidetis* là où l'on ne rencontrait chez l'adversaire « ni animus domini ni animus sibi possidendi; » l'accord toujours dans l'hypothèse contraire.

1. (43, 17, 3, § 5). Un édifice surplombe sur le terrain du voisin; ni le maître du terrain, ni celui du bâtiment n'a l'interdit *uti possidetis;* car la possession n'est contestée par personne : « utrique inutile est interdictum. » Mais comme cet accident pourrait faire croire à l'existence d'une servitude, les actions *negatoria vel confessoria* seront ouvertes.

2. (4, 2, 9, pr.). La possession est transmise par suite de menaces : il n'y a ni *dejectio*, ni contestation de possession ; celui qui usait de menaces la reconnaissait chez l'autre, qui *coactus voluit tamen voluit*. Il n'y a donc pas lieu à l'interdit, mais à l'action *quod metus*.

3. (47, 10, 13, § 7). L'usage d'un droit est empêché en un lieu où l'on ne peut prétendre à une possession ; point d'interdit : action *injuriarum*.

4. (*Uti poss.*, 3, § 2). Empêché sans motif de construire sur mon terrain, je puis invoquer l'interdit, car celui-là me conteste ma possession qui m'empêche d'en user.

5. (*Ibid.*, § 3). Le locataire qui m'empêche de réparer mon immeuble ne pouvant le faire que comme possesseur ou propriétaire, et non comme locataire, peut être poursuivi par l'interdit. C'est le texte qu'invoquent les partisans du système contraire.

6. (*Ibid.*, § 4). Les rameaux d'une vigne sont conduits d'un champ dans un autre; le propriétaire du sol qui contient les racines peut invoquer l'interdit, car le voisin qui cultive les branches prétend à la possession du sol.

Ainsi le trouble doit consister en une prétention à la possession : mais il n'est nullement besoin que chacune des parties se soutienne l'une à l'autre avoir la jouissance de l'immeuble; il se peut très-bien que l'une d'elles prétende à la moitié, à une part quelconque de la possession, et que l'autre prétende à la totalité : « Hoc interdictum locum habet sive quis totum fundum se possidere dicat, sive pro certa parte, sive pro indiviso. » (L. 1, § 7, *Uti poss.*). Le débat se trouve alors restreint à une partie de la possession, et la formule de l'interdit doit recevoir une modification pour permettre la preuve de la co-possession : M. Machelard propose la rédaction suivante : « uti possidetis pro dimidia parte de qua agitur. »

L'interdit *uti possidetis* peut encore être accordé à deux personnes dont l'une prétendrait à la possession, et l'autre à l'usufruit de l'immeuble ; ou bien à deux usufruitiers, ou bien à un usufruitier contre un prétendu usager. La loi 4 au titre *uti possidetis* a tranché toute controverse à cet égard ; l'on comprend d'ailleurs que l'allégation d'une quasi-possession est aussi contraire à l'état de fait que celle d'une possession contraire.

Les formules devaient être modifiées en ce sens ; si les deux personnes prétendent à l'usufruit : « uti eum fundum utimini fruimini », etc. ; si l'une d'elles prétend à la possession, l'autre à l'usufruit, M. Machelard pense que la rédaction était analogue à celle de l'interdit que reproduit le § 90 des fragments du Vatican ; « uti eas ædes..... tu possides, vel tu uteris fruaris. »

160. Il nous reste à résoudre une dernière question : le trouble doit-il avoir laissé le plaignant en possession ? en un mot, l'interdit *uti possidetis* peut-il être intenté à la suite d'une *dejectio*, et, dans ce cas, qui est-ce qui triomphera ?

La raison de douter, c'est que la *dejectio* ouvre une action spéciale, l'interdit *unde vi*, interdit récupératoire, à la suite duquel le préteur ordonne la restitution de la possession; que l'interdit *uti possidetis* est au contraire réservé à ceux qui possèdent (L. 1, § 4, *uti poss.*), et que le préteur y défend de troubler la possession existante; il semble donc au premier abord que notre interdit est étranger sinon contraire, au *dejectus*.

Néanmoins peu d'auteurs ont osé soutenir que le *dejectus*, qui ne se résigne point à son expulsion, et se trouve poursuivi en justice par celui qui l'a chassé, ne doit point triompher sur l'interdit *uti possidetis*. Il eût en effet fallu déclarer l'interdit absolument inefficace en cette hypothèse qui pouvait se présenter fréquemment; car le juge n'aurait pu donner gain de cause ni au *dejectus* qui ne prouve point une possession exempte de vices, ni au *dejectus* qui ne pouvait prouver sa possession lorsqu'il troublait celui qui l'avait dépossédé; et le procès n'aurait pu recevoir de solution. Aussi tout le monde admet que celui qui invoque l'exception *unde vi*, doit se trouver dans une position analogue à celle qu'il aurait eue en demandant l'interdit *unde vi;* puisque dans les deux cas la preuve est la même, puisqu'en invoquant l'exception, il devient à son tour demandeur, *reus excipiendo fit actor*. Le *dejectus* doit donc gagner son procès par cette même instance, sans être renvoyé à un autre juge, et la seule question qui se pourrait poser est celle de savoir si la condamnation sera prononcée selon les règles de l'*uti possidetis* ou de l'*unde vi*.

161. M. de Savigny concède ce premier point; mais refuse au *dejectus* le droit d'intenter l'interdit *sponte sua*. Cette distinction nous semble inadmissible et absolument contraire au principe de la duplicité de l'interdit.

L'interdit *uti possidetis* est tel que chacune des parties joue un rôle absolument identique; si nous avons employé les termes de demandeur et de défendeur, c'est uniquement pour désigner celui qui cite l'autre en justice, mais à partir de la comparution *in jure*, et de l'émission de l'interdit, chacun est à la fois demandeur et défendeur; les *sponsiones*, les preuves à fournir, les formules sont absolument identiques, que ce soit le *dejiciens* ou le *dejectus* qui ait le premier sollicité l'interdit; la distinction proposée est donc absolument arbitraire, car elle fait perdre ou gagner le procès dans des conditions juridiques complétement les mêmes; il est impossible de dire que dans le premier cas la *sponsio* du *dejectus* sera *justa*, et dans le second *injusta*, car il n'y a pas deux situations différentes; l'une et l'autre *sponsio* se valent. Il faut donc, ou décider que le *dejectus* ne pourra triompher, décision injuste et dérisoire, ou décider qu'il recouvrera la possession dans les deux hypothèses; nous n'hésitons à adopter ce dernier système.

162. L'on peut se demander pourquoi, si le *dejectus* avait le choix entre l'*unde vi* et l'interdit *uti possidetis*, les textes ne mentionnent jamais l'emploi de ce dernier. La réponse se trouve dans les avanta-

ges qu'offre l'interdit *unde vi*, avantages qui dans la pratique devaient presque toujours le faire préférer. Ainsi l'interdit *uti possidetis* doit être intenté contre le *dejiciens* encore en possession : l'interdit *unde vi* s'accorde contre le *dejiciens* lui-même dépouillé; les fruits et intérêts se comptent dans le premier cas du jour de l'interdit, dans le second du jour du délit. (1, § 40, *De vi*). La procédure *sine pœna* était possible pour l'action restitutoire; elle devait être *cum periculo* pour l'interdit prohibitoire. Enfin les meubles disparus étaient considérés comme volés, et donnaient lieu à une réparation inconnue dans l'interdit *uti possidetis*.

SECTION III

DE L'INTERDIT UTRUBI

163. « Utrubi hic homo, quo de agitur, majore parte hujusce anni fuit, quominus is eum ducat, vim fieri veto. » (L. *Un.*, t. 31, L. XLIII).

Ce texte de l'édit est incomplet à deux points de vue : il ne parle que des esclaves, bien que l'interdit s'appliquât à tout meuble susceptible de possession : « et quidem uti possidetis interdictum de fundi vel ædium possessione redditur, utrubi vero de rerum mobilium possessione » (Gaius, 159, IV). En second lieu, il ne mentionne point la nécessité d'une possession exempte des trois vices, *vi*, *clam* et *precario;* il n'est point douteux cependant, que cette condition seule permettait de triompher : Gaius, IV, 151, Justinien, IV, 15, § 5, et la loi unique au Digeste, *de utrubi*, le disent, de la façon la plus formelle.

164. Comme l'interdit *uti possidetis*, l'interdit *utrubi*, était prohibitoire, et *duplex* comme lui; il était qualifié de *retinendæ possessionis* et nécessitait une procédure *cum periculo;* il est donc certain que la procédure devait avoir dans les deux cas une bien grande analogie, sinon une identité parfaite; cependant l'existence d'une *licitatio fructuum* ne peut être, en l'absence de textes, affirmée avec certitude.

Mais à l'époque classique, une profonde différence existait entre les questions posées au juge dans ces deux interdits : quelle est, demandait-on dans le premier, la possession non vicieuse *interdicti tempore;* quelle a été, demandait-on dans l'interdit *utrubi*, la possession la plus longue, dans le courant de l'année qui a précédé la demande ?

165. L'expression *majore parte hujusce anni* ne doit point s'entendre d'une manière absolue; elle répond à l'hypothèse la plus fréquente, celle où deux possesseurs seulement auront usé du meuble pendant l'année antérieure à l'émission de l'interdit; une possession de plus de six mois serait alors nécessaire. Mais l'on peut supposer que l'objet de l'interdit a eu un grand nombre de possesseurs, qui ne sont pas des ayants cause les uns des autres; l'on ne devra, dès lors, considérer que la durée de possession des deux parties, et si l'une d'elles a trois mois, un mois

de possession, son adversaire en ayant moins, c'est elle qui triomphera. Dans l'espèce suivante, une possession d'un jour serait suffisante : Aulus est volé par Numérius qui conserve la possession de la chose : A. demande enfin et obtient l'interdit *utrubi* l'avant-veille du jour anniversaire de ce vol ; il devra triompher, car dans l'année qui a précédé l'interdit, il a possédé un objet pendant un jour, tandis que N. n'avait qu'une possession vicieuse et inefficace ; c'est donc lui qui a la plus longue possession utile durant l'année. Toutes ces décisions résultent de la règle de droit 156. « Majore parte anni possedisse quis intelligitur, etiamsi *duobus mensibus* possederit, si modo adversarius ejus aut paucioribus diebus, aut nullis possederit. »

Pour calculer la durée de la possession, il était permis, ici comme en matière d'usucapion, d'invoquer l'*accessio possessionis;* c'est-à-dire d'adjoindre à la possession que l'on a exercée directement et par soi-même, celle de son auteur, qu'on en soit successeur à titre universel ou particulier ; mais il est évident que l'accession d'une possession récente offrait seule ici de l'intérêt. Rappelons ici que la qualité de possesseur actuel ou passé était indispensable pour permettre d'invoquer *l'accessio ;* l'héritier, investi de tous les droits par l'adition, ne pourrait cependant triompher dans l'interdit *utrubi;* pour un meuble qu'il n'aurait pas appréhendé ; alors même que le défunt aurait eu onze mois de possession, et le voleur un seul mois ; l'accession est une jonction de possessions, et il est impossible de joindre une chose à une autre qui n'existerait point (Gaius, 4, 151, et L. 13, § 4, *de dom.*).

166. Une curieuse application de l'interdit *utrubi* avait été faite par les jurisconsultes romains à la loi *Cincia*. Cette loi imparfaite accordait des exceptions et nulle action, laissant la donation faite contre ses dispositions absolument irrévocable, si la tradition avait eu lieu. Le donateur de meubles put, dans les six mois qui suivirent sa donation, réclamer et reprendre leur possession, en invoquant l'interdit *utrubi*, et en faisant tomber par une réplique *ex lege Cinciæ*, l'exception *doli mali* ou *rei donatæ et traditæ* qui lui aurait été opposée. Or, en ce cas, la possession équivalait à la propriété, l'*exceptio legis Cinciæ* devant protéger le donataire contre l'action en revendication.

167. La qualité d'interdit *retinendæ possessionis*, si peu méritée par l'interdit *utrubi*, avait fait penser à quelques auteurs que la possession actuelle était une condition essentielle pour triompher ; cette opinion, aujourd'hui rejetée d'une façon unanime, est démentie par une espèce de Théophile, § 4, 1, *de int.* Elle rendrait d'ailleurs insolubles toutes les situations où l'une des parties aurait la plus longue possession, l'autre la possession actuelle. Quant à la qualité indiscutable d'interdit *retinendæ*, on ne peut guère la justifier ; quelques auteurs ont prétendu que les Romains, frappés de la transmission rapide, et difficile à contrôler, de la possession des meubles,

considéraient comme le seul possesseur celui qui a possédé le meuble pendant la plus longue part de l'année; d'autres invoquent la maxime qu'une possession n'est point perdue tant qu'elle peut être recouvrée par une action; il n'y en a pas moins une anomalie.

Cette fonction réelle d'interdit *recuperandæ* explique suffisamment pourquoi l'*unde vi* ne s'applique point aux meubles; le spolié avait, grâce à l'interdit *utrubi*, un an pour agir contre le voleur resté en possession, six mois contre les tiers acquéreurs.

168. A l'époque de Justinien, peu de temps, d'après M. Savigny, avant ce prince, un changement important eut lieu : l'interdit *utrubi* fut assimilé à l'interdit *uti possidetis*, et désormais pour réussir il fallut prouver sa possession *interdicti tempore*.

Il redevint ainsi interdit *retinendæ possessionis*; mais son emploi eût été bien rare, s'il n'avait servi qu'à réprimer un trouble non suivi de *dejectio*, de perte de possession, hypothèse presque impossible pour un meuble; nous pensons qu'il dut surtout servir à recouvrer une possession violemment et clandestinement enlevée, et demeurée aux mains du raptor ou du voleur.

SECTION IV

DE L'INTERDIT UNDE VI

169. « Unde tu, N. N. aut familia tua, aut procurator tuus A. A. aut familiam, aut procuratorem

ejus, in hoc anno, vi dejecisti, qua de re agitur, cum A. possideret quod nec vi, nec clam, nec precario a te possideret, eo restituas. »

Cette formule de l'interdit n'est point conforme au *principium* de la loi 1, *de vi*, trop manifestement interpolé; proposée par M. Vangerow et reconstituée d'après plusieurs passages de Cicéron, elle représente la rédaction de la formule à l'époque classique, et dans l'hypothèse d'une *vis non armata*.

170. L'interdit *unde vi* est restitutoire, *recuperandæ possessionis;* il est simple, c'est-à-dire que le demandeur et le défendeur y jouent un rôle distinct; à la différence des interdits prohibitoires, on peut agir *sine periculo*, si l'une des parties réclame immédiatement la délivrance d'une formule arbitraire.

171. Les jurisconsultes romains firent longtemps une distinction fort importante entre les cas où la *dejectio* avait été exécutée par des gens armés ou par des individus sans armes; distinction fort ancienne, en pleine vigueur du temps de Cicéron, et à l'époque classique, et dont on trouve encore des traces dans la rubrique du titre 16, livre XLIII, *de vi et vi armatæ*. Il n'y avait cependant point deux interdits distincts, l'un *de vi quotidiana*, l'autre *de vi armata;* il n'y avait qu'un seul interdit, s'appliquant tantôt d'une façon normale, à cause d'un trouble d'une violence non qualifiée; tantôt au contraire s'appliquant avec une grande sévérité à l'auteur d'une *vis armata*. Nous devons donc étudier d'abord les conditions normales de l'interdit, dit *quotidianum*, pour

pouvoir préciser les modifications apportées en cas de violence à main armée, et principalement la privation du droit d'exciper de certains vices.

172. L'interdit *unde vi* ne pourrait être utilement invoqué qu'aux conditions suivantes : avoir été possesseur d'un immeuble ; s'en trouver dépossédé par un acte de violence du défendeur, soit quatre conditions.

1° *Avoir possédé.* — « Hoc autem interdictum nulli competit nisi ei, qui tum quum dejiceretur, possidebat (L. 1, § 23, *De vi*). Malgré ce passage, quelques auteurs ont argumenté du § 9 de la même loi, pour soutenir que l'interdit *unde vi* appartient au simple détenteur; mais il suffit de lire le § 10 qui développe le sens des mots *naturaliter possideat*, pour voir que dans les possesseurs *non civiliter*, celui qui a l'*animus domini* a seul l'interdit; ainsi le colon ne peut l'intenter; il est d'ailleurs protégé par l'action *conducti*.

La condition d'une possession est donc indispensable pour l'hypothèse d'une *vis quotidiana*; nous examinerons dans quelques instants s'il en est de même en cas de *vis armata*.

Cette possession devait aussi être exempte de vices, à l'égard de l'adversaire : sans quoi le juge ne forcera point le défendeur à restituer un bien, qu'il pourrait immédiatement recouvrer par un des trois interdits *recuperandæ possessionis*. Paul, *Sent.*, 5, 6, § 7, et Gaius, 4, 154, s'expriment à cet égard dans les mêmes termes : « Qui vi, aut clam, aut precario, possidet ab adversario, impune dejicitur. »

2° *Être dépossédé par violence.* — La violence, *vis*, est définie par le Code (L. 2, *quod met.*), « majoris rei impetus, qui repelli non potest. »

Tout genre de violence n'était pas suffisant en matière d'interdit *recuperandæ* comme en matière d'interdit *retinendæ.* Il fallait qu'il y ait eu *vis atrox*, non des coups, des blessures, mais au moins une violence s'adressant directement à la personne, compromettant sa sécurité; l'entreprise exercée seulement contre le fonds ne pouvait pas autoriser la demande de l'interdit *unde vi* (L. 1, § 3, *de vi*).

Cette violence doit avoir entraîné la perte de la possession ; car l'interdit ne compète qu'à celui qui ne possède plus (L. 1, § 45, d'après la correction généralement adoptée). De là les conséquences suivantes :

A. Le possesseur, personnellement expulsé, n'a point l'interdit tant que son mandataire conserve la possession (L. 1, § 22).

B. Réciproquement, je suis *dejectus*, et j'ai l'interdit si mon *procurator* est expulsé, et perd la possession de l'immeuble (L. 1, § 22).

C. Celui qui cède la possession sous l'empire de la crainte, a bien l'action *quod metus*, mais il n'a point l'*unde vi;* il n'y a point de *vi dejectio* (L. 5, *de vi*).

D. Celui dont l'immeuble est occupé pendant son absence, n'aura droit à l'interdit que s'il subit une *repulsio* lors de son retour.

E. Que décider dans l'hypothèse d'un possesseur prenant la fuite et abandonnant l'immeuble avant d'être expulsé?

173. D'après Labéon, « ille qui metu turbæ perterritus fugerit, videtur dejectus. » Julien (L. 33, § 2, *de usurp.*) enseigne la même doctrine, et, comme conséquence de la *dejectio* qu'ils admettent, ces deux auteurs accordent l'interdit *unde vi*. En sens inverse, Pomponius exige une collision effective, « vim sine corporali vi locum non habere; » il faudrait donc, d'après lui, que l'expulsion ait au moins reçu un commencement d'exécution.

Ces deux décisions absolues pouvaient entraîner les condamnations les plus sévères et les plus injustes. Adopte-t-on celles de Labéon, un tiers fort inoffensif pourra être responsable du fait de s'être approché avec une troupe armée d'un immeuble dont le possesseur aura pris la fuite par une crainte non fondée. Si l'on adopte celle de Pomponius, les gens les plus dangereux auront le plus de chances d'échapper à l'interdit, la terreur qu'ils inspirent devant engager leurs adversaires à une fuite rapide. Aussi l'opinion intermédiaire d'Ulpien dut-elle être généralement reçue; d'après ce jurisconsulte il y aura *dejectio*, lorsque la fuite du possesseur sera immédiatement suivie de l'occupation de l'immeuble par la troupe qu'il craignait (L. 1, § 29, *unde vi*). Nous l'adoptons pleinement, croyant cependant que l'occupation subséquente n'est qu'un moyen de prouver le bien-fondé de ses appréhensions, et n'est pas une condition essentielle; que l'envahisseur qui, satisfait de la fuite du possesseur, ne prendrait point possession d'un fonds dont il était réellement venu l'expulser, serait soumis à l'interdit *unde vi*, si la preuve de ses intentions pouvait être faite.

3° *Être dépossédé par le demandeur lui-même.* — Primitivement on exigeait de la façon la plus stricte que le défendeur soit l'auteur de la violence. La mauvaise foi de plusieurs spoliateurs, acquittés parce qu'ils prouvaient que le fait de l'expulsion avait été consommé, non par eux personnellement, mais par des mandataires, fit apporter une première extension ; l'on devint responsable de l'expulsion accomplie par un mandataire, ou même de celle que l'on a ratifiée, la ratification équivalant en pareille circonstance à un mandat. Cicéron, dans son *Pro Tullio* (chap. 44 et 29), rapporte les deux rédactions de la formule, avant et après cette modification, et entre lesquelles on pouvait choisir : « Unde tu dejecisti ; unde dolo malo tuo vi detrusus est. » Plus tard l'on revint à la première ; l'habitude d'interpréter le *dejecisti* par *dejici fecisti* ayant rendu la seconde inutile (L. 1, § 11, *de vi*).

174. Si la violence a été exercée par des esclaves, le maître peut être poursuivi *proprio nomine*, lorsqu'il a donné l'ordre ; c'est le droit commun. Dans l'hypothèse d'une *dejectio* ne résultant pas d'un *jussus domini*, le maître ne peut être poursuivi que *noxaliter*, c'est-à-dire avec faculté de se soustraire à la condamnation par l'abandon noxal (§ 15) ; si cependant il s'était enrichi par le fait de ce délit, il devrait être condamné à rendre ce dont il a profité, non plus par l'interdit, mais par une action en restitution.

C'est aussi par une action *in factum* que l'héritier du *dejector* pouvait être condamné à rendre ce dont il avait profité, ou dont il s'était dépouillé par dol (L. 1, § 48 et L. 2, *de vi*). Quant au successeur à titre particulier, il ne pouvait dans aucun cas être exposé à subir l'interdit; les lois 7, *De vi*, et 3, § 10, *uti poss.*, prouvent qu'il en était à l'abri, même informe lors de l'achat de l'origine vicieuse de la possession. Mais en sens inverse, le spoliateur était soumis à l'interdit même après avoir perdu la possession par son fait, sa faute, ou par cas fortuit.

4° *L'objet de la possession doit être immobilier.* — Les paragraphes 5 à 8 de la loi première au titre *de vi* ne peuvent laisser aucun doute ni sur le principe, ni sur les applications.

174. Cette exclusion des meubles, incontestable à l'époque classique, n'offrait aucun inconvénient tant que l'interdit *utrubi* fut soumis aux anciennes règles; mais à dater du jour où il fut accordé à celui-là seulement qui avait la possession actuelle, la lacune eût été imparfaitement remplie par les actions *furti, bonorum vi raptorum, ad exhibendum* que le jurisconsulte Ulpien propose pour tenir lieu de l'interdit *unde vi* à l'égard des immeubles; car toutes ces actions exigent un intérêt fondé en droit de la part du demandeur; mais à dater de l'an 389, une constitution de Valentinien, applicable aux meubles et aux immeubles, déclarait déchu de son droit de propriété le *dominus* qui aurait recours à la violence pour reprendre son bien. Le possesseur privé d'un objet

quelconque devra donc désormais être rétabli dans sa possession, et ne pourra même plus en être privé par une action pétitoire subséquente. Nous examinerons dans quelques instants, si l'interdit *unde vi* était sous Justinien applicable aux meubles.

175. *Exceptions possibles contre l'interdit unde vi.* — La première catégorie d'exceptions a été déjà indiquée; le *dejectus* devait être possesseur non vicieux à l'égard de son adversaire; sinon ce dernier rendait l'interdit inefficace en opposant une exception de possession violente, précaire ou clandestine. (Gaius et Paul.) Le but de cette exception étant d'éviter une série d'actions se détruisant réciproquement, il est évident que dans l'hypothèse de nombreuses dépossessions successives du fait des deux adversaires, des répliques, tripliques, etc., seront accordées, jusqu'à ce que l'on arrive à une possession non vicieuse *ab adversario*, qui sera protégée.

Il faut bien se garder de confondre ces deux cas : — *a*) un possesseur *vi dejectus* recouvre *vi* la possession qu'il a perdue sur celui qui la lui a enlevée; — *b*) le possesseur un moment vaincu et chassé, reprend le dessus et triomphe dans la lutte. Dans le premier cas, il y a eu bien réellement deux *dejectiones*, et la condamnation ne pourra être évitée qu'en opposant l'exception; dans la seconde hypothèse, en supposant même qu'un certain intervalle ait été nécessaire pour faire venir du renfort, il n'y a ni *dejiciens*, ni *dejectus*; il n'y a place ni à l'exception, ni même à l'interdit, car la possession n'a pas été interrompue (3,

§ 9, *uti poss.*); l'action *injuriarum* ou celle *ex lege Julia* est seule possible.

La seconde exception que l'on pouvait invoquer à l'époque classique, était fournie par le laps de temps écoulé depuis la *dejectio*. L'interdit *unde vi* devait être demandé dans l'année, *intra annum judicium dabo*, année utile d'ailleurs (L. 1, § 39, et L. 2, C., *unde vi*). Il faut ajouter que cette prescription annale n'avait trait qu'à la réparation du préjudice causé; quant à la restitution du bénéfice résultant de la *dejectio*, l'interdit cessait d'être temporaire et devenait perpétuel d'après la loi 4, *de interd.*

L'exception *pacti conventi* n'était-elle pas admise contre l'interdit *unde vi?* Il faut distinguer : valable si elle est, postérieurement à une *dejectio* accomplie, consentie en pleine liberté, elle serait impuissante et frappée de nullité comme contraire à l'ordre public, si elle était antérieure.

176. *Condamnations possibles.* — Le but principal de l'interdit *unde vi* était la restitution de l'immeuble perdu : elle était obtenue en nature, *jussu judicis*, et par suite de la formule arbitraire (L. 68, *de rei vind.*), toutes les fois qu'elle était demandée et que la chose était encore aux mains du *dejiciens*. Quand la condamnation au principal avait lieu en argent, le juge devait estimer non la valeur vénale de la chose, mais celle de la possession; la loi 6 est formelle; elle devait donner lieu aux plus grandes difficultés d'appréciation; mais elles devaient en général être tranchées au désavantage du vaincu

contre qui le principe de restitution était appliqué dans sa plus grande rigueur.

Plusieurs condamnations accessoires sont en outre l'application du principe que le spolié doit, « pristina causa restitui, quam habiturus erat, si non fuisset dejectus. » (1, § 31, *de vi.*) Ainsi, outre l'immeuble ou sa valeur (quant à la possession) le *dejiciens* doit rendre :

A. Tous les fruits de l'immeuble, perçus ou non par le *dejiciens*, que le *dejectus* eût pu percevoir si la possession ne lui avait pas été enlevée. (L. 4, C. *unde vi.*) Ils sont dus à dater de la *dejectio*, non plus du jour de la demande, comme pour l'interdit *uti possidetis*.

B. Tous les fruits des meubles qui se trouvaient sur l'immeuble, *quæque ibi tunc habuit*, et la valeur des fruits qu'ils auraient produits entre les mains du *dejectus*.

C. La valeur de ceux des meubles qui auraient disparu, quelle que soit la cause de la disparition ; le *dejiciens*, comme le voleur, est toujours en demeure, et par suite, responsable des cas fortuits. Quant à l'estimation de leur valeur, l'empereur Zénon déclare qu'on s'en rapportera au serment du demandeur (L. 9, C. *unde vi*) ; le juge devait cependant fixer un maximum que le *dejectus* ne pouvait pas dépasser.

177. *Interdit de vi armata.* — Connaissant les conditions normales de l'interdit *de vi*, nous pouvons maintenant apprécier les modifications qu'il subis-

sait lorsqu'il y avait lieu à l'interdit *de vi armata.*

La circonstance aggravante d'une dépossession commise par des gens armés, c'est-à-dire munis d'armes véritables, de pierres, de bâtons, suffisait pour entraîner plusieurs modifications importantes aux règles ordinaires.

La première et la plus importante, c'est l'impossibilité d'invoquer contre le demandeur l'exception *vitiosæ possessionis;* nous avons vu que dans l'hypothèse d'une possession reprise *sine vi armata* sur un précédent *dejiciens*, l'exception de possession violente suffisait à annihiler l'interdit entre les mains du demandeur; mais si le *dejectus* a usé de ses armes pour recouvrer sa possession, il ne pourra opposer aucune exception et devra avant tout restituer la possession; sauf à recouvrer subséquemment, par l'interdit *unde vi* une possession que lui seul a obtenu sans vices; telle est, du moins, notre opinion personnelle sur un point que nous ne trouvons exposé nulle part : le refus de l'exception ne nous paraît point devoir être interprété comme une déchéance du droit d'agir; aucun des passages que nous avons consultés, Gaius, 155, IV; Paul, *Sent.* V, t. VI, § 7; Cicéron, *pro Cæcin.*, ch. 32, et *pro Tullio*, ch. 40; L. 14, *unde vi*, ne nous a paru décisif sur ce point.

Il est inutile de répéter ici que si je repousse à main armée *ex continenti* une attaque dirigée contre ma possession, je ne puis être poursuivi par l'interdit *de vi armata;* car je n'ai à aucun moment perdu la possession ; c'est la fiction de la loi 17, *de vi*.

La seconde différence est relative à l'exception de temps ; la prescription annale, lors même qu'il s'agit de réparer un dommage causé sans profit, ne peut jamais être invoquée par le dépossesseur à main armée. Cicéron est formel : « in hoc interdicto (vi, hominibus armatis) non solet addi, *in hoc anno*. Quare si jam biennium aut triennium est, in integrum res nobis erit. » (*Epist. ad fam.*, XV, 16.)

Enfin la violence *cum armis* permettait à l'affranchi d'intenter l'interdit contre son patron ; la violence *sine armis* ne pouvait être poursuivie par lui qu'au moyen d'une action *in factum* (L. 1, § 43). Même distinction à l'égard des descendants contre ascendants ; aucune condamnation à la suite d'interdit n'était cependant infamante.

Au point de vue du *judicium publicum*, la *vis armata* était punie de la déportation par la loi Julia *de vi publica*. La *vis quotidiana*, ou *sine armis* ne pouvait l'être que de la confiscation du tiers des biens.

L'on a souvent soutenu que si la possession proprement dite était exigée chez qui veut intenter l'*unde vi*, elle ne l'était plus dans l'hypothèse d'une *vis armata*, et que la simple détention suffisait alors. Cujas professe en deux endroits cette opinion reproduite de nos jours par plusieurs romanistes allemands. Nous pensons cependant que l'on doit, en l'absence de textes précis, établissant l'exception, supposer que l'on était resté dans la règle ; or, il est de principe que l'interdit n'appartient jamais qu'au possesseur *animo domini;* les textes que l'on invoque pour prouver la dérogation consistent uniquement en quelques passages du *pro Cæcina.* Cicéron y défendait une trop mauvaise cause, ses déductions sont trop souvent visiblement fausses, pour que l'on puisse, sans imprudence, baser une décision sur des obligations aussi douteuses.

178. *L'interdit* unde vi *sous Justinien.* — Le système que nous venons d'exposer, avait lors du Bas-Empire subi de profondes modifications : la distinction entre les deux interdits *de vi armata* et non *armata* avait disparu, sauf sur la question bien secondaire de l'interdit refusé aux descendants et affranchis. En général ce sont les principes de l'interdit *de vi armata* qui ont prévalu ; sur un seul point, l'annalité de l'action en dommages-intérêts, l'on retrouve l'ancien interdit *quotidianum.*

La première atteinte avait été portée par la constitution de Valentinien. (L. 17, au C., *unde vi,* VIII, 4). Doit-on dire avec M. de Savigny, qu'elle opéra une véritable extension de l'interdit *unde vi* aux choses mobilières, extension prouvée par le titre où elle se trouve et par la nécessité de suppléer par les autres lois aux lacunes qu'elle présente ? Nous ne le pensons pas. Valentinien et Valens créèrent une nouvelle action, possessoire en ce sens que la qualité était toujours, mais était seule requise ; son objet pouvait être un meuble ou un immeuble ; mais elle avait pour effet de donner la propriété de l'objet, ou celle d'une somme équivalente. D'après nous, la véritable et la seule innovation de Valentinien consiste dans cette aggravation de la peine du *dejiciens*, ou restitution de la chose et le payement de la valeur, ou bien perte du droit de propriété pour le *dominus;* mais ce résultat devait se poursuivre par une action ordinaire, perpétuelle et personnelle, qui put être préférée aux interdits, mais laissa néanmoins ces derniers subsister avec leur caractère particulier. (Inst., § 6, *de interd.*).

179. Le § 6 des Institutes montre qu'à l'époque de Justinien l'exception *vitiosæ possessionis* ne pouvait plus être invoquée; ce n'est plus à la force, c'est aux tribunaux que le *dejectus* doit recourir; la règle de l'interdit *de vi armata* est devenue la règle générale, règle aggravée par la perte de propriété qui résulte de la loi 7, au C. *unde vi*. La date de cette réforme est inconnue; Justinien en parle comme d'une jurisprudence ancienne; il est probable qu'elle fut une conséquence de la constitution de Valentinien; car, selon la remarque de M. de Savigny, du moment où l'on eut une action par laquelle le *dejectus* était privé de la propriété, il devenait évident qu'on ne devait *a fortiori* tenir aucun compte de la possession.

La possession, qui n'est pas recouvrée *in ipso congressu sine intervallo*, doit donc toujours à peine de déchéance absolue de tout droit sur la chose, être réclamée par voie de justice.

Quant à l'exception de temps, le grand nombre de fragments qui mentionnent au Digeste et au Code l'annalité de l'interdit, indiquent qu'elle pouvait toujours être invoquée. Mais une constitution de Constantin (*anno* 324), réduit cette déchéance à l'hypothèse d'une *dejectio* commise en présence du possesseur. Si le *dominus* est absent lors de l'occupation de son immeuble, les détenteurs pourront intenter l'interdit en son nom, bien qu'ils n'aient reçu aucun mandat ; ils le pourront même après le terme légal d'un an, ils le pourront même, faveur qui n'a d'égale dans aucune constitution, s'ils sont esclaves ; enfin, le possesseur dont les représentants n'ont point usé de cette faculté, peut, à quelque moment que son retour ait lieu, intenter une action pour recouvrer sa possession; celle-ci se trouve donc, en cas d'absence, protégée d'une façon aussi complète que la propriété, protégée contre tout, sauf la prescription trentenaire.

SECTION V

DE L'INTERDIT DE PRECARIO

180. « Quod precario ab illo habes, vel dolo malo fecisti ut desinas possidere, qua de re agitur, id illi restituas » (L. 2, pr., *de precario*, t. 26, L. 43.)

Le *precarium*, car l'étude de l'interdit ne peut être séparée de celle de l'institution à laquelle il se rattache, est une concession gratuite, essentiellement révocable, accordée par une personne sur les instances d'une autre (L. 1, pr., *de prec.*). Il diffère de la donation en ce qu'il n'y a pas aliénation de la propriété ; il diffère du commodat en ce qu'il est révocable à discrétion, et surtout en ce qu'il donne au *rogans* une véritable possession. En effet, à moins d'une convention expresse du contraire, le précariste possédait et pouvait intenter en son propre nom tous les interdits *recuperandæ* ou *retinendæ* ; le concédant a donc perdu la possession ; c'est pour lui permettre de la recouvrer contre un concessionnaire de mauvaise foi, que l'interdit *de precario* lui fut accordé.

181. L'interdit est restitutoire (L. 2, § 1, *de prec.*) ; primitivement il dut être restreint aux objets immobiliers, et spécialement aux domaines de l'*ager publicus*, à l'occasion duquel cette institution apparaît d'abord ; mais plus tard, lorsque ces concessions tombèrent en désuétude, le *precarium* n'eut plus d'utilité que dans l'hypothèse d'un gage, dont le débiteur désire conserver l'usage, ou d'un objet vendu et non payé dont l'acquéreur peut ainsi jouir sans diminuer les sûretés du vendeur. L'interdit fut alors étendu aux meubles qui pouvaient être l'objet du précaire ; la loi 4, en prenant soin d'avertir de cette extension, prouve implicitement un état de choses antérieur.

L'interdit *de precario* n'est point annal ; il est perpétuel et nulle prescription particulière ne peut lui être opposée (L. 8, § 7, *de prec.*). La prescription générale établie dans le droit nouveau ne peut même être invoquée que si trente ans se sont écoulés depuis un refus de restitution. A défaut d'une interversion, le précariste et ses héritiers se trouvent indéfiniment tenus de restituer ce qu'ils ont entre les mains, et cela par l'interdit *de precario* aussi bien que par la revendication ; car la prosession *precario* ne peut ni donner gain de cause contre un possesseur non vicieux, ni fonder une acquisition par le long usage. Le second effet de la prescription trentenaire serait alors d'éteindre l'obligation de rendre ce qui a disparu par suite de dol, ou faute grave assimilée au dol. Remarquons que, d'après Savigny, ce délai court du jour de la rupture du précaire, d'après Vangerow, du jour de sa naissance; il est donc important de connaître quand et comment finit le *precarium*.

La première cause de cessation du précaire, c'est sa révocation; le concédant est toujours libre de le révoquer, et ne peut valablement s'engager à ne point le faire avant tel délai; si, un terme maximum ayant été fixé, le précaire continue postérieurement, un second précaire prend naissance, si la personne était encore en état de l'accorder (L. 4, § 4, *de prec.*).

L'aliénation de la chose concédée laissait subsister le précaire; le nouveau propriétaire succède au droit de révocation de son auteur (L. 8, § 2, *de prec.*). La mort du *rogatus* n'est pas davantage une cause de révocation, sauf l'exception de la loi 4, *locati*.

Quant au décès du *rogans*, il nous semble certain que deux opinions eurent cours successivement. Celse, dans la loi 12, § 1, *De prec.*, et Paul, 5, l. V, t. 6, § 12, sont d'accord pour opposer l'un à l'autre l'effet de la mort du *rogans* et celle du *rogatus;* le successeur, disent-ils, n'est pas précariste; car il n'a pu faire aucune prière ; d'après Paul, il devient possesseur clandestin, à la condition, sans doute, qu'il connaisse la qualité de la possession qu'il conserve. La fin du passage a présenté quelque difficulté; il semble refuser tout interdit contre l'héritier, mais nous ne doutons pas que la chose refusée, c'est l'interdit *de precario* dont la *condemnatio* n'eût compris ni les fruits, ni ce qui manque sans dol; quant à l'interdit *de clandestina possessione* et plus tard l'*uti possidetis*, ils devaient être accordés contre l'héritier possesseur clandestin. De même Papinien, loi 11, *de div. temp., præscriptionibus*, enseigne formellement que la prescription n'a point lieu au profit de l'héritier du précariste, bien que ce dernier ne conserve point la qualité de précariste, et ne puisse être exposé à une demande de l'interdit.

Ulpien, l. 8, § 8, *de prec.*, professe l'opinion absolument contraire ; l'héritier n'est ni possesseur clandestin, ni possesseur de mauvaise foi, il est absolument dans la situation du défunt, il peut être poursuivi à deux titres divers, *hereditario nomine* pour tout ce dont un dol de son auteur l'aurait enrichi, *proprio nomine*, pour tout ce qui manque par suite de dol. Ce système d'Ulpien prouve qu'il admettait la transmissibilité du *precarium*, conséquence logique du lien contractuel que ce jurisconsulte reconnaissait avec les Proculéiens ; c'est lui qui dut prévaloir dans le dernier état du droit (l. 2, C., *de prec.*);

il était d'ailleurs conforme à l'équité, du moment où l'on déclarait que l'héritier succède aux vices du défunt (Papinien, l. 6), de lui accorder les bénéfices dont ce dernier aurait profité.

Le *precarium* finissait encore par la transformation en simple détention, par exemple, par une constitution de bail.

Si le concessionnaire, après la rupture du précaire, refusait de restituer l'objet, quelles sont les actions qui compètent au propriétaire?

Dans l'origine, aucune action de droit civil n'existant pour ce cas spécial, il eût été nécessaire d'agir par la revendication.

Lorsque les actions possessoires furent introduites, le concédant put évidemment agir par les interdits *retinendæ*; c'est pour lui qu'existaient les exceptions ou répliques de possession vicieuse; la loi 17, *de prec.*, confirme notre opinion : « Qui precario fundum possidet, is interdicto uti possidetis adversus omnes, præter eum quem rogavit uti potest. »

En outre, le préteur lui accorda un interdit *recuperandæ possessionis* spécial. L'interdit *de precario* avait un avantage sur les interdits *retinendæ possessionis;* il pouvait s'intenter contre qui ne possède plus et faire condamner celui *qui dolo desiit possidere.* Vangerow pense qu'il était encore plus avantageux en ce qu'il était perpétuel; mais nous pensons qu'au point de vue d'une restitution l'interdit *uti possidetis* eût rendu le même service.

182. Enfin, vers l'époque de Paul et d'Ulpien, une

action *prescriptis verbis* fut accordée au concédant. Les Proculéiens avaient depuis longtemps admis qu'il y avait cause d'obligation civile, dès que l'une des parties avait exécuté le pacte; l'existence de l'obligation corrélative pouvait être exigée par une action qualifiée *de præscriptis verbis*. Malgré les résistances des Sabiniens, cette idée se propagea, et le précaire où l'une des parties avait donné pour que l'autre rendît, fut mis au nombre des contrats innomés, dont le type était *do ut des*.

La condamnation sur l'action *præscriptis verbis* ne comprit jamais ni les fruits antérieurs à la demande, ni la faute non assimilée au dol; mais nous pensons que, conformément aux principes généraux en matière de contrats, l'héritier devait être responsable du dol de son auteur, même au delà de son enrichissement.

Julien mentionne la *condictio incerti*, mais son opinion n'a pas trouvé d'adhérents; le passage de la loi 19, § 2, *De prec.*, d'où nous la tirons, contient d'ailleurs une erreur flagrante, l'assimilation de l'action *præscriptis verbis* à la *condictio incerti*.

La force était, sous l'ancienne jurisprudence, un moyen permis de reprendre la possession refusée par le concessionnaire; mais, à dater de Valentinien et Valens, la violence fut défendue en toute circonstance, et le concédant qui eût voulu expulser de force le précariste, eût perdu la propriété de son bien.

SECTION VI

INTERDIT DE CLANDESTINA POSSESSIONE

183. Nous venons de voir qu'aux deux vices de la possession, la violence et la précarité, correspondaient deux interdits *recuperandæ possessionis*, et deux exceptions; le troisième vice dont la possession est susceptible, la clandestinité, était assurément une juste cause d'exception pour le défendeur; mais permettait-elle aussi d'agir directement par un interdit spécial?

La raison de douter, c'est qu'au livre des interdits, nul titre ne traite de l'interdit *clandestinæ possessionis*; c'est que ni Gaius, ni Paul dans ses Sentences, ni Justinien dans ses Instituts, n'en font mention. Dans tout le Digeste, un seul passage, la loi 7, § 5, *de comm. divid.*, témoigne incidemment de l'existence d'un interdit *de clandestina possessione*. Néanmoins, personne ne doute plus, depuis longtemps, que cet interdit n'ait existé d'abord dans la législation romaine; le silence des jurisconsultes n'a d'autres causes que la rapidité avec laquelle il tomba en désuétude, par des motifs parfaitement indiqués par Savigny.

184. La possession était clandestine lorsque quelqu'un, épiant l'éloignement du possesseur, choisissait l'instant où celui-ci s'était absenté, pour s'emparer de l'immeuble momentanément abandonné (L. 6 pr., et § 1, *de poss.*). Prenons l'espèce de cette

loi : un possesseur quitte son fonds pour aller au marché, sans laisser de gardien ; un tiers profite de cet état de choses pour prendre possession de l'immeuble, à l'insu du possesseur absent. A l'époque d'Auguste, les principes sur la perte de la possession s'appliquaient sévèrement, et Labéon déclarait l'usurpateur possesseur, mais possesseur clandestin. L'ancien était déchu, mais il pouvait intenter l'interdit *de clandestina possessione*, pour recouvrer la possession du fonds. Au deuxième siècle de l'ère chrétienne, le jurisconsulte Julien accorde encore cet interdit.

De nouvelles idées sur la conservation de la possession (voy. § 127) finirent par prévaloir : la nécessité du *corpus* fut écartée, d'abord pour certains, puis pour tous les immeubles. L'absent conserve la possession jusqu'à ce qu'il soit informé de l'usurpation ; si, à cette nouvelle, il s'efforce de recouvrer sa possession par la force, de deux choses l'une : ou il réussit, et dès lors est réputé n'avoir jamais cessé d'être possesseur ; ou il échoue, et se trouve par ce fait dans la position d'un possesseur *vi dejectus ;* si, au contraire, il n'agit point, Paul déclare qu'il perd la possession *animo*, comme un homme qui aurait renoncé à sa possession.

185. Dans ce système, l'interdit *de clandestina possessione* ne pouvait plus guère trouver place ; car, nous avons oublié de le dire, il ne s'appliquait, comme l'*unde vi*, qu'aux immeubles seulement. L'hypothèse d'un possesseur ne cherchant point à

rentrer dans sa maison ou son champ qu'il voit occupés, devait être bien rare; le dépossédé pouvait d'ailleurs intenter l'interdit *uti possidetis*, et devait y triompher par une exception *clandestinæ possessionis*; notre interdit eût donc ici fait double emploi. Quant à l'hypothèse où une tentative de reprise de possession aurait été faite, l'interdit ne peut plus se concevoir; car, si elle a réussi, le possesseur ayant actuellement la possession, étant réputé légalement ne l'avoir jamais perdue, n'avait nul besoin d'un interdit. Si l'on suppose que la tentative faite par le possesseur a échoué, il peut se plaindre d'avoir perdu par la violence une possession qu'il avait conservée jusqu'au moment du conflit dans lequel il a succombé. L'interdit *unde vi* lui étant alors ouvert, interdit plus avantageux que tous les autres, l'interdit *de clandestina possessione* n'eût constitué qu'une superfétation.

Tant qu'il fut permis d'user de violence vis-à-vis du possesseur clandestin, ce système ne put offrir de difficultés; mais lorsque des lois sévères généralisant les principes de la *vis armata*, eut défendu toute violence contre les possesseurs vicieux, une question de préférence se posa entre ces deux principes : 1° celui dont l'immeuble est occupé à son insu continuant à posséder, il ne fait que défendre sa possession lorsqu'il essaie de chasser l'usurpateur; 2° la violence est défendue contre le possesseur clandestin. Ces deux règles sont-elles inconciliables, et en ce cas, laquelle devra l'emporter?

Si le possesseur échoue, nul doute qu'il n'ait le droit pour lui, et puisse intenter l'*unde vi*. S'il réussit, doit-il, à cause de son succès, restituer la possession, ce qui, depuis Valentinien, entraîne la perte de la propriété? Nous ne le pensons pas. Il est toujours permis de défendre par tous les moyens sa possession actuelle; or, il résulte des écrits de tous les jurisconsultes, que le possesseur revenant immédiatement à l'annonce d'une usurpation, défend une possession actuelle, et ne tombe point sous le coup des lois qui défendent de changer par la force une possession actuelle, fût-elle vicieuse; car depuis que la possession se conserve *animo*, l'occupant clandestin n'est plus un possesseur vicieux, c'est un *naturalis possessor*, un détenteur dont la situation ne peut mériter aucune protection. L'absent qui ne peut rentrer est déclaré *vi dejectus*; un peu plus loin, Labéon déclare que : « *qui per vim possessionem suam retinuerit, non vi possidet* »; or, celui qui repousse l'usurpateur, continue sa possession, comme si le temps de l'occupation était non avenu, et que la lutte suivie de succès avait été une entreprise isolée. En résumé, la question se résout pour nous en une question de fait. Le possesseur averti agit-il immédiatement, l'interdit *unde vi* ne peut être donné contre lui pour ses justes tentatives d'éviter la spoliation. A-t-il au contraire, par son silence et son inaction, en quelque sorte ratifié l'usurpation, il devra, sous les peines édictées, demander aux tribunaux la restitution de son bien usurpé.

186. La possession ne se conservait pas éternellement *animo* (*sup.*, § 129); à un moment, elle était dite *vacua*, et l'on aurait pu anciennement occuper et usucaper ces biens abandonnés. Justinien se demande comment protéger en ce cas l'ancien possesseur et lui donner une action possessoire contre les tiers occupants de leur chef, *sine judiciali sententia;* indigné de ne trouver dans les anciennes lois que la voie du pétitoire, il déclare que la possession devra être rendue par le tribunal d'Illyrie à l'ancien possesseur, du moment où ces *prædones* n'ont pas encore prescrit. Le moyen n'est pas indiqué; M. Machelard pense que ce devait être par l'interdit *unde vi.*

187. Plusieurs auteurs, à la suite de Cujas, avaient enseigné que les constitutions impériales, en introduisant l'action dite *momentariæ possessionis*, rendirent les interdits superflus; aucun texte n'établit formellement une telle proposition, qui ne tendrait à rien moins qu'à jeter l'incertitude la plus compl e sur le système adopté et pratiqué pendant plusieu s siècles; mais les partisans de la doctrine de Cujas la font découler des constitutions V, VII, XI, C., *de vi*, et de la rubrique du titre 5, livre VIII, *si per vim vel alio modo absentis perturbata sit possessio.*

Les présomptions les plus sérieuses en faveur du maintien de l'ancien régime en matière de possession, nous décident à repousser ce système. Elles consistent dans :

a) L'insertion dans les Pandectes de tout le droit ancien, que Justinien expose de nouveau dans ses

Institutes en y ajoutant les modifications qu'il y apporta; cela prouve qu'il ne s'agissait pas d'un intérêt historique, mais d'un intérêt pratique.

b) La supposition de l'existence des anciennes règles de droit, par des constitutions postérieures à l'introduction de l'interdit *momentariæ possessionis.*

c) Dans la loi 11, Justinien accorde une action (ou étend la sphère de l'interdit *unde vi)* : « *quia veteres leges, nec unde vi interdictum, nec quod vi aut clam,* vel aliam quamdam actionem ad recipiendam possessionem definiebant.

d) Enfin aucune des lois indiquées ne porte la trace d'une abrogation générale du régime antérieur.

Concluons-en donc : que la notion de la possession et des actions possessoires, qui vient d'être exposée, resta sous Justinien la base de la législation; que l'action *momentariæ possessionis* ne fut qu'une de ces innovations, de ces modifications de détail si fréquentes dans le Bas-Empire.

188. La loi 8 au Code, *unde vi,* nous prouve que l'interdit *momentariæ possessionis* n'était qu'une forme de l'interdit *unde vi.* « Momentariæ possessionis interdictum, quod non semper ad vim publicam vel privatam pertinet, mox audiri, interdum sine inscriptione meretur. » Ainsi, en général, c'est un délit, une violence atteinte par la loi Julia *de vi privata* ou *publica,* qui servira de base à cet interdit exactement comme pour l'interdit *unde vi;* voilà pour la ressemblance. Quant à la différence qui exis-

tait entre eux, il nous semble impossible de l'établir par des preuves certaines; elle devait consister, ou dans une extension spéciale à quelques cas déterminés; ou, comme son nom l'indique (*momentarium* doit se traduire par instantanée, V. Isidore, L. V, *Etym.*) dans une procédure plus rapide, plus probablement encore dans l'une et l'autre de ces causes.

CHAPITRE VI

DE LA POSSESSION DES CHOSES INCORPORELLES

SECTION I

NOTION DE LA JURIS QUASI-POSSESSIO

189. Nous avons toujours, jusqu'à présent, supposé que l'objet de la possession était une chose corporelle. Les Romains, en effet, ne connurent d'abord que ce genre de possession « possideri autem quæ sunt corporalia » (L. § 3, pr., *De poss.*), qui resta toujours pour eux le type de la possession; ils ne la concevaient point sans relation physique et matérielle entre le sujet et l'objet « quia nec possideri intelligitur jus incorporale (Paul). Neque ususfructus, neque usus possidetur, sed magis tenetur » (Ulpien, *Quod leg.*, 1, § 8).

190. Cependant les interdits furent d'assez bonne heure appliqués aux servitudes, et quelques-uns furent spécialement créés pour protéger certains

droits réels; les Romains reconnaissaient donc pour une classe de droits, un état de fait équivalant à celui du possesseur d'un objet corporel, et susceptible des mêmes effets. La possession ainsi étendue hors de sa sphère primitive, la propriété, reçoit le nom de *juris quasi-possessio;* désignation parfaitement romaine, à cela près que les deux expressions se trouvent rarement réunies. *Quasi-possessio* indique l'inexactitude du mot que l'on emploie pour désigner une déviation de l'institution première; *juris possessio* indique l'objet incorporel de la possession, et par cela même son extension. Un mot d'explication sur ce dernier point est nécessaire.

191. En fait, et si l'on examine le fond des choses, la possession corporelle n'est elle-même qu'une *juris possessio*, celle du droit de propriété. Mais de même que par une habitude qui est de tous les temps et de tous les pays, on a toujours dit : j'ai telle chose, et non pas j'ai un droit de propriété sur telle chose; de même, les Romains firent de la chose elle-même, et non du droit de propriété sur la chose, l'objet de la possession; ils en conclurent qu'une chose pour être possédée devait être matérielle, parce qu'ils ne voyaient posséder que ces choses matérielles. Or, celui qui avait exercé sur un champ un droit de servitude, ne pouvait plus dire : j'ai possédé tel champ; il devait expliquer que sa possession, restreinte à un démembrement de la propriété, ne comprenait qu'un droit sur le champ; de là l'expression *juris possessio*, opposée à la *corporis possessio*. Les Romains

refusèrent longtemps de reconnaître cette possession, et, par suite, la tradition de ces choses incorporelles, abusés par l'idée qu'un rapport physique et matériel était nécessaire entre l'objet et le sujet; mais cette erreur n'aurait pas eu lieu si l'on avait analysé le sens réel des expressions; je possède, c'est-à-dire j'exerce le droit de propriété sur telle chose. Je possède une servitude : c'est-à-dire j'exerce tel droit de servitude sur une chose. Il n'y aurait plus eu aucun motif sérieux pour refuser au possesseur d'un droit, démembrement de la propriété, ce que l'on accordait au possesseur du droit entier.

Tel est le lien rationel qui unit la possession à la quasi-possession. Nous devons néanmoins reconnaître qu'il n'est en aucun endroit du Digeste ni exprimé, ni même clairement indiqué. L'extension des actions est plutôt que l'extension de la notion le but que se proposent les textes indiqués; et même elles ne sont souvent accordées qu'à titre d'exception et la dérogation au droit strict est indiqué par ces mots : *utiliter dandum est interdictum.*

192. Ce mode d'extension de la possession par la permission d'user des interdits permet d'en limiter l'étendue. Pour pouvoir user d'une action possessoire il faut pouvoir prouver deux choses : l'exercice d'un droit, exercice public, paisible et non précaire; le trouble apporté injustement dans l'exercice de ce droit. Quels sont les droits qui comportent cette double preuve?

Il est évident que toutes les parties intégrantes de

la propriété qui peuvent exister comme droits distincts et indépendants de la propriété elle-même rentrent dans ce cas. Tel est, par exemple, l'usufruit qui renferme les deux droits d'user et jouir, et autorise les actes qui constituent généralement la possession; la preuve est donc aussi facile dans les deux cas; quant au trouble dans la jouissance, il se conçoit aussi facilement dans un cas que dans l'autre. Il en est de même pour toutes les autres servitudes, pour tous les droits réels, ces *jura in re* que l'on oppose comme parties constitutives, mais temporairement séparées, au *dominium* qui comprend la totalité de tous les droits réels réunis sur la même tête. Toute personne qui a ou prétend avoir l'un de ces droits réels, peut manifester ce droit par des actes extérieurs, fréquents et réitérés, dont chacun, loin d'anéantir et consommer son droit ne fait que le confirmer. Dira-t-on que certaines servitudes ne sont que discontinues « ut non habeant certam continuamque possessionem? » Mais c'est aussi faux que pour la possession d'un champ. Je le possède d'une façon continue si, après l'avoir labouré, ensemencé, je le récolte sans avoir été un seul moment empêché de m'y rendre lorsque je le voulais; si longs qu'aient pu être les intervalles entre certaines visites à ce champ, et quand bien même j'aurais passé plusieurs mois, le cas est fréquent, sans accomplir aucun acte de maître. Je posséderai de même ma servitude de passage d'une façon continue, non pas en y passant et repassant chaque heure, chaque jour, mais si à chaque instant je pus y passer, dès que j'eus besoin de le faire. Dans l'un et l'autre cas la possession est continue; et si l'on disait de la servitude « nemo tam continenter ire potest, ut nullo momento possessio ejus interpellari videatur, » l'on dirait du champ « nemo enim tam perpetuo tam continenter colere potest. »

193. Quant aux droits personnels, aux obligations, nous pensons que la *juris quasi-possessio* ne doit pas être et ne fut pas étendue jusqu'à elles. Telle est la doctrine de M. de Savigny (p. 168, § 12). « Sans doute, dit-il, tout droit est susceptible d'être exercé; mais tout droit n'admet pas nécessairement la possibilité d'une usucapion ou d'un trouble par acte de violence; et cependant ce sont là les deux seuls points de vue sous lesquels on puisse avoir à s'occuper de l'exercice d'un droit au point de vue juridique ».

On peut, croyons-nous, appuyer cette doctrine de deux considérations fort importantes. — *a*) La plupart des droits personnels sont de ceux qui *ipso usu percunt;* ainsi la majorité des obligations sont insusceptibles d'exercice répété, puisque l'acte même qui pourrait servir à fonder et à établir la possession, l'aurait anéantie. Quant à ce que nous avons dit que le *factum* était censé continuer tant qu'il y avait possibilité de renouveler les actes de jouissance, cette théorie est inapplicable ici; en effet, il ne s'agit plus de rendre la possession possible en autorisant des absences passagères entre plusieurs actes, mais bien de supposer une possession non manifestée par des actes, non établie par une appréhension, et dont le seul fait extérieur et visible consacrerait l'anéantissement. — *b*) La volonté de l'homme joue un rôle capital dans la possession; c'est elle qui constitue l'un de ses éléments, et sans elle il n'y a qu'un fait non juridique qui ne mérite pas plus l'attention du jurisconsulte que le rapport qui s'établit entre deux objets qui se touchent; c'est la volonté humaine que l'on protége par les interdits, volonté manifestée sans délit, et que l'ordre public est intéressé à voir protéger; or, si l'on admet la possession d'une obligation personnelle, l'objet sur lequel on aura l'intention d'agir, que l'on voudra se soumettre d'une manière relative du moins, sera la volonté du débiteur. Qui ne comprend combien le cas est différent suivant que je veux accaparer une chose, ou me soumettre une volonté; combien les attentats contre une volonté libre et indépendante sont plus graves que contre un objet matériel? Nous refusons donc de reconnaître une *quasi-possessio* des droits personnels, comme répugnant aux principes fondamentaux de la possession.

194. Les éléments de la quasi-possession, éléments nécessaires pour son acquisition et sa continuation, comprennent, comme dans la possession proprement dite, un fait et une volonté; l'*animus* et le *corpus* sont à peine modifiés.

195. La volonté est bien toujours l'*animus domini*, mais à l'égard du droit seulement; relativement à la

chose grevée de la servitude, elle n'est plus qu'un *animus possidendi;* ce dernier terme est seul employé, l'expression *domini*, désignant toujours la pleine propriété. Deux passages expriment en ces termes la volonté d'agir en maître et propriétaire de la servitude; « servitute usus non videtur nisi suo jure uti crediderit—non tamen id tanquam suo jure fecerit. » On pourrait en conclure que l'*opinio dominii* et la *bona fides* étaient requises en matière de *juris possessio;* c'est une erreur; il fallait seulement vouloir posséder, et ne pas agir par fantaisie ou par une cause accidentelle.

195. Le *corpus* consiste dans l'usage que l'on fait de la servitude (L. 3, § 2, et 5, § 3, *de itin.;* — L. 2, *in fine, de serv.;* —et L. 20, pr., *de serv.*); nous avons montré que, pour la *corporis possessio*, le *factum* consistait en la possibilité physique d'agir sur la chose, aussi bien que dans la détention ou usage matériel : doit-on dire de même, en matière de *juris quasi-possessio*, que le *corpus* est la possibilité d'exercer le droit ? Nous pensons qu'il doit consister dans l'exercice même de la servitude; voici sur quels motifs, spéciaux à cette matière, nous nous appuyons pour l'exiger : 1° la cessation de l'exercice fait perdre la servitude par le non-usage, précisément lorsqu'on n'en use point sans empêchement physique, et que par suite l'on a la possibilité de l'exercer. Or, si le droit se perd, la possession doit se perdre *à fortiori*, ou plutôt il faut qu'elle n'existe pas pour que la propriété opère contre vous cette sorte d'usucapion; —

2° certaines servitudes qui composent une des catégories les plus nombreuses, n'existent que par suite de travaux qui en permettent l'exercice; la possibilité d'agir et l'exercice commencent ensemble lors de la construction et cessent ensemble lors de la ruine du bâtiment ou de la démolition des travaux; 3° certaines servitudes ne peuvent être acquises sans que le propriétaire du fonds servant ait posé un premier acte de jouissance; l'exercice est donc ici requis, non-seulement pour acquérir la possession, mais même pour acquérir le droit.

196. La protection accordée aux diverses servitudes se liant intimement avec l'étude de leur nature, pourrait à elle seule faire l'objet d'une thèse. Nous allons nous borner à indiquer de la manière la plus concise les divers interdits qui furent institués ou étendus pour la défense spéciale des droits réels. Nous adopterons, pour ce court travail destiné à compléter l'ensemble de notre étude, la division universellement adoptée, et qui est celle des servitudes : 1° personnelles; 2° réelles rurales; 3° réelles urbaines.

SECTION II

SERVITUDES PERSONNELLES

197. Les servitudes personnelles sont l'usufruit, l'usage, l'habitation et le *jus operarum*. La première qui est de beaucoup la plus importante et la seule

dont les textes s'occupent, sera prise comme type de cette classe de droits.

L'usufruit est indivisible, ne consiste qu'à souffrir (quant au nu-propriétaire) et peut porter tant sur les meubles que sur les immeubles. La *quasi-possessio* de ce droit offre ceci de remarquable, qu'elle se combine toujours avec la possession naturelle, c'est-à-dire avec la détention de l'objet; l'usufruitier ressemble donc extérieurement à un vrai possesseur, bien plus que tout autre *quasi-possessor* d'un droit de servitude réelle, qui n'a jamais la détention du fonds servant. Les conséquences de cette ressemblance se manifestent dans les modes de perte et d'acquisition de la *juris possessio* et même dans les interdits qui la protégent.

L'acquisition de ce genre de possession aura lieu par les mêmes moyens que celle de la possession proprement dite : remise de la chose, introduction de l'usufruitier dans l'immeuble, permission du maître de se mettre en possession ; tous ces moyens sont indiqués par la loi 3, *de usufructu*, comme modes de quasi-tradition ; la seule chose qui les différencie, c'est l'intention des parties d'agir en vue du droit d'usufruit.

La continuation de ce genre de possession dépend-elle aussi, de la possibilité constante de reproduire la faculté primitive de disposer de la chose ? Telle est du moins la règle générale, et il est bien certain que la possession se perd dès que cette possibilité vient à faire défaut. Mais ici se place une question des plus délicates par suite de l'extinction du droit par le non-usage.

198. Supposons un usufruitier conservant pendant deux ans une possibilité de jouir dont il ne profite pas; l'usufruit s'est éteint par le non-usage; il y a perte et du droit et de la possession. Ce résultat prouve une exception à notre règle sur la conservation de la possession; doit-on voir en lui une preuve de la fausseté de nos principes, et dire que la possession se perd par le non-usage si court qu'il soit? Il est bien évident que la quasi-possession n'exige pas un exercice continuel, une jouissance de tous les instants, car elle serait chose impossible à réaliser; mais que décider si la cessation des actes de jouissance a duré pendant un assez long délai, un an par exemple? Savigny enseigne que la possession tant qu'elle n'est pas occupée par autrui, reste en suspens; et que c'est la reprise de l'usage ou l'expiration du laps de temps requis pour la prescription, qui prouvera si la possession a ou n'a pas existé pendant l'intervalle. Cette doctrine cherche à pallier la contradiction qui existe entre la conservation de la possession malgré une certaine durée de non-usage, et la perte de la servitude par simple non-usage, perte inconciliable avec l'idée de continuation de la quasi-possession; mais ses conséquences prouvent sa fausseté. D'après elle, le *quasi-possessor* qui serait expulsé pendant ce délai ne pourrait user des actions possessoires puisqu'il n'aurait pas été possesseur au moment de la *dejectio;* mais de plus, il ne pourrait

pas faire renaître sa possession en reprenant ses actes d'usage, et il se pourrait que le délai de deux ans s'accomplît avant son instance sur le fond du droit ; il aurait ainsi perdu, sans réparation possible, son droit et ses actions possessoires et pétitoires. Frappé de ce résultat inique, M. Savigny accorde l'interdit *unde vi* à l'usufruitier dont une *dejectio* a anéanti le droit par non-usage (p. 454 ; la citat. ci-dessus, p. 450). Nous ne pouvons qu'approuver cette décision, mais elle est la condamnation du système précédent ; elle prouve que jusqu'à la dernière minute du délai de deux ans l'usufruitier victime d'une *dejectio* peut intenter l'interdit *unde vi*, preuve qu'il possède puisque, sans *quasi-possessio*, l'interdit ne se donne pas (V. l. 3, *unde vi*, §§ 14 et 17).

En résumé, nous pensons que tant que l'usufruit se perdit par deux ans de non-usage, la quasi-possession était considérée en règle générale comme conservée par la possibilité d'exercer l'usufruit ; lorsque les délais furent portés à dix ou vingt ans, il y eut une question de fait absolument analogue à celle qui se pose pour la perte des immeubles ; car d'après nous la possession ne se conservait point perpétuellement *animo solo*.

199. L'usufruitier peut comme le possesseur proprement dit, *quasi-possidere* par lui-même ou par un intermédiaire, non-seulement par un mandataire, mais même pas un fermier ; car l'usufruit peut être l'objet d'un bail ou d'une location (L. 12, § 2, *De usuf.*, 7, 1). Cette hypothèse n'offre aucune difficulté ;

mais qui possédera dans le cas de vente ou concession gratuite de la servitude? M. de Savigny pense que ce sera toujours l'usufruitier, parce que, dit-il, « le droit s'attache à une personne déterminée; il est donc aliénable, et dès lors le transfert par donation, vente ou précaire, n'aura en réalité d'autre effet que celui d'une location. Les conséquences de ce principe, c'est que partout où se transfère la possession d'une chose, celle de l'usufruit n'aura subi aucune modification, de sorte que l'usufruitier conservera son droit de possession, soit qu'il ait simplement donné en bail son usufruit, soit qu'il l'ait vendu, donné ou cédé à titre précaire » (p. 451 et la note où il s'appuie des expressions : qui vendit utitur; qui precario concedit, puto eum uti).

Les considérations suivantes nous déterminent à rejeter la doctrine de Savigny, ou du moins nous semblent la rendre bien douteuse : — *a*) Le § 2 de la loi 12, *de usufructu*, a un but bien précis, et tout autre que celui de déterminer la qualité du possesseur. Ulpien énumère les diverses actes qui doivent être considérés comme un mode d'usage de l'usufruit; sa seule intention est d'éviter que les vendeurs, donateurs, locateurs, etc., de leur usufruit, soient déclarés déchus de leur droit pour non-usage. L'expression *utitur* n'a d'autre sens que celui-ci : tel individu n'est pas de ceux qui *non utuntur*, et contre qui se prononce la déchéance biennale. — *b*) Quant au fond de la question, c'est précisément parce que le droit est incessible, que nous pensons que l'exercice du droit est l'objet de la vente ou donation, sinon le contrat serait nul faute de cause. L'impossibilité de transférer le droit est donc selon nous une preuve de la translation de la possession. — c) La situation de l'acquéreur d'un usufruit serait bien plus mauvaise que celle du simple locataire de ce même droit, par rapport à la protection contre les tiers. L'usufruitier locateur serait le premier intéressé à faire cesser les troubles apportés à une jouissance dont il est garant responsable; l'usufruitier vendeur serait complétement désintéressé dans le cas de trouble ou dépossession, et attendrait que son acquéreur vienne lui demander la cession de ses actions possessoires. Une telle situation serait certainement anormale. — *d*) Enfin nous avons un texte formel en faveur de la quasi-possession du précariste. Le § 3 de la loi 2, *de precario* (43, 26), accorde l'interdit *de precario* contre celui qui a obtenu par ses prières et à ce titre seulement la concession d'une chose ou *d'un droit;* « qui possessionem *corporis vel juris adeptus est.* » Or, la loi 12, § 2, *de usuf.*, nous dit formellement que l'usufruitier peut accorder à titre précaire l'exercice de son droit; l'interdit *de precario* lui compètera donc en ce cas pour le recouvrer en cas de refus du concessionnaire de restituer. Il en résulte que l'usufruitier ne possède pas, et que l'autre possède, car l'interdit *de precario*, interdit *recuperandæ possessionis*, ne peut appartenir qu'à celui qui a perdu la possession.

200. Les interdits qui protégent la *quasi-possessio* de l'usufruit sont les interdits de la possession appli-

qués utilement (*Fr. vat.*, 90-93); c'est-à-dire par extension de leur destination primitive. L'explication la plus plausible de cette différence entre les servitudes réelles et les servitudes personnelles, c'est la circonstance de la détention matérielle de l'objet, qui permettait à la possession et au trouble de se manifester dans des conditions identiques; des actions possessoires particulières étaient donc inutiles, et l'on se contenta d'appliquer :

1. L'interdit *uti possidetis*, s'il y a simple trouble, non suivi de perte de la *juris quasi-possessio* d'un immeuble. Cela aura lieu dans les cas suivants (L. 4, *uti poss.*) : lorsque plusieurs auront un droit d'usufruit sur la même chose, et s'en troublent réciproquement l'exercice; — lorsque l'usufruitier voudra se protéger contre les empiétements du propriétaire, et *vice versa*, — ou qu'un usager aura un droit sur la même chose qu'un *fructuarius*.

2. L'interdit *utrubi* devait pouvoir s'appliquer (Savigny); mais les sources sont muettes quant à ce genre d'application; silence peu surprenant, d'ailleurs, de la part d'un titre de dix lignes.

3. La quasi-possession enlevée par violence peut être recouvrée par l'interdit *de vi* (L. 3, §§ 13, 14 et 16; L. 60, pr., *De usufr.*; L. 27, *De don.*). L'action possessoire avait pour objet: 1° la restitution nécessaire pour user et jouir de la chose; — 2° accessoirement la réparation complète du dommage causé :— « Dejectum ab usufructu in eamdem causam prætor restitui jubet; id est in qua futurus esset, si dejec-

tus non esset » (L. 9, § 1, *De vi*). Cette réparation sera même le seul objet de la condamnation lorsque l'usufruit se sera éteint depuis la *dejectio* ; elle comprendra le temps passé seulement, si la *dejectio* n'a pas été la cause de la perte du droit ; sinon la valeur de la jouissance perdue et dans le passé et pour l'avenir (L. 60, *De usufr.*; L. 3, § 15; L. 9, § 1, et L. 10, *De vi*).

4. Quant à l'interdit *de precario*, il pouvait aussi être intenté par l'usufruitier (L. 2, pr., et L. 2, § 3, *de prec.*).

SECTION III

DES SERVITUDES RURALES

201. Les servitudes rurales étaient celles que l'on pouvait concevoir sans aucune idée de construction ou de plantation, sur le sol même, et qui, par leur nature, *in solo consistunt*.

Le fonds grevé de la servitude doit subir certains actes de la part du propriétaire du fonds dominant, par exemple des charrois, *via* ; ou des prises d'eau, *aquæductus*. Les servitudes rurales sont de celles *quæ in patiendo consistunt;* et les actes qu'elles forcent à tolérer ne sont point des actes immédiats du fonds sur le fonds, mais des actes médiats, indépendants et qui exigent l'intervention de l'homme ; elles sont donc positives et discontinues.

202. Au point de vue de l'acquisition de la quasi-

possession, ces servitudes offrent ceci de bizarre : souvent le droit réel ne pourra s'acquérir qu'au même moment et par les mêmes moyens que la *juris* possession. La *quasi-traditio* qui a cet effet, consiste dans un commencement d'usage de la servitude : « ego puto usum ejus juris (viæ) pro traditione possessionis accipiendum » (Javolenus, l. XX, *de serv.*). Il suffit que le fait qui constitue l'objet du droit ait été posé une seule foi ; mais il faut qu'il l'ait été à titre de droit, « servitute usus non videtur nisi is qui suo jure uti credidit (L. 25, *quemad. serv.*). Si per fundum tuum commeavit aliquis, non tamen tanquam id suo jure faceret, inutile est ei interdictum, etc. » (L. 7, *de itin.*).

Il est impossible de donner des règles générales sur les modes de perte ou de conservation de ce genre de quasi-possession, à cause de la diversité des conditions exigées par les interdits relatifs aux servitudes rustiques. L'on peut dire que la possession d'un de ces droits est perdue quand l'exercice n'en a pas été suffisamment réitéré pour permettre d'intenter l'action possessoire. Nous devons seulement ajouter cette remarque ; l'homme n'étant que l'agent qui exécute au nom du sujet actif du droit, le fonds dominant, les actes de jouissance qui correspondent au droit de servitude qu'il possède, il suffit que ces actes soient posés *fundi nomine* pour que la servitude soit conservée ; à cette condition, la servitude et même la quasi-possession de ce droit, sont conservées par le fait d'une tierce personne, indépendamment de toute idée de représentation (L. 5, l. 6, pr., l. 20, — l. 24, *quemad. serv.*, — L. 1, § 7, L. 3, § 4, *de itin.*).

203. Passons aux actions qui les protégent.

Les interdits ordinaires sont ici complétement inapplicables. — *a*) L'interdit *uti possidetis* qui pourrait se concevoir ici n'a pas été étendu à notre sujet, à cause de la différence énorme des troubles en matière de servitude personnelle et réelle; différence qui tient surtout à l'absence de détention. — *b*) L'interdit *unde vi* ne peut être invoqué faute de *dejectio* possible; car « nemo mero jure detruditur » (L. 4, § 27, *de usurp.*). — c) L'interdit *de precario* est au moins complétement superflu, car celui qui donne à un autre, à titre précaire, la permission de passer sur son fonds, et veut ensuite lui retirer cette autorisation, peut se servir à cette fin de l'interdit *uti possidetis;* mais cette hypothèse de la concession précaire d'une servitude rurale par son quasi-possesseur n'était pas possible dans la législation romaine.

204. Les actions possessoires sont remplacées par les interdits spéciaux; nous examinerons ceux qui protégent les deux servitudes rurales les plus importantes, celles d'aqueduc et de passage.

§ 1. *De aqua quotidiana et æstiva.*

« Uti hoc anno aquam, quo de agitur, nec vi, nec clam, nec precario ab illo duxisti, quo minus ita ducas, vim fieri veto. » (D. XLIII, 19, l. 1, pr.) Le texte est spécial à l'interdit *de aqua quotidiana.*

Le droit de prise d'eau journalière est celui que l'on peut exercer chaque jour, soit en été, soit en hiver (§ 2), mais il n'est nullement nécessaire, pour être en quasi-possession de ce droit, de l'avoir exercé aussi assidûment; un seul acte de jouissance, dans l'année entière, est suffisant (§ 4), « quod scriptum, *uti hoc anno aquam* duxisti, sic accipiendum; hoc est non quotidie, sed hoc anno vel una die, vel una nocte » (Conf. § 22).

Si favorable que soit l'établissement de ce droit, nous rencontrons ici une condition d'acquisition de la possession qui n'est exigée nulle part ailleurs; la *quasi-possessio* du droit d'aqueduc doit être *justa;* l'acte qui la commence doit être accompli dans la conviction de son droit, par un possesseur de bonne foi (§ 19). « Aristo putat eum demum interdictum hoc habere qui se putat suo jure uti, non eum qui scit se nullum jus habere et utitur » (Conf. § 10). C'est la seule et unique fois où nous ayons en matière d'interdit à examiner la question de légitimité de l'appréhension. La quasi-possession doit aussi être exempte des trois vices, *nec vi, nec clam, nec precario,* mais il suffit qu'elle l'ait été un seul jour pendant l'année (§ 20). La condamnation intervenant sur cet interdit comprendra la réparation du dommage causé, quel qu'il soit, et la garantie de la tranquillité pour l'avenir (§§ 23 et 27). Le trouble peut émaner d'un tiers (§ 15). Ajoutons enfin que cet interdit peut être double (§ 26).

205. L'interdit *de aqua æstiva* commence ainsi : *Uti priore æstate aquam.....;* le précédent disait *hoc anno;* cette différence de rédaction amène une différence considérable dans la computation du délai utile pour l'interdit.

L'été et l'hiver se partagent l'année de l'équinoxe de printemps à l'équinoxe d'automne; chacun dure donc six mois; les actes utiles de jouissance sont ceux qui ont été accomplis l'été précédent, à quelque moment que ce soit; il en résulte que l'on peut, par l'interdit *de aqua æstiva* se prévaloir d'une quasi-possession acquise par un acte datant de dix-huit mois, et même deux ans. Supposons, dit Ulpien (§ 34) que je prenne de l'eau le lendemain de l'équinoxe de printemps, et que j'intente l'interdit l'année suivante la veille de l'équinoxe d'automne; ayant usé de ma servitude l'été qui a précédé celui où j'agis, je devrai triompher; bien plus, si je n'intente mon action que pendant l'hiver, je serai encore dans les conditions légales; car, ce n'est pas relativement à l'hiver que l'été est *prior*, c'est relativement à un autre été; je pourrai donc, en supposant mon acte de jouissance exercé le lendemain de l'équinoxe de printemps, me prévaloir, pendant deux ans moins un jour, de ma quasi-possession du droit d'aqueduc; le premier jour du troisième été viendra seul me l'enlever (§ 29 à 36).

L'interdit se donnait utilement dans deux cas : — *a*) L'usage de la servitude ne remonte pas à l'été précédent, *prioré æstate*, mais date de l'été présent, *hac æstate.* — *b.*) Il ne s'agit que du cas bien plus rare d'une *aqua hiberna*, droit de prise d'eau pendant l'hiver seulement.

Ces deux interdits sont accordés aux successeurs à titre universel ou particulier du quasi-possesseur de la servitude : « inter heredes et emtores interdicam » (Texte de l'édit, V, §§ 29 et 37.)

§ 2. *De rivis.*

« Rivos, specus, septa reficere, purgare, aquæ ducendæ causa quo minus liceat illi, dum ne aliter aquam ducat, quam uti priore æstate nec vi, nec clam, nec precario a te duxit, vim fieri veto. »(Tit. XXI, pr.).

Il suffit de posséder pour avoir droit à cette action (L. 1, § 9) ; la quasi-possession consiste dans un seul acte d'exercice accompli dans l'année, ou l'été précédent, suivant le droit auquel on prétend ; *aqua quotidiana, æstiva* ou même *hiberna*. Tout ce que nous venons de dire au paragraphe précédent s'y applique.

L'interdit *de rivis* protége la servitude d'aqueduc contre les dégradations qui sont le fait du temps, et ne permettent point l'action *de aqua ducenda*. Il permet de réparer ou nettoyer les canaux de dérivation et autres travaux qui s'y rattachent ; et permet de faire sur le fonds d'autrui tous les actes nécessaires à ce but (L. 1, § 6). Mais le dommage causé doit être réparé, et une caution *damni infecti* doit être donnée comme garantie (L. 3, § 9).

206. Nous ne citerons que pour mémoire les inter-

dits *de fonte*, et *de fonte reficiendo*, qui sont l'équivalent des interdits *de aqua quotidiana* et *de rivis;* seulement ils s'appliquent à la servitude *aquæ hauriendæ*, au lieu de celle *aquæ ducendæ*.

§ 3. *De itinere actuque privato.*

« Quo itinere actuque privato, quo de agitur, vel via hoc anno nec vi, nec clam, nec precario ab illo usus es, quo minus ita fruaris vim fieri veto » (Tit. XIX).

Le caractère possessoire de cette action est formellement exprimé dans le § 2 de la loi 1, *de itin.* Le préteur protége, dit Ulpien, non celui qui a le droit de passage, mais celui qui est en possession de ce droit. A quelles conditions a lieu cette quasi-possession?

Il faut que dans l'année qui précède la demande de l'interdit, le quasi-possesseur ait usé de son droit, à titre de maître de la servitude, sans violence, précaire, ni clandestinité à trente reprises différentes. La bonne foi n'est pas ici requise comme pour le *jus aquæ*, et l'expression de la loi 6, « tanquam id suo jure faceret » ne vise que la nécessité de l'*animus*.

Voici les principales règles pour déterminer si l'exercice de la servitude est suffisant. Il faut que, dans l'année, l'on ait passé sur le fonds servant à trente jours différents au moins (§ 2, *in fine*). Ces jours n'ont point besoin d'être consécutifs, ni *a fortiori* de précéder immédiatement la demande (*ibid.*). Si certains actes de passages ont été violents ou clandestins, ils seront inefficaces à fonder la quasi-possession ; mais ils ne vicieront pas d'une manière absolue la jouissance du possesseur ; on se bornera à les déduire de la somme des actes de passage, et s'il en reste plus de trente non vicieux, la quasi-possession existera valablement. Si, à l'inverse, c'était la violence du propriétaire du fonds servant qui avait rendu impossibles les trente actes de passage, le quasi-possesseur obtiendrait une *in integrum restitutio* en prouvant sa jouissance *anno superiore*. Même décision en cas d'inondation (§ 9).

L'*accessio possessionis* a lieu en ce sens que les actes peuvent avoir été exercés soit par le demandeur, soit par son auteur (L. III, §§ 6 et suiv.). Il se peut même que l'auteur ait seul exercé la servitude ; l'interdit serait alors *adipiscendæ possessionis* (L. 6, h. t.). Réciproquement l'acquéreur d'un fonds succède au droit d'opposer les exceptions.

208. Un acte de trouble est nécessaire pour qu'il y ait lieu d'intenter l'interdit ; mais il n'est point nécessaire que l'auteur soit le propriétaire du fonds servant (L. 3, § 5). La condamnation contient la réparation du préjudice causé (L. 3, § 3) comme pour l'interdit *uti possidetis*.

§ 4. *De itinere reficiendo*.

Cette action présente l'apparence d'un interdit ; au fond elle en diffère profondément, car elle est fondée non-seulement sur la possession exercée dans l'année, mais aussi sur le droit que l'on a de passer (L. 3, §§ 11-14). Bien plus, c'est le droit de réparer que l'on doit prouver pour triompher dans cette action; mais on le présume, jusqu'à preuve du contraire, chez celui qui a établi son droit à la servitude.

On voit combien nous sommes loin des actions possessoires proprement dites, dont la possession est la base et l'objet principal.

SECTION IV

DES SERVITUDES URBAINES

209. Parmi les servitudes urbaines, les unes consistent en ce que le fonds servant est obligé de souffrir ce que le fonds dominant a le droit de faire : « servitus quœ in patiendo vel in habendo consistit; » elles sont positives. Les autres empêchent le propriétaire du fonds servant de faire ce qui est le droit de tout propriétaire libre : « in prohibendo vel in non faciendo consistunt; » elles sont négatives.

§ 1. *Servitudes négatives.*

210. Tout ce qui est relatif à la possession de ces servitudes est controversé. Notre opinion bien arrêtée, basée, il est vrai, plutôt sur les principes que sur les textes, c'est qu'une servitude négative répugne à toute idée de possession. Telle est la doctrine que prefessait notre ancien maître, M. Ortolan; il s'exprime aussi dans ce sens de la manière la plus

formelle aux §§ 412 et 466, t. II de ses Instituts : « Quant aux servitudes qui consistent à s'abstenir, à ne pas faire, c'est-à-dire en une pure négation, elles n'admettent ni quasi-possession, ni quasi-tradition. » Notre regretté professeur ne reculait devant aucune conséquence. « Cette opinion (nécessité de la quasi-tradition) étendue aux servitudes négatives qui consistent à ne pas faire, rendrait leur établissement impossible par suite des conventions puisque, à leur égard, *il ne peut absolument y avoir aucune quasi-possession ni quasi-tradition*. Cela, dit-il, détermina certains commentateurs à admettre que la simple convention suffisait pour établir les servitudes négatives comme droit réel; mais cette décision toute commandée qu'elle est par la force des choses ne nous paraît pas conforme aux principes du droit romain. » Ainsi, en face d'une difficulté insoluble, M. Ortolan ne songe même pas à la tourner en prétendant possible une quasi-possession quelconque de la servitude négative.

211. C'est qu'il est en effet impossible de supposer un *corpus* à cette quasi-possession. La possession est l'exercice, la manifestation extérieure du droit; mais quel est donc l'exercice de ma servitude *altius non tollendi?* Comment se manifestera-t-elle aux yeux de tous? en quoi ma vue au-dessus d'une terre non bâtie diffère-t-elle de celle que j'ai sur une terre soumise à ma servitude, *ne hominibus officiatur?* Toutes ces questions sont insolubles, et ont donné lieu à divers systèmes dont l'invraisemblance fournit

chaque fois un argument à l'appui de notre opinion.

212. Examinons par exemple celui de M. Savigny, qui admet la quasi-possession de ces servitudes, et leur protection par l'interdit *uti possidetis.*

Au point de vue de l'acquisition de la quasi-possession, il repousse l'opinion qui prétend que la seule abstention du propriétaire de poser le fait en question, constitue déjà la possession de la servitude négative; en sorte que, par exemple, tout propriétaire d'une maison aurait contre ses voisins la possession d'un droit *altius non tollendi* basé sur la hauteur actuelle des maisons voisines. Il avoue que ce système est contraire à la saine raison; nous trouvons que, s'il est bizarre, il est du moins le seul qui se rattache à la notion de la possession en prenant pour base un fait visible, patent et facile à vérifier.

M. de Savigny reconnait deux autres manières d'acquérir la quasi-possession d'un *jus altius non tollendi.*

1° La prohibition faite au propriétaire de construire sur son fonds. Nous ne l'admettons point; car si cette défense a lieu sans trouble, si c'est une simple menace, le propriétaire n'y fera pas plus attention qu'à l'acte d'un fou; s'il y a trouble, le propriétaire pourra ou l'expulser par la force, ou intenter l'interdit *uti possidetis*, où il triomphera sûrement; en effet, même en supposant au prétendant à la servitude une quasi-possession, il ne pourrait l'opposer parce qu'elle serait vicieuse.

2° Le titre constitutif émanant du vrai propriétaire. Nous n'insistons pas sur une pareille proposition. La possession, cet état de fait apparent et si distinct de la propriété, se prouver par un titre valable émanant de celui qui peut transférer la propriété ! C'est renverser toutes les idées reçues, et confondre entièrement le possessoire et le pétitoire.

Quant aux actions qui protégeraient cette classe de servitudes, M. de Savigny n'accorde que l'interdit *uti possidetis;* pour lui donner une pareille extension, il prétend que les servitudes négatives sont une qualité du fonds dominant, que leur possession se confond ainsi avec celle du fonds lui-même et doit ainsi être protégée par la même action.

L'éditeur et commentateur du savant auteur prussien, M. Rudorff, a lui-même reconnu l'impossibilité d'étendre à ce cas, l'interdit *uti possidetis* (*Not.*, p. 740). Mais nous avons eu le regret de voir M. Machelard adopter l'opinion de Savigny.

213. Pour nous, l'impossibilité de quasi-posséder entraîne nécessairement le refus de toute action possessoire ; le propriétaire de la servitude n'en sera pas moins efficacement protégé, par les actions *quod vi aut clam*, et la *nuntiatio novi operis*.

§ 2. *Servitudes positives* (*urbaines*).

214. Les principales servitudes positives, *quæ in habendo consistunt*, sont celles *tigni immitendi*, *oneris ferendi*, *projiciendi*, *stillicidii immitendi*, *lumi-*

num. Toutes consistent dans ce fait que j'ai pu construire ma maison en lui donnant certains avantages au détriment du fonds voisin ; toutes supposent une construction visible, un état permanent ; des balcons ou des croisées donnant sur votre bien ; des gouttières y déversant l'eau de pluie ; des poutres, des constructions appuyées sur votre mur.

Une *quasi-possessio* de ces sortes de servitudes se comprend très-bien, mais à une condition : celle d'être liée à la *corporis possessio* de l'immeuble ; l'une n'est pour ainsi dire que l'accessoire de l'autre, et il est bien évident que si je perds la possession de la maison, je perds la quasi-possession de ma servitude *tigni immittendi*.

L'acquisition et la perte de cette possession n'offrent aucune difficulté ; l'exercice de ces servitudes consiste en une disposition constante des lieux. La quasi-possession commencera dès l'instant où les deux immeubles auront commencé à se trouver dans cette situation respective, où, par exemple, ma poutre aura été appuyée sur votre mur ; elle cessera le jour où cessera cet état de fait, par la chute de votre mur ou la démolition de ma maison.

215. Il était inutile de créer des actions possessoires spéciales pour protéger une quasi-possession aussi semblable à la possession proprement dite, et présentant tous ses caractères, à cette seule différence près, l'*animus possidendi;* d'autant plus que les faits de trouble seront généralement parfaitement analogues à ceux qui se produisent en matière de

corporis possessio; souvent même ils atteindront les deux à la fois, comme si je détruis mon mur qui vous sert d'appui, je trouble votre possession de la maison qui devient inhabitable, en même temps que je trouble votre *juris possessio* de la servitude *oneris ferendi.* Mais, par la force des choses, l'interdit *uti possidetis* sera seul recevable ici.

L'interdit *unde vi* n'est permis que pour le *dejectus;* or, l'enlèvement de la servitude n'est jamais qu'un trouble par rapport à l'ensemble du fonds dominant, dont elle n'est que l'accessoire. L'interdit *utrubi* était restreint aux meubles; or, la servitude était un droit réel immobilier, et ne pouvait exister qu'au profit d'un héritage sur un autre héritage. L'interdit *de precario* ne devait pas non plus être permis; car il eût fallu supposer une cession à un tiers qui ne peut avoir lieu, ou une reconcession au maître du fonds servant; or nous savons qu'il y avait généralement en ce cas des règles particulières en faveur du retour à l'état normal.

Il ne reste donc que l'interdit *uti possidetis;* mais la faculté d'invoquer cet interdit a été elle-même niée par Vangerow et Pfeiffer.

216. Si l'on se place dans l'hypothèse d'un trouble apporté par un tiers, par toute autre personne que le propriétaire du fonds servant, leur opinion nous paraît manifestement erronée et insoutenable. L'étranger qui vient dégrader un balcon n'a pas plus le droit de le faire, s'il avance sur le terrain d'autrui, que s'il domine le terrain du même propriétaire; il

apporte un véritable trouble à la possession d'une partie de l'immeuble, et rien ne l'autorise à exciper de la qualité particulière de l'objet direct de son attentat.

Ajoutons que, outre plusieurs textes qui parlent de l'interdit *uti possidetis* en pareille circonstance, il en est un qui suppose forcément qu'il était admis pour toutes les servitudes de ce genre. On lit dans le texte même de l'édit, L. 1, pr., *uti poss.*, « de cloacis hoc interdictum non dabo; » la conclusion forcée, c'est que le préteur accordait l'action aux possesseurs des autres servitudes urbaines, auxquelles il n'avait pas attaché un interdit spécial.

217. La question est plus délicate lorsque l'interdit doit être accordé au possesseur du fonds dominant contre celui du fonds servant.

Pour le refuser, on s'appuie sur la loi 3, §§ 5 et 6, *uti possid.*; pour l'accorder, sur la loi 8, § 5, *si servit. vind.* Ni l'un ni l'autre ne nous paraissent décisifs. Le premier est si obscur, que Cujas ne trouva d'autre moyen de l'expliquer que de lire le contraire de ce qui y est dit : *utrique utile*, au lieu de *inutile*; même sans admettre cette correction, la valeur du § 5 est singulièrement diminuée par le § 6, qui semble exprimer une opinion de Labéon, directement contraire à celle de Cassius. Enfin ce dernier, dans notre opinion personnelle du moins, ne refuse l'interdit que parce qu'il a une simple contestation sur le droit, parce que la quasi-possession du balcon est aussi paisible que celle du sol : « alter solum possidet, alter superficiem, » parce qu'il n'y a aucun trouble à réparer, aucune situation douteuse à régler, le doute n'existant que sur le fond du droit, et devant être réglé au pétitoire. Or, en ce cas aussi, nous disons : « servitutis quasi possessori inutile est interdictum; » le possesseur peut, sans danger, attendre la poursuite *actione negatoria*, ou prendre les devants et intenter l'action confessoire. En résumé, ce texte nous paraît aussi favorable au second système, contre qui on l'invoque, que le passage de la loi 8, *si s. v.*, sur lequel Savigny s'appuie pour prouver que l'interdit *uti possidetis* peut être appliqué à une servitude urbaine positive.

218. Il s'agit d'un *jus fumi immittendi* dans le cas suivant sur lequel on consulte Ariston : les habitants de Minturnes avaient loué un établissement à fumer les fromages; les voisins supérieurs veulent faire cesser *l'immissio* de cette fumée désagréable. Mais une première question se pose : l'envoi de la fumée produite sur son fonds, chez soi, n'est-elle pas une faculté? Oui, dit le § 6; mais non dans le cas présent, car on ne peut disposer librement de son bien, que *quatenus in alienum nihil immittatur*. — La *fumi immissio* est donc un droit de servitude, et non une faculté; dès lors, le débat pourra s'engager sur son existence, et le procès suivra la marche ordinaire de l'action négatoire; le *tabernarius* ne pourra donc exercer son industrie, mais il aura l'action *conducti* contre les habitants de Minturnes.

L'espèce finit là; mais Ulpien ajoute : il pourra

aussi exercer l'action négatoire, et même : « interdictum uti possidetis poterit locum habere, si quis prohibeatur qualiter veli suo uti. » Cette remarque incidente est la seule de tout le passage qui vise le possessoire; tout le reste n'a trait qu'au pétitoire, et n'indique même pas quel est le défendeur, puisque les deux parties ont chacune leur action. Or, ce dernier fragment n'a aucune importance en ce qu'il ne précise pas la nature du trouble. *Prohiberi* doit-il être entendu dans le même sens qu'à la ligne 12 (*éd. Beck.*) dans le sens d'un empêchement légal; il est décisif. *Prohiberi* doit-il être pris dans le sens plus probable d'empêchement matériel, le feu est éteint, le foyer détruit, il ne signifie rien quant aux servitudes; c'est comme *corporis possessor*, comme possesseur de la maison (nous supposons que le *tabernarius* n'est plus *conductor*, mais propriétaire de l'établissement).

219. En résumé, tout en reconnaissant combien les textes sont douteux, nous penchons à croire que l'interdit était possible entre les possesseurs des deux fonds; l'un de nos motifs, c'est qu'il est bien difficile de supposer l'exercice d'une servitude de ce genre troublé sans qu'il y ait trouble dans la possession de la maison dont elle est partie intégrante ; « possideo eas ædes ex quibus projectum est, » plutôt que je ne quasi-possède la *projectio*, dit Labéon. Le second, c'est la rareté des cas où la quasi-possession de la servitude sera troublée par un autre que le grevé, seul intéressé à l'interrompre. Il serait bien surprenant

que l'interdit *uti possidetis* eût été défendu dans le cas le plus ordinaire, permis seulement dans des circonstances bien rares, et que nulle part l'on ne retrouve trace d'une mention de cette anomalie.

§ 3. *Droit d'égout.*

320. Le *jus cloacæ* ne peut donner lieu à aucune controverse relativement aux actions possessoires; il a un interdit spécial *de cloaca purganda vel reficienda* extrêmement favorable quant aux conditions de quasi-possession qui permettent de l'intenter.

Pour posséder ce droit, il suffit d'avoir un canal quelconque passant sous la maison d'autrui ; peu importe depuis combien de temps. Labéon va jusqu'à prétendre que l'égout commencé est considéré comme achevé (L. 2, t. 23, L. XLIII), peu importe que l'usage ait été violent, précaire ou clandestin (L. 1, §7); ni ces exceptions ni celle de temps, ne sont dans l'édit.

Tous les travaux nécessaires sont permis, pour un motif d'utilité publique ; mais, une caution fort importante probablement, était exigée ; « cautio damni infecti, quod operis vitio factum sit ».

L'interdit *uti possidetis* était formellement défendu en matière de *jus cloacæ*.

DEUXIÈME PARTIE

DE LA POSSESSION

DANS LE DROIT FRANÇAIS

CHAPITRE PREMIER

NOTIONS GÉNÉRALES

1. Peut-on donner de la possession et de ses diverses espèces une définition complète, se demandait Vinnius dans la rubrique du chapitre 36, livre II de ses *Questions choisies*. Nous pensons qu'il trouverait la question résolue par l'art. 2228. Voici comment s'exprime le Code : « La possession est la détention ou la jouissance d'une chose ou d'un droit que nous tenons ou que nous exerçons par nous-mêmes, ou par un autre qui la tient ou qui l'exerce en notre nom ».

Cette définition n'est d'ailleurs que la reproduction de celle que Pothier donnait au début du premier chapitre de son Traité : « C'est la détention d'une chose corporelle que nous tenons en notre jouissance ou par nous-mêmes, ou par quelqu'un qui la tient pour nous et en notre nom. » Plus loin, il ajoutait : « La quasi-possession d'un droit consiste dans la jouissance qu'en a celui à qui il appartient. » La seule différence entre les deux, c'est la fusion des définitions de la possession et de la quasi-possession de Pothier, en une seule définition comprenant une possession dans un sens plus large. Elle correspond au changement qui s'était opéré dans les idées ; le possesseur n'est plus seulement sous notre législation celui qui exerce le droit de propriété, c'est aussi celui qui exerce un droit réel susceptible d'une jouissance suivie ; en un mot, l'objet de la possession sera ou une chose corporelle, comme au droit romain, ou un droit incorporel. Nous aurons plus tard à préciser quels droits en sont susceptibles ; nous voulons seulement poser ici ce principe : la quasi-possession est inconnue dans le Code Napoléon (v. *infr.*, § 8).

2. Le seul reproche que l'on pourrait faire à notre art. 2228 consiste dans l'absence de termes exigeant *l'animus domini*. Tous les auteurs, un seul excepté, sont d'ailleurs unanimes à déclarer que les éléments de la possession dans le droit français ne diffèrent en rien de ceux que les jurisconsultes romains avaient reconnus et enseignés ; tous décident que pour être possesseur, le détenteur doit avoir la volonté d'agir en maître, se présenter et agir comme propriétaire ; ces conditions sont seules exigées, car la mauvaise foi n'empêche point de posséder ; mais elles le sont, et le détenteur au nom d'autrui n'est pas plus possesseur sous l'empire du Code civil qu'il ne l'était dans l'ancien droit. (Pothier, C. d'Orl., t. 22, nº 2, et Argou, *Hist. dr. franc.*, t. 1. p. 222.)

M. Troplong a cependant osé soutenir cette thèse

dans son *Traité de la prescription*, § 239. Seul contre tous les auteurs, il a prétendu que la détention ne se distingue pas de la possession; que fermiers, gagistes, commodataires, etc., tous possèdent comme « ayant dans la chose un droit quelconque qu'ils exercent par des actes de jouissance, » que le Code enfin devait admettre et a admis ces idées, implicitement dans l'art. 2228, explicitement dans les articles 2230, 2231 et 2236.

Pour premier argument, il fait valoir l'erreur qu'il y aurait à distinguer une possession naturelle d'une possession civile; car, dit-il, rien n'est plus naturel que la possession de celui qui est ou se croit propriétaire de la chose; et réciproquement la possession du fermier produit des effets reconnus par le droit civil, partant elle est civile. La réponse est facile; personne n'a jamais dit ni voulu dire que la possession civile n'était pas naturelle; on a voulu dire qu'elle était plus que naturelle, naturelle et légale à la fois. D'autre part, il est incontestable que la détention de tout possesseur précaire produit des effets civils et juridiques; mais il ne s'ensuit pas que ces faits légaux soient une possession. M. Marcadé fait remarquer, que d'après ce raisonnement les enfants naturels seront légitimes et les légitimes, naturels; car rien n'est plus naturel que d'avoir des enfants en mariage, ce qui prouve que ces enfants sont naturels; et d'un autre côté, le bâtard, comme le fermier, a des droits que la loi lui reconnaît, et ces droits, il les a comme enfant; il est donc enfant légitime.

Le second argument de M. Troplong est tiré des expressions du Code: les rédacteurs, dit-il, n'ont point exigé dans l'art. 2228 que l'on tienne la chose *animo domini*; ils parlent dans les art. 2230 et 2236 de personnes qui possèdent pour autrui; ce qui prouve que le détenteur *alieno nomine* possède.

Nous répondrons d'abord que le silence de l'article 2228 n'est point aussi complet que le pense M. Troplong. La possession s'exerce ou par soi-même et en son nom, ou par un autre qui détient en notre nom, dit cet article. Or le suivant nous apprend d'abord que posséder pour soi est synonyme de posséder *à titre de propriétaire*. Donc posséder à tout autre titre, c'est posséder pour autrui, puisqu'on ne peut posséder pour soi qu'à la susdite condition. Mais dans l'art. 2230, nous trouvons la définition de cette possession pour autrui : elle n'est qu'une détention à titre précaire. « Ceux qui possèdent pour autrui ne prescrivent jamais..... *Ainsi* les fermiers, dépositaires, usufruitiers et tous autres qui détiennent précairement la chose du propriétaire, ne peuvent prescrire. » L'art. 2228 expliqué et complété par les deux autres, devient donc parfaitement significatif.

Bien plus, alors même qu'on s'en tiendrait à cet article seul, on pourrait encore prouver que l'*animus domini* est exigée. La possession s'exerce par soi-même ou par autrui; mais comment un fermier, en admettant qu'il possède pour lui et par lui, pourrait-il posséder par autrui? En sous-louant, répond

M. Troplong, d'une manière fort inconséquente; car il n'a pas le moindre motif pour refuser la possession à ce sous-locataire qui aura la détention matérielle et des droits reconnus par la loi contre son locateur; car il n'a pas plus de motifs pour faire continuer la possession du premier locataire qui, n'ayant jamais eu l'*animus domini*, a, de plus, perdu cette détention matérielle et de pur fait, qu'on nomme parfois encore possession naturelle et qui constitue le *corpus*. Il faut donc, de deux choses l'une, ou bien : 1° admettre qu'une possession peut exister sans *animus* et sans *corpus*, c'est-à-dire privée de ses deux éléments essentiels, et de plus, admettre que deux possessions de même nature (celles du locataire et du sous-locataire) peuvent exister *in solidum* sur le même fonds; ou bien, 2° reconnaître que, par cela seul qu'il permet de posséder par soi-même ou par un intermédiaire, l'art. 2228 n'a permis que la possession *animo domini* qui seule ne mène pas à des conséquences absolument contraires à tous les principes.

Quant à cet argument : il possède pour autrui, donc il possède, nous ne pouvons y voir que la critique d'une locution peut être peu correcte, mais dont le sens ne peut être douteux; assurément l'on ferait mieux de dire posséder par autrui, détenir pour autrui; mais depuis longtemps, bien longtemps, car nous avons trouvé en droit romain la même locution, posséder pour autrui a un sens reconnu et admis par tout le monde; c'est être l'agent et l'instrument du possesseur, ce n'est point être possesseur; de même donner, vendre ou acheter pour autrui, ce n'est pas être donateur, vendeur ou acquéreur, mais bien être le mandataire des personnes sur qui réside cette qualité. Le langage du Code a donc pu se conformer au langage du monde sans rien perdre de sa précision.

Nous pouvons donc affirmer sans hésitation que la jouissance *animo domini* constitue seule la possession définie par l'art. 2228; c'est au détenteur à titre de propriétaire que nous réserverons le nom de possesseur, désignant par celui de détenteur précaire, celui qui n'a que la *naturalis possessio* dans son sens étroit.

5. Y a-t-il, en droit français, plusieurs espèces de possessions? Cette question avait donné lieu à une discussion que d'Argentré trouvait aussi longue qu'ennuyeuse (C. Br.,265). Pour la résoudre, examinons successivement, en nous demandant si elles doivent être maintenues, les diverses espèces du droit romain, et commençons par la grande division en possession civile et possession naturelle.

6. Savigny a parfaitement démontré que l'expression possession *naturalis* avait une valeur différente, selon qu'on l'opposait aux mots *possessio* ou *possessio civilis*. Dans le premier cas, *possessio* signifiait la jouissance *animo domini*, *possessio naturalis*, la jouissance précaire, la détention naturelle; or nous venons de montrer au § 4, que cette distinction existait encore sous l'empire du Code; le mot de possession

naturelle peut donc actuellement être employé comme synonyme de détention. Mais, dans le second cas, l'expression *possessio civilis* signifiait possession née du droit civil et propre à l'usucapion; *possessio naturalis*, toute possession ou détention qui n'était pas *civilis*. Nous prétendons que l'expression de possession civile doit être bannie de notre langage juridique, et que cette distinction, si longtemps fameuse, ne peut exister dans notre législation.

7. Les anciens jurisconsultes français, après avoir emprunté ces dénominations aux lois romaines, avaient été fort embarrassés sur l'application, et étaient restés indécis sur leur véritable sens; de là, les systèmes les plus opposés. Dunod croit que : « La possession civile est réduite à l'intention de posséder (p. 16). » Argou et Domat pensent que toute possession *animo domini* est civile; toute détention est une possession naturelle. Pothier reconnaît deux espèces principales de possession et la détention des commodataires, fermiers, etc. La première, c'est la possession civile, *ad usucapionem*, c'est-à-dire exercée d'après un titre translatif de propriété par une personne qui est ou a juste sujet de se croire propriétaire; la seconde, c'est la possession naturelle, *ad interdicta*, exercée *animo domini*, mais sans juste titre ni bonne foi.

Au commencement de ce siècle, M. Merlin enseignait la même doctrine (*Rép.*, v° *Possession*, § 11). Il prétendait que sous notre législation, l'on est possesseur civil à quatre conditions : posséder, à juste titre, suivi de tradition, et de bonne foi; que la possession naturelle était de quatre sortes : 1 p. sans titre, 2 p. de mauvaise foi, 3 p. sur titre nul, 4 p. sur titre non translatif; la première espèce devenait à la longue une possession civile. Cette bizarre théorie, qui n'avait même point le mérite de reproduire exactement les idées romaines, était le résultat de l'importation dans notre législation d'une distinction consacrée par de longs préjugés, mais qui depuis le Code Napoléon n'a plus la moindre raison d'être.

En effet, pour offrir un côté sérieux, il faut que cette distinction représente deux genres distincts : ou bien par une différence d'origine et de sanction législatives, ou tout au moins par leurs qualités et leurs effets.

Or jamais, en droit français, l'on n'a connu l'antagonisme d'un droit civil supérieur et exclusif, avec une législation plus conforme au droit naturel; jamais nous n'avons eu la possession protégée par nos législateurs et celle protégée par nos magistrats : le motif historique de la distinction romaine ne peut donc pas être invoqué pour la reproduire dans le droit français, ni *a fortiori* sous l'empire d'un Code qui a créé l'unité de législation la plus absolue.

Mais au moins, la différence profonde qui existe entre la possession à l'effet de prescrire, et celle à l'effet d'intenter les actions possessoires constitue-t-elle un motif rationnel de les distinguer par des noms un peu déviés de leurs sens primitifs? Nous aurons plus tard à établir que l'art. 23 C. pr. doit se compléter par l'art. 2229; mais nous pouvons dire dès à présent que d'après tous les auteurs modernes, à l'exception d'un seul, M. Serrigny, là on exige du possesseur les mêmes qualités dans les deux cas; ainsi, loin de former deux espèces différentes, la possession est la même en droit français, lorsqu'il s'agit de former complainte, ou de prescrire; ajoutons enfin que toute différence entre la prescription et l'usucapion a disparu, et que même en droit romain, la possession *ad interdicta* permettait généralement de prescrire. L'expression de possession civile ne peut donc avoir dans notre droit aucun sens raisonnable, et ne peut être qu'une cause d'erreur et de confusion.

8. Le droit romain distinguait encore la *possessio* de la *quasi-possessio* selon que l'objet de la possession était corporel ou incorporel. Cette distinction reposait uniquement sur une erreur causée par l'habitude de dire : « J'ai telle chose » et non « j'ai un droit de propriété sur telle chose; » en réalité dans le premier cas, on prétend exercer un droit intégral de propriété, dans le second un démembrement de ce droit de propriété, et dans l'un et l'autre cas la possession est l'exercice d'un droit incorporel. Les interprètes du droit canon et la jurisprudence du moyen âge la reproduisirent cependant, et même ils étendirent singulièrement l'objet de la quasi-possession. Pothier l'admet pour les droits de dîme, de champart, de légitimité, de fief, censive, rente constituée au foncière, office, justice, patronage, chasse et pêche, banalités,

etc.; il avait une excuse, car ces droits étaient qualifiés de droits réels; mais d'autres auteurs discutaient sur les droits de famille.

Le Code Napoléon vint apporter deux modifications : la première limitait les droits réels susceptibles de possession à ce qu'ils étaient en droit romain (article 519); la seconde confondait dans une seule et même définition, la possession d'une chose et celle d'un droit; il n'y a donc plus aucune différence légale entre les deux, et la possession est toujours la même en droit français, quel qu'en soit l'objet.

9. Les seules distinctions romaines dont l'existence puisse être encore soutenue, sont celles de possession juste et injuste, possession de bonne et de mauvaise foi; mais l'on doit remarquer que la seconde n'a d'importance que pour quelques espèces de prescriptions, que la première n'offre aucun intérêt isolément et par elle-même.

La possession juste est celle du possesseur qui jouit légitimement en vertu d'une cause licite et autorisée par la loi, soit qu'elle constitue une possession propre à faire naître une présomption de propriété, soit qu'elle constitue simplement une détention. Par exemple, la possession du propriétaire est une juste possession; celle du fermier est aussi de ce genre parce qu'il jouit avec la permission du propriétaire. La possession est au contraire injuste quand elle a lieu par fraude et contre la volonté du propriétaire.

De longues discussions avaient eu lieu, pour décider si une possession civile pouvait être injuste;

ou si au contraire cette qualité pouvait seulement appartenir à la possession naturelle. Cette question ne peut plus se poser pour nous qui ne reconnaissons pas la distinction de la possession en civile et naturelle; au surplus, il importe peu en matière d'actions possessoires que l'on possède justement ou injustement. Il en est de même de la bonne foi; mais cette distinction a une grande importance en matière de délai pour la prescription.

La bonne foi, qui permet d'acquérir la propriété par dix ans et les fruits par la simple perception, est la croyance ferme et intacte que l'on est propriétaire; par conséquent elle n'existe que chez le possesseur convaincu que nul autre n'a droit à la chose, et qu'il en est le maître exclusif. Ce que Voët exprime ainsi : « Bona fides est illæsa conscientia putantis rem suam esse. » Elle n'existe qu'à trois conditions : 1° croire le vendeur (ou aliénateur) propriétaire de la chose; 2° capable d'aliéner; 3° recevoir la chose par un contrat pur de fraude et de tout vice. L'absence d'une seule de ces conditions suffirait pour constituer la mauvaise foi du possesseur.

10. Le droit coutumier avait distingué la possession feinte ou artificielle, et la possession réelle. Suivant presque tous les anciens auteurs, la clause de constitut par laquelle un vendeur reconnaît qu'il n'a plus aucun droit dans la chose, mais stipule qu'il en conservera la jouissance à titre de bailliste ou fermier, confère une possession feinte; cette possession : « n'est pas proprement une possession; ce n'est

qu'une fiction qui a été inventée à l'imitation de la possession civile ; car, comme celui qui a une fois acquis la possession de son domaine la retient par les mains de son fermier, quand il le donne à ferme, ainsi on a cru que le propriétaire, qui donnait ou qui vendait la propriété d'une terre et qui s'en réservait l'usufruit, cessait de posséder pour lui-même et commençait à posséder pour celui à qui il avait transféré son droit, qui acquérait la possession par ce moyen. » (Argou, *Inst. au dr. fr.*)

Nous pensons que la possession feinte n'existe pas plus que la possession civile (par le fait d'un autre) dont parle d'Argou ; ou plutôt que ces deux possessions sont parfaitement réelles ; pour la seconde, l'art. 2228 ne permet pas d'en douter ; quant à la première, nous ne pourrons prouver laréalité de la tradition qu'en traitant des diverses manières d'acquérir la possession.

11. Enfin la possession peut être *qualifiée*, ou bien vicieuse et incomplète. On nomme possession qualifiée, légitime ou parfaite, celle qui est revêtue des six qualités exigées par le droit moderne pour octroyer les actions possessoires ou le bénéfice de la prescription ; c'est-à-dire, qui a été exercée *nec vi, nec clam, nec præcario ab adversario* d'une manière continue, non interrompue ni équivoque ; quand elle ne les réunit point, elle s'appelle possession incomplète, si elle a été interrompue, et possession vicieuse si elle a été violente, clandestine, équivoque ou précaire. Cette division de la possession n'offre d'ail-

leurs aucune importance quant à la nature même de la possession.

12. Quelques auteurs semblent distinguer deux espèces de possessions suivant qu'elle serait annale ou non annale, division fort importante, car dans leur système la première serait un fait et la seconde un droit. Ainsi M. Marcadé, t. 12, n° 77, déclare que la possession après avoir été un fait à son origine, devient un droit quand elle a duré une année dans les conditions voulues. Nous voici revenus à la question que nous avons longuement traitée dans le premier chapitre de notre thèse de droit romain. La possession est-elle un fait ou un droit?

Nous soutiendrons ici comme en droit romain que la possession est en elle-même un fait; nous essayerons de le prouver par les raisons que nous avons déjà fait valoir, et qui, tirées de la nature de la possession, peuvent être invoquées sous toutes les législations.

L'opinion contraire se trouve pourtant, nous le reconnaissons, professée dans le plus grand nombre des ouvrages de droit ou de jurisprudence. Les motifs qu'ils invoquent, peuvent en général se réduire aux trois arguments suivants.

A. L'action en réintégrande est annale; par conséquent une relation entre l'objet et le sujet survit à la détention, relation qui ne peut être qu'un droit.

B. La possession consécutive à un délit a sa source non dans le délit, mais dans les actes paisibles qui suivent ainsi des actes de maître sur le fonds d'autrui ne sont pas un délit et peuvent fonder une possession.

C. La possession annale est protégée par des actions, donc elle est un droit.

Ce dernier argument, dont tous les autres en général sont une variante, semble tellement invincible à M. Bellime, qu'il déclare ne plus connaître la valeur des mots, si on ne veut point s'y rendre. M. Marcadé se contente aussi de l'indiquer sommairement; puis il renonce à entrer dans une discussion approfondie, pour le plaisir de jeter un peu de ridicule sur son adversaire, le seul qu'il y ait, croit-il.

« Tous les auteurs, tant anciens que modernes, tant étrangers que français l'imaginent ainsi; M. Troplong est le seul qui soit venu nier une doctrine qui se trouve dans tous les livres et tous les arrêts. » L'affirmation est trop absolue, car outre un grand nombre de romanistes, Pothier, Domat, Aubry et Rau enseignent positivement que la possession est un fait. « La possession est un fait plutôt qu'un droit dans la chose qu'on possède. Un usurpateur a véritablement la possession de la chose dont il s'est emparé violemment; il est néanmoins évident qu'il n'a aucun droit dans la chose. » (Pothier, *Tr. de la poss.*, § 2.) Dans Zachariæ, § 185, on trouve cette définition générale : » On peut la définir *le fait* de celui qui, voulant qu'une chose soit soumise en sa faveur à un droit de propriété ou de servitude, manifeste cette volonté, soit par la garde de la chose, soit par l'exercice de la servitude, » et plus loin §, 186, *in fine:*

« Lorsque la possession a continué sans interruption pendant une année, elle constitue alors un état de fait que la loi protége provisoirement, et pour le maintien ou le rétablissement duquel elle accorde une action spéciale appelée action possessoire. » Mais bien plus, la plupart des auteurs, Dalloz, Duranton, Bellime lui-même, déclarent qu'elle est un fait et un droit, système emprunté aux jurisconsultes romains et fort commode pour tout concilier; il n'y en a pas un qui ne reconnaisse qu'à son origine elle est un fait.

Cette vérité est en effet incontestable; sans répéter ici les motifs que nous avons développés dans la première partie de notre travail, nous rappellerons que l'acquisition et la perte de la possession sont affranchies des règles essentielles qui régissent la transmission des droits; que la possession se compose d'une détention matérielle, qui est essentiellement un fait, et d'une volonté d'avoir la chose d'autrui pour soi, qui certes n'est pas un droit; qu'enfin, de l'aveu de tous, la possession est l'exercice du droit de propriété, la possession serait donc dans l'opinion que nous combattons, un droit qui serait l'exercice d'un droit. L'on peut donc considérer comme absolument certain que la possession non annale est un simple fait; il reste à examiner, si « elle devient un droit quand elle a duré pendant un an avec les conditions voulues » ; en un mot, si le principe français de l'annalité a modifié la théorie romaine.

M. Carré, Blondeau, etc., présentent l'innovation coutumière de l'annalité comme contraire à notre système; il nous semble au contraire qu'elle nous est favorable. Il fallait en droit romain prouver qu'un état de choses immédiatement protégé par des actions n'était pas un droit par lui-même, mais avait immédiatement conféré un droit au maintien du *statu quo*; on pouvait croire que l'*animus domini* donnait directement naissance à ces actions possessoires qui apparaissent en même temps que lui. Mais en droit français la confusion n'est pas possible; un an s'écoulera entre l'instant où j'aurai commencé à posséder, et celui ou j'aurai les actions possessoires; il faut donc bien reconnaître ici que la cause directe de l'action se trouve dans la loi, et non plus, comme dans les contrats par exemple, dans la volonté humaine.

Ainsi, pendant un an, j'aurai une possession véritable, qui ne sera qu'un fait, et ne donnera point lieu aux actions possessoires, à la principale du moins, à la complainte (car, remarquons-le bien, une nombreuse école enseigne que la réintégrande s'intente pendant la première année; or, comme ils admettent que la possession est un fait pendant cette durée, voilà une action qui naîtra d'un fait, s'ils ne reconnaissent avec nous que dans un cas au moins, la loi accorde des droits à une action pour protéger un état de fait; mais ayant l'intention de soutenir l'opinion contraire nous renonçons à faire valoir cette inconséquence). Devra-t-on dire que la possession a changé de nature, parce qu'elle a réalisé en ma faveur un des deux effets principaux que la loi y attache, parce qu'elle me permet d'intenter les actions possessoires, ou d'opposer la prescription? Supposons pour un instant que le délai voulu pour prescrire s'est accompli; j'ai acquis un droit, qui n'est autre que la propriété; et désormais grâce à ma possession trentenaire je pourrai revendiquer l'objet; ici le rapport entre l'action et le fait de la possession est parfaitement clair; le fait a engendré un droit dès l'instant où les conditions voulues par la loi ont été réalisées; le droit a engendré l'action. Jamais il n'est venu à l'esprit de personne de soutenir que la possession est devenue un droit pour permettre l'action qui ne peut exister que par un droit; la raison en est que le droit, cet intermédiaire entre le fait et l'action, est visible, connu et désigné par un nom particulier, parce que personne ne peut confondre la possession qui subsiste toujours à l'état de fait et d'exercice du droit, avec le droit de propriété qu'elle vient de créer.

Eh bien, nous disons que ce qui se passe lorsque le terme d'une année vient de se compléter, est exactement la reproduction de ce que nous venons de voir se passer après les trente ans accomplis. La possession qui était un fait reste un fait, mais en devenant annale, elle remplit les conditions voulues pour donner naissance à un droit, droit au maintien, droit au rétablissement dans la jouissance troublée ou enlevée; c'est la violation de ce droit, car nous n'avons jamais eu l'intention de soutenir que les actions possessoires découlent directement du fait de la possession, c'est, disons-nous, la violation de ce droit qui permet d'intenter la complainte ou la réintégrande.

Une objection peut, il est vrai, se produire contre ce système; les expressions de droit au maintien, droit au rétablissement, ou plus simplement droit aux actions possessoires, se trouvent bien rarement employées et ne figurent pas au Code. Nous le reconnaissons et le regrettons, mais le droit de possession non plus ne se trouvent pas dans le Code; vaut-il mieux adopter cette expression qui par sa confusion entre le fait créateur et le droit créé, amenait un ancien doyen de notre école à expliquer ainsi les rubriques de ses chapitres : I. De la possession, fait capable de produire un démembrement du droit de propriété également appelé possession. — II. Du droit de possession. N'est-il pas évident qu'il y a là une source inévitable d'erreurs et de confusions si l'on ne veut avoir recours sans cesse à de longues périphrases. M. Blondeau enseigne d'ailleurs au fond une doctrine conforme à notre opinion; nous protestons seulement contre l'emploi du mot possession dans un double sens; mais à part cette question de forme, nous nous trouvons dans le plus complet accord quant à la distinction qu'il accentue si nettement entre le fait et le droit, et quant aux rapports qu'il leur assigne.

Le premier argument que M. Bellime invoquait pour prouver que la possession est un droit nous semble au contraire une preuve décisive de la nécessité de bien distinguer la possession du droit aux actions. C'est, rappelons-le, la persistance du droit de recouvrer la possession annale pendant une année entière après la dépossession.

Assurément ce rapport qui subsiste entre l'homme et la chose qu'il a possédée pendant une année prouve qu'un droit avait pris naissance; cela est certain, puisque le fait a cessé : mais cela prouve aussi que ce droit n'est pas la possession. Prenons l'espèce la plus simple : Pierre, possesseur annal, laisse occuper son fonds par Paul ; ce dernier est de bonne foi, mais l'année n'est pas encore écoulée. Quel est le possesseur actuel? Évidemment c'est Paul ; c'est lui qui joint l'*animus* au *corpus*, qui exploite le fonds et s'y conduit en maître : bien plus c'est lui qui jouit de tous les droits auxquels la loi impose comme condition le fait de la possession, qu'il prescrit, il fait les fruits siens, il jouit du droit de rétention, il bénéficie de la qualité de défendeur. Pierre n'a plus qu'un droit, un seul droit, celui d'intenter les actions possessoires afin de recouvrer la possession qu'il a perdue. Ne serait-ce point un étrange abus de mots de dire que ce dernier possède parce qu'il y a possibilité qu'il se fasse rendre sa possession : car si l'on voulait pousser à l'extrême les conséquences de ce principe, on devrait en conclure que Paul ne possède pas, car deux possessions de même nature sont impossibles sur un même objet pour la totalité de cet objet, et ces deux possessions sont de même nature toutes deux, l'une et l'autre s'exercent *animo domini* ; ainsi Paul serait en voie de prescrire et ne posséderait point! Mais dit-on, ce raisonnement prouve simplement que la règle des *compossessiones* est fausse en droit français. Admettons qu'une *compossessio* soit possible, est-ce à dire pour cela que Pierre et Paul posséderont? Paul réunit les conditions voulues; mais comment soutenir que Pierre possède en face de l'art. 2228? où est la détention de la chose qu'il a par lui-même, ou par un autre qui la tient en son nom? Il n'y en a pas trace; de sa possession, rien ne lui est resté que la faculté d'intenter, dans les délais légaux, la complainte ou la réintégrande. Ainsi, lorsque nous disons que la possession annale donne un droit nouveau, le droit au maintien ou rétablissement de sa possession par le moyen d'actions légales, nous ne faisons qu'exprimer l'exacte réalité des choses; ceux qui soutiennent qu'elle devient un droit, sont obligés de distinguer une possession de fait, une possession de droit, qui peuvent coexister en même temps chez des personnes différentes, en dehors de toutes les règles fondamentales de notre matière, et finissent par arriver à grand'peine exactement au résultat que nous obtenons, sans difficulté aucune, en disant : de même que la possession donne un droit de propriété, elle donne dans certaines conditions déterminées un droit à des actions qui protégent la situation du possesseur annal; mais en elle-même elle reste toujours un fait.

Nous savons que la confusion entre le droit aux actions possessoires et la possession elle-même est fort ancienne. Nous l'avons vue en droit romain : au moyen âge, ce fut bien pis; il y eut une triple confusion entre la propriété, la possession et le droit aux interdits, le tout sous le nom de saisine, simple saisine et vraie saisine, et les arguments que peut fournir l'ancien droit contre notre système sont trop nombreux pour qu'on puisse songer à les réfuter tous; nous voulons seulement donner ici quelques explications sur le point suivant : généralement on justifie la possibilité d'agir par la complainte en cas de dépossession, en disant qu'une possession de droit subsiste pendant une année; or, dans notre système, il faut chercher une autre explication.

Elle sera bien simple. En droit romain, où cependant les interdits *retinendæ* et *recuperandæ* étaient parfaitement distincts, nous avons vu l'interdit *uti possidetis* accordé au possesseur expulsé; cette dérogation était due au fait que chacun se trouvait dans la même situation, grâce à la duplicité de l'interdit.

Or, dans nos anciennes actions possessoires, la situation des parties était identique. Les plégements et contre-plégements des Établissements de saint Louis ressemblent fort aux *sponsiones pœnales*. Beaumanoir, ch. XXXII, nous dit, en parlant de ces trois actions de force, de saisine nouvelle et nouveau trouble, que « si chacune partie dit qu'elle est en dernière saisine d'an et jour paisiblement, preuves doivent être ouïes de chacune, et, ce qui mieux preuve, il doit porter la saisine. » Il y a là une manifeste égalité de position; le *Grand Coustumier* (chapitre 21, éd. de Charondas le Caron, 19, de l'éd. Laboulaie), l'a dépeinte ainsi : « En matière de saisine et nouvelleté, chacun est défendeur et demandeur, l'un contredisant l'autre en toute chose. »

La situation est donc la même qu'en droit romain, et il suffit, pour expliquer comment une possession est recouvrée par une action *retinendæ possessionis*, de supposer que l'extension donnée à l'interdit *uti possidetis* se reproduisît ici. C'est ce qui eut lieu. Messire Simon de Bucy, qui présidait, dans le milieu du quatorzième siècle, le Parlement de Paris, déclara le premier, mais en consacrant vraisemblablement une jurisprudence qui depuis longtemps cherchait à s'établir, que la complainte pour trouble nouveau pourrait désormais être intentée dans les cas de force et de saisine; cette dernière disparut, et toutes deux se confondirent sous le nom de « complainte en cas de saisine et nouvelleté. » Le but que se proposait messire Simon de Bucy était d'éviter au demandeur la nécessité d'un applégement, et de lui permettre de se servir d'une action dont la procédure était moins rigoureuse; c'était donc une pure question de formes. Le moyen qu'il employa pour y arriver fut de permettre de présenter le fait de l'expulsion comme un simple trouble. Le demandeur se dit « empesché et troublé dans sa paisible possession d'an et jour; » le défendeur ne peut plus, en vertu de la nouvelle jurisprudence, opposer la dépossession complète de la victime, pour le contraindre à intenter une autre action; il doit le suivre sur ce terrain, qui est celui de l'*uti possidetis*, à l'annalité près, et succombera, ne pouvant prouver comme l'autre : « sa possession usée et continuée par an et jour, paisiblement, publiquement, propriétairement, par lui et ses auteurs, du jour du trouble et empeschement. »

Il n'y eut là aucun changement de principe, comme pourrait le faire croire de Laurière (L. 1, chap. 65, *Sur les Établissements de saint Louis*). La preuve évidente que ce n'était qu'un subterfuge légal toléré par la jurisprudence et consacré par l'usage, se trouve à la page 247 (Ed. Laboulaye) du *Grand Coutumier de France*. Voici comment s'exprime l'auteur, presque contemporain de Simon de Bucy : « Celui qui se plaint en cas de nouvelleté, se doit garder de dire qu'il soit desaisi ou dépouillé de sa saisine, car il ne pourroit pas intenter la nouvelleté, s'il ne possédoit ou ne *contendoit posséder;* ains il doit conclure à *ôter empeschement* et non à restitution. » A quoi donc servaient toutes ces précautions, si, comme le dit de Laurière, l'on avait établi pour principe que l'on conserve la possession civile ou saisine après la perte de la possession naturelle ou détention? Le demandeur aurait pu hardiment se dire expulsé; il aurait toujours été certain de triompher, par quelque action possessoire que ce soit, lui possesseur en face d'un détenteur.

13. Quant à la nature de ce droit aux actions possessoires, nous n'hésitons pas à le classer parmi les droits réels. Nous avons déjà soutenu la réalité du droit aux interdits sous la législation romaine; or ici, la principale objection contre le caractère qui lui

était attribué, la personnalité des actions qu'il engendre, n'existe plus; les actions possessoires du droit français sont réelles; aussi l'opinion que nous adoptons est-elle soutenue par la majorité des auteurs.

Il serait trop long de reproduire ici toute notre argumentation de la thèse de droit romain, qui cependant conserve encore d'après nous toute sa portée; nous prions nos juges de s'y reporter, et nous nous bornerons à ajouter quelques mots sur le nouvel argument que l'on peut tirer de la réalité de la complainte.

14. En règle générale, à des droits réels correspondent des actions réelles; l'on peut donc conclure de la réalité de l'une à celle de l'autre. Or l'art. 3 du Code de procédure en déclarant que les actions possessoires doivent être introduites devant le juge de la situation de l'objet litigieux, semble bien les comprendre parmi les actions réelles. L'argument n'est point décisif, il est vrai, à cause des exceptions de compétence *ratione materiæ* que comprennent les §§ 3 et 4. Mais il est impossible d'expliquer comment une action personnelle se donnerait contre des tiers. Quel est en effet le caractère distinctif des actions réelle et personnelle? La première a son fondement dans une créance du demandeur; aussi le débiteur alléguerait vainement que l'objet de l'obligation n'est plus entre ses mains; en principe, la possibilité de poursuivre subsistera postérieurement à la cessation de la relation entre la personne et la chose. La se-

conde est celle, nous empruntons la définition de M. Boitard, où « le demandeur n'allègue contre le défendeur aucune espèce de créance, où l'action du demandeur ne se fonde que sur une relation de la personne à la chose; le demandeur n'y est attaqué qu'accidentellement et comme possesseur de la chose, en telle sorte que l'objet venant à changer de mains, ce n'est plus contre le défendeur originaire, mais contre le nouveau détenteur que l'action sera dirigée. » Or il est évident que la complainte présente presque tous les caractères de la seconde; depuis la décrétale *sæpe contingit* (Innocent III, en 1216), l'action *recuperandæ* a toujours été donnée dans l'année contre les tiers; si le spoliateur a livré la chose à un autre, il pourra peut-être être poursuivi personnellement pour un délit; mais le véritable objet de la complainte, le rétablissement dans la jouissance ne peut être obtenu que contradictoirement avec le nouveau détenteur. Quant au lien juridique que la loi exige dans l'action personnelle entre le demandeur et le défendeur, où le trouver dans l'hypothèse d'une possession cédée par le possesseur violent à un tiers de bonne foi? Il n'y a dans cet acte ni contrat (entre l'acquéreur et l'ancien possesseur), ni quasi-contrat, ni délit, ni quasi-délit; la chose est évidente.

M. Léon Wodon (nos 87 et 150), obligé pour les besoins de sa cause, de trouver entre eux un lien d'obligation, soutient la théorie suivante: l'art. 2243, dit-il, considère toute acquisition et toute prise de possession faite dans l'année de la dépossession comme autant de troubles successifs ! Il y a donc autant de troubles successifs qu'il y a de possessions nouvelles, et ce n'est pas comme tiers, mais comme auteur personnel d'un fait que la loi qualifie de nouveau trouble ou de nouvelle usurpation, que le nouveau détenteur peut se trouver atteint en droit moderne par les actions possessoires. En résumé, ajoute-t-il, les principes du droit romain ont simplement reçu de l'amplification ; ils ne sont pas modifiés et l'action est toujours personnelle.

Ainsi le tiers acquéreur de bonne foi serait personnellement l'auteur du trouble ; lui, son vendeur, et ceux qui lui succéderaient dans l'année ! Un pareil système n'a point seulement le tort d'être absolument gratuit, de ne reposer sur rien ; il mène de plus à des résultats incroyables, que l'on doit admettre sous peine de se déjuger ; si par exemple le possesseur annal demande au savant juge de paix, de condamner à des dommages et intérêts les tiers détenteurs de bonne foi, il devra les accorder, puisqu'il voit en eux des gens coupables d'un trouble délictueux et poursuivis de ce chef.

Ce système est insoutenable ; celui de MM. Carré et Henrion de Pansey, qui rangent les actions possessoires parmi les actions mixtes, comme étant, quoique personnelles, attachées à la chose au point d'être admises contre les tiers, n'a pas eu grand succès ; tous les autres auteurs reconnaissent la réalité des actions possessoires ; nous pouvons donc les considérer comme réelles, et en tirer la conclusion que, jusqu'à démonstration contraire, le droit qui les engendre est un droit réel.

15. Quelles sont l'origine et la cause de ce caractère de réalité attribué aux actions possessoires? M. Molitor l'attribue à ce fait que la possession annale était, dans son principe, une prescription qui donnait la propriété. M. Bioche, au principe d'ordre public par lequel une personne, dont la situation a été modifiée autrement que par voie judiciaire, a le droit d'être préalablement rétablie dans cette position. M. Troplong n'y voit qu'une conséquence naturelle de son système, que la possession est une présomption de propriété; pour lui, cette dernière domine toute la question, et c'est elle qui est la base des actions possessoires.

De ces divers systèmes, le premier est bien hypothétique; le second ne prouve rien, car le motif d'ordre public existait aussi bien en droit romain; le troisième a le tort de confondre le possessoire avec le pétitoire, et de faire de ces actions une sorte de revendication provisoire. Nous pensons que, du moment où la nécessité d'une possession annale fut admise, cette extension de la complainte s'explique tout naturellement. Les deux plaignants devaient, avons-nous dit, prétendre l'un et l'autre à une possession qualifiée; mais l'action devant être intentée dans l'année du trouble, que nous supposons avoir été suivi de dépossession, il est bien évident que l'ancien possesseur pourra seul prouver une possession réunissant toutes les qualités requises; le dépossesseur, ou le tiers acquéreur ne pouvant jamais prouver sa saisine, sa jouissance paisible d'an et jour, devait, par cela même perdre sa cause; car désormais le juge doit examiner lequel des deux a eu la dernière saisine, et non plus seulement comme en droit romain, lequel a la dernière possession exempte de vices *ab adversario*. Le manque d'annalité ne pouvait être qu'un vice absolu; et dès lors on arrive à ce résultat : 1° Pierre intente la complainte contre Paul qui l'a dépossédé; il triomphe pour deux motifs : la possession de Paul est vicieuse et non annale; 2° Pierre intente toujours dans l'année, la complainte en cas de saisine et nouvelleté contre le tiers acquéreur de bonne foi. Ce dernier devra, se prétendre ensaisiné par an et jour, ce qu'il ne peut prouver dans notre hypothèse; il sera donc condamné; ou avouer qu'il n'est point saisi : mais alors il est immédiatement condamné, car « celui qui s'oppose doit se dire saisi, sans quoi il ne serait légitime contradicteur (Gr. Coust. de Fr., p. 248, éd. Lab.). Toutes ces solutions qui se trouvent dans le chapitre 19 de l'ouvrage cité, prouvent que depuis qu'on exige l'annalité, le demandeur en restitution de saisine devait toujours triompher, soit contre le dépossesseur, soit contre les tiers acquéreurs non encore ensaisinés, par an et jour; c'est la conséquence de la question posée au juge.

16. Le peu de questions que nous venons d'examiner suffit pour prouver que ce qui distingue le droit mo-

derne du droit romain, c'est principalement la condition de l'annalité. Quelle est l'origine de cette condition, comment s'est-elle glissée dans nos mœurs; telle est la question dont l'étude terminera ce chapitre.

La possession annale, qui se confondit rapidement avec la saisine féodale, est, pensons-nous, le résultat de la substitution des prescriptions romaines à notre ancienne prescription annale. Il est difficile de préciser exactement l'époque de cette transformation, qui d'ailleurs dut s'opérer lentement par le fait de la jurisprudence plutôt que par des actes législatifs; lors de la rédaction des coutumes, la nécessité de posséder an et jour pour intenter la complainte, était généralement admise; ainsi elle est formellement exigée par les coutumes de Sedan, 263, du Maine, 446, de l'Anjou, 426, du Bourbonnais, 87, du Poitou, 399, de Clermont en Beauvoisis, 45, Montargis, chap. 21, art. 1, d'Orléans, 456, etc... Avant cette époque la Somme rurale de Boutillier (L. XXI) et le grand coutumier de France (chap. 19) exprimaient non moins positivement l'indispensable nécessité de cette condition, et Beaumanoir lui-même, qui écrivait en 1275, cinq ans après les Établissements de saint Louis, en parle dans deux chapitres (19 et 32, § 29) : dans son chapitre 24 il en donne la définition la plus claire : « Usage d'an et jour paisiblement suffit à acquérir saisine; comme si, quand aucun a labouré paisiblement une terre, vigne ou autre héritage, et dépouillé récolte paisiblement par an et jour, et aucun vient qui lui empêche; le seigneur doit ôter l'empêchement s'il en est requis et tenir celui-ci en sa saisine jusqu'à ce qu'il perde par plaid la propriété de l'héritier.» Rien de plus précis que ces quelques mots; mais si l'on veut remonter plus avant, on ne trouve plus que des indications fort confuses sur le possessoire et surtout sur la saisine. Les seuls monuments qui en parlent sont les Assises de Jérusalem (1250) dans le 64e chapitre; la saisine se perd par 40 jours; l'ancien Coutumier de Normandie (1215?) qui distingue le plet de propriété et le plet de possession. Enfin dans quelques arrêts des Olim, 1266, le défendeur oppose que la saisine n'a que 10 jours et non un an, 1272, la défenderesse est réintégrée au château de Bolleboise qu'elle a tenu pendant presque un an et dont elle fut chassée par violence; d'autres arrêts parlent de saisine de dix, vingt, trente et quarante ans; quelques-uns de la saisine d'aoust, du mois de la récolte; en un mot il est évident que nul système n'a encore prévalu, mais qu'à cette époque nous assistons aux premiers essais de législation et jurisprudence dans le sens de la possession annale, et de la saisine possessoire.

Or, à cette même époque un mouvement en sens contraire tendait à s'opérer; la prescription d'un an, originaire des lois salique et bourguignonne, avait reçu lors de son apparition une grande extension; elle est consacrée sans conditions par les chartes de Noyon (an. 1181, art. 13), de Roye (1183, art. 3), de Saint Quentin (1195, art.). Elle paraît encore dans celles de Chaumont en Vexin et de Pontoise (art. 11 et 10), dans une charte octroyée par Jean d'Angleterre, à la Rochelle 1204; enfin elle existait en Anjou, Touraine, Maine, Sicile, et dans le royaume de Jérusalem.

Ainsi, à l'époque de la première croisade, la prescription annale règne non-seulement en France, mais encore dans les pays où les idées françaises ont pu prévaloir; mais elle fut loin d'avoir un empire aussi durable qu'étendu. Lors de la rédaction des coutumes, il en est resté à peine quelques traces dans deux ou trois coutumes locales : dans presque toutes, les prescriptions décennales et tricennales du droit romain ont été adoptées : dans les plus arriérées seulement on trouve encore la prescription quinquennale ou septennale, première extension de l'ancienne prescription d'an et jour, d'après de Laurière, dans sa savante dissertation sur le tenement de cinq ans. Cette modification n'est point récente; elle est indiquée partout comme constituant une longue et ancienne coutume, et deux documents du XIIe siècle, la coutume de Mons et la charte d'Amiens, exigent déjà la possession de six et sept ans. M. de Parieu, Giraud, Klimrath pensent que ce fut au treizième siècle que la prescription annale vit décliner ainsi son influence; deux causes amenèrent ce résultat : les croisades et l'établissement des communes, qui en entraînant dans de longs voyages un grand nombre de commerçants ou de pèlerins, multiplièrent les causes de suspension de prescription, et rendirent le court délai de l'an et jour ou inefficace ou injuste.

Jurisprudence et coutume tendirent donc désormais à lui substituer les délais de la prescription romaine de dix à trente ans, ou tout au moins à prolonger le délai d'un an. Ils y réussirent; mais la prescription annale était trop invétérée, trop entrée dans les mœurs et les habitudes de l'époque, pour disparaître entièrement. Elle ne fit que se transformer : au lieu de donner comme autrefois un droit définitif de propriété, la possession d'an et jour créa seulement une présomption de propriété, qui devait, d'après les idées romaines qui commençaient à se répandre, céder devant la preuve du droit ; mais jusqu'à ce moment, elle produisait provisoirement, les effets qu'elle produisait autrefois d'une manière irrévocable; c'est-à-dire un droit absolu au rétablissement ou maintien en jouissance. De plus, en matière féodale, elle continua à être l'équivalent de l'investiture du seigneur ; c'est la saisine proprement dite.

Dès ce moment le possessoire était distingué du pétitoire; les actions possessoires eurent enfin pour se développer, une base certaine et reconnue, et la condition d'annalité ou saisine, transformation de l'ancienne prescription absolue, nous apparaît dès le premier jour avec tous les caractères qu'elle offre encore aujourd'hui.

Malgré les difficultés qu'il y a à suivre au milieu du treizième siècle une évolution qui dut s'opérer d'une façon partielle et successive, nous croyons l'exactitude de notre système suffisamment démontrée par les deux considérations suivantes :

1° La concomitance étrange entre les époques de

disparition de la prescription d'an et jour, et d'apparition de la possession annale.

2° L'identité absolue, à cela près que l'une réglait le pétitoire, que l'autre règlera le possessoire, entre les deux saisines de propriété et de possession, noms sous lesquels on les retrouve encore longtemps après. Remarquons enfin que cette théorie explique de la manière la plus naturelle comment et pourquoi les interdits furent des actions réelles après que la possession d'an et jour fut exigée pour les intenter.

17. L'on a cependant prétendu souvent assigner à nos principes en matière d'actions possessoires, une origine bien plus ancienne. Nous ne parlerons pas du système de M. Laferrière, qui ose les rattacher au droit celtique, en se fondant sur une certaine similitude entre la très-ancienne coutume de Bretagne (1330) et les lois d'Howell le Bon (940); car il nous semble bien difficile d'admettre que la coutume celtique s'est perpétuée sans aucune altération par une tradition de dix et de treize siècles. Nous dirons seulement quelques mots du système qui fait dériver la condition d'annalité en matière possessoire des lois d'origine germanique. C'est du 47e, titre de loi salique (*lex amendata*) que l'on argumente; en voici le texte complet:

« De eo qui villam alienam adsalierit, vel si eam duodecim mensibus tenuerit.

§ 1. Si quis super alterum in villa migrare voluerit, et aliqui de his qui in villa consistunt eum suscipere noluerint, et vel unus ex ipsis exstiterit, qui contradicat, migrandi licentiam ibidem non habeat.

§ 2. Si vero contra interdictum unius vel duorum, in ipsa villa consistere præsumpserit, tunc interdictor testari illi debet cum testibus, ut infra decem noctes inde exeat; et si noluerit, iterum ad ipsum cum testibus veniat, et testetur illi ut infra alias decem noctes inde secedat. Quod si noluerit, iterum tertio placito, ut infra decem noctes exeat, denuntiet. Si vero triginta noctes impletæ fuerint, et nec tunc voluerit exire, statim tunc manniat ad mallum, et testes suos, qui ad ipsa placita fuerant, secum præstos habeat. Si autem ipse cui testatum est venire noluerit, et eum non aliqua sunnis detinuerit, et secundum legem supradictam testatus fuerit; tunc ipse qui ei testatus est super fortuna sua ponet, et grafionem roget, ut accedat ad locum, et ipsum inde expellat. Et si ibi aliquid elaboraverit, quia legem noluit audire, amittat, et insuper MCC denariis, id est solidis XXX culpabilis judicetur.

§ 3. Si vero quis alium in villam alienam migrare rogaverit, antequam conventum fuerit, MDCCC denariis, qui faciunt solidos XLV, culpabilis judicetur.

§ 4. Si autem quis migraverit in villam alienam, et ei aliquid infra duodecim menses, secundum legem contestatum securus ibidem consistat, sicut et alii vicini. »

La plupart des auteurs ont pensé qu'il s'agit dans ce titre, d'un étranger venant s'établir sur la propriété d'autrui ; dès lors, la procédure exposée dans le § 2, est pour eux celle d'une action possessoire protégeant le propriétaire contre le tiers acquéreur; et le § 4, est la sourse de notre possession annale, le premier monument législatif qui l'exige pour intenter l'interdit.

Pierre Pithou avait le premier exprimé cette opinion dans ses notes sur la loi salique; le sujet de notre titre, c'est, dit-il; « la complainte en cas de saisine et nouvelleté dans l'an..... Et il s'étonne fort de voir tant d'auteurs se tromper en écrivant que le saint roi Louis, ou Simon de Bucy ont introduit un droit inconnu avant eux. Presque tous les anciens jurisconsultes adoptèrent cette opinion sans contrôle.

Henrion de Pansey *(Comp. des j. de paix*, ch. 33) la reproduisait en ces termes au commencement de ce siècle-ci. » L'opinion générale que la complainte possessoire vient des Romains est fausse..... On trouve dans la loi salique un titre entier qui règle les délais, la forme et les effets de la complainte..... C'est le quarante-septième. » Plusieurs auteurs admettent encore cette origine que le savant magistrat réclamait comme un honneur national.

Loin de donner à ce titre une pareille portée, nous pensons, au contraire, qu'il n'y est nullement question de possession proprement dite; dans notre opinion ce texte a pour objet de protéger, non la propriété privée, mais les biens communaux de la villa, contre une acquisition, non de la saisine possessoire, mais d'une sorte de droit ci[illegible] ésultant de la vie commune. En voici le sens exact :

§ 1. Un étranger ne peut, contre la volonté d'un des habitants, se fixer dans une ville.

§ 2. Procédure et pénalité contre celui qui contrevient au précédent paragraphe.

§ 3. Amende de 1,500 deniers contre qui fait venir un étranger, avant de s'être assuré qu'il n'y aurait pas d'opposition de la part de ses concitoyens.

§ 4. Le séjour d'un an, sans protestation, confère au nouveau venu le droit d'incolat dans la villa, le titre de vicinus, et avec ce titre, sa part dans les communaux, sa place au mall et la protection du grafion.

L'on n'a invoqué en faveur du système, si différent du nôtre, d'Henrion de Pansey, que trois arguments : la similitude qui existe entre la rubrique du titre 47 et le § 1 du titre 16. *Si quis villam alienam adsalierit;* puis le sens restreint du mot villa, qui semble indiquer un fonds étranger, sens confirmé par les mots *super alterum*, sur le terrain d'autrui.

Il n'est point difficile d'y répondre; la rubrique de notre titre ne peut fournir aucun argument antérieurement à Charlemagne, car elle ne date que de la *lex emendata*. Le capitulaire de Worms, *de interpretatione legis salicæ, de cap.* 47, nous montre dans quel intérêt elle fut substituée à l'ancienne rubrique bien plus exacte *de Migrantibus*, qui était, elle, complétement favorable à notre système. Quant aux expressions *villam et super alterum*, Du Cange, v° *Villa*, cite dans son glossaire de nombreux exemples de ce mot pris dans le sens de village, commune, arrondissement de territoire; quelques-uns sont tirés de la loi salique elle-même, et prouvent que tel était le sens fréquent de ce mot, bien qu'il ne fût pas le seul. Eccard (*Commentaire sur Herold*) et M. Pardessus traduisent l'expression *super alterum*, par celle-ci : *contra voluntatem alterius, nolente alio.* M. de Parieu la traduit par ces mots : chez un autre, ce qui concorde parfaitement avec le § 3, où l'on suppose qu'un habitant est puni pour avoir fait venir l'étranger.

Aucun passage n'exige donc qu'on l'interprète dans le sens d'une question privée; nous disons qu'il en est plusieurs qui exigent positivement que l'on adopte notre opinion. Comment, en effet, ceux qui voient dans ce texte une loi protectrice de la possession individuelle dans un intérêt particulier, expliqueront-ils ces expressions : *Aliqui de his qui in villa consistunt, sicut et alii vicini; antequam conventum est*, qui impliquent une agglomération d'hommes, une assemblée du peuple, des guerriers groupés autour de leur chef dans une même résidence? Comment expliqueront-ils, s'il n'y a en jeu qu'un intérêt privé, que l'adhésion de tous les habitants soit requise, que la volonté d'un seul, quel qu'il soit, puisse faire obstacle au consentement de tous les autres? Que serait enfin cette complainte ouverte à tous, et pourquoi l'étranger qui inviterait un étranger à venir voler le fonds d'autrui, ne serait-il puni que si un habitant réclame dans l'année?

Toutes ces difficultés et ces anomalies disparaissent dans notre hypothèse. Un Franc est venu dans une villa autre que la sienne s'établir sur un terrain libre ou offert par son propriétaire ; l'année écoulée doit le rendre le concitoyen de ceux au milieu desquels il s'est fixé, lui donner droit à une part de jouissance dans les communaux, rejeter sur la centena la responsabilité de ses crimes. Dès lors c'est un droit pour tout habitant de pouvoir, si sa part de communaux lui est à peine suffisante, si le caractère du nouveau venu lui semble suspect, se refuser à une association qu'il croit préjudiciable ou dangereuse.

Le sens que nous avons proposé est donc le seul conforme à la raison, au sens vrai des mots, comme aux mœurs des Francs ; son exactitude me semble complétement démontrée, et nous pouvons en conclure que la condition d'annalité de la possession ne vient point de cette législation germanique, muette sur le sujet, sauf lorsqu'elle reproduit sur un point les idées romaines. (V. 161, cap., VI, liv. Coll. Bened. Lév.)

18. Avant de terminer ce chapitre, examinons un dernier principe : les compossessiones avaient été finalement considérées comme impossibles, malgré l'opposition des Sabiniens ; que faut-il décider en droit français ?

Le Code est muet sur cette matière, comme sur tant d'autres qui touchent à la possession : il est donc censé s'en référer aux principes de l'ancien droit. Or Pothier, avec l'unanimité des auteurs, appliquait les règles du droit romain (*Posses.*, n° 4).

La nature des choses indique d'ailleurs assez qu'un même objet ne peut être en même temps possédé par deux individus, tout comme en matière de propriété une même chose ne peut être à la fois la propriété de plusieurs pour le total. S'il pouvait en être autrement, il arriverait que plusieurs personnes auraient le droit d'exercer les mêmes actions possessoires l'une contre l'autre ou contre les tiers, pour la possession du même objet. Il va de soi qu'aussi longtemps que quelqu'un possède, aucun autre ne peut posséder; que la possession est perdue pour l'un dès que l'autre l'acquiert.

L'on présente parfois bien à tort, comme des exceptions à ce principe, les cas d'indivision ou de possessions de droits. Elles ne sont qu'apparentes; dans ces deux cas, la possession s'étend sur des parties idéales de la propriété, ou sur divers de ses éléments séparés : elle ne s'exerce donc pas sur la même chose *in solidum*.

Ces idées, généralement adoptées, sont cependant combattues par M. Belime. D'après cet auteur, il y aurait *compossessio* et le juge devrait déclarer que les deux parties sont dans une situation égale, insoluble au possessoire, lorsque les deux parties prouvent également leur possession. L'hypothèse nous semble malheureuse, et impossible en pratique; comment admettre que deux personnes viennent établir une possession de la totalité du bien également récente, continue, apparente, etc., sans que le juge trouve un motif quelconque de décider en faveur de l'une ou l'autre ; mais même en admettant cette donnée, nous en conclurions et croyons que le juge devrait en conclure, que ces deux possessions également prouvées ne pouvaient s'exercer *in solidum;* qu'en conséquence, les deux parties sont en possession, mais en possession indivise et commune.

Cette solution aurait pu être attaquée autrefois parce que l'on a longtemps prétendu que la possession devait être privative, exclusive, sous peine d'être entièrement rejetée. Mais cette opinion n'a pas prévalu. On reconnaît généralement aujourd'hui, tant dans la doctrine (Merlin, Dalloz, Troplong) que dans la jurisprudence (arrêt de cass., 11 août 1859, 26 août 1856, 11 juillet 1856, 25 mars 1851 : V. Dalloz), que la possession peut être *promiscue*, c'est-à-dire indivise et commune entre les parties; que chacun de ces communistes a le droit d'intenter l'action possessoire pour sa part intellectuelle; que, entre eux, la possession commune ne vient à cesser pour faire place à une possession privée et exclusive que lorsqu'il surgit un titre d'interversion changeant le titre et la qualité de la possession, un acte aggressif emportant contradiction avec le droit des autres, en un mot, une interversion de titre.

CHAPITRE II

DES QUALITÉS ET VICES DE LA POSSESSION

19. Pour que la possession puisse produire ses deux effets principaux, la prescription et le droit aux actions possessoires, la loi exige qu'elle présente certains caractères, et soit exempte de certains vices. C'est dans l'art. 2229 au Code civil qu'elle énumère les qualités nécessaires à l'effet de prescrire, et dans l'art. 23 du Code de procédure pour le second cas. Les deux articles sont loin d'être identiques dans leurs termes; le second n'exige que deux conditions : posséder paisiblement et à titre non précaire; le premier au contraire en exige six, les deux mêmes et de plus, la publicité, la continuité, la non-interruption et enfin un titre non équivoque de possession. Il semble donc que le Code est moins sévère lorsqu'il s'agit de permettre d'intenter la complainte, que lorsqu'il s'agit d'accorder la prescription; nous pensons néanmoins, avec la presque unanimité des auteurs, que la possession doit réunir les mêmes qualités dans les deux cas, et que l'art. 23 doit être complété par l'article 2229.

20. M. Serrigny, dans son *Traité de l'organisation de la Compétence et de la Procédure* en matière administrative, a seul soutenu ouvertement la doctrine contraire (n° 695). S'appuyant sur cette pro-

position que la non-prescriptibilité d'une chose ne s'oppose point d'une manière absolue à ce qu'elle soit l'objet d'une action possessoire, il en conclut que les conditions de la possession à l'effet de prescrire ne sont pas applicables à celle de l'art. 23; que ce dernier restant isolé, les conditions dont il parle sont seules exigées, et qu'ainsi la possession à l'effet d'intenter les actions possessoires est infiniment moins sévère que celle exposée au titre de la prescription. Ainsi, ajoute-t-il, la continuité et la non-interruption ne sont pas exigées et c'est avec raison que la Cour de cassation, dans un arrêt du 2 mars et deux du 17 mai 1820 a décidé que l'on était recevable à intenter la complainte pour trouble dans la jouissance d'une servitude discontinue.

Écartons les trois arrêts, dont aucun n'exprime l'idée que la continuité de possession n'est pas exigée; nous restons en face de deux propositions : la prescriptibilité n'est pas exigée d'une manière absolue; nous l'admettons parfaitement et pensons qu'on doit distinguer l'impossibilité de par la loi, et celle de par la nature de l'objet. Mais quant à la seconde, nous ne voyons pas quel rapport il y a entre elle et la première ; l'art. 2229 n'exige point cette prescriptibilité de la chose, il ne s'occupe que de la possession et déclare quels caractères elle doit présenter pour produire un effet légal; nous pensons que ces qualités sont exigées pour qu'elle puisse produire le second fait juridique qui en découle. Voici pourquoi :

21. L'art. 23 est si manifestement incomplet que M. Serrigny lui-même ajoute aux deux conditions qui s'y trouvent, celles de l'absence de violence et d'équivoque; il n'ose discuter que sur les qualités de continuité et non-interruption. Mais du moment où l'on reconnaît la nécessité de le compléter, on doit le faire au moyen d'un texte de loi, non pas au gré de son caprice; sans quoi chacun serait libre d'étendre ou limiter suivant ses besoins la série des conditions. Or, le seul texte de loi qui puisse suppléer à l'insuffisance de l'art. 23, c'est évidemment l'art. 2229 qui règle les conditions de la possession dans une situation presque analogue; car l'acquisition du droit aux actions possessoires est basée comme la prescription, sur une présomption de popriété.

Cette doctrine est celle de presque tous les livres et de la jurisprudence ; elle semble avoir été celle des législateurs, devant qui le tribun Faure déclarait que la possession devait avoir été depuis un an au moins continue, non interrompue, paisible, publique, non équivoque, et à titre de propriétaire, si l'on voulait exercer l'action possessoire.

En résumé, la possession doit présenter dans les deux hypothèses, des caractères identiques; il en résulte que, outre les six qualités susdites, elle doit encore, d'après l'art. 2232, n'être fondée ni sur des actes de tolérance, ni sur des actes de pure faculté.

§ 1er. *La possession doit être paisible.*

22. Pendant longtemps la possession paisible fut confondue avec la possession non interrompue; pour beaucoup d'auteurs, et notamment Pothier (*Prescript.*, n° 38) et Brodeau (sur l'art. 113 de Paris) le possesseur paisible est celui qui a joui franchement et sans inquiétation : or, l'inquiétation, interruption civile ou naturelle, consiste dans un trouble, une vexation, une interpellation, une demande judiciaire. Ce système est insoutenable en face de l'art. 2229, qui avant d'exiger que la possession soit paisible, veut qu'elle n'ait pas subi d'interruption; faire rentrer la possession paisible dans la possession non interrompue serait lui prêter un pléonasme qui n'existe assurément pas dans sa rédaction : il faut donc chercher à ce mot un autre sens.

23. Dans notre pensée, l'expression de possession paisible signifie deux choses : *a*) que la possession doit avoir été acquise autrement que par un acte de violence *nec vi*; — *b*) qu'elle doit être conservée dans un certain état de tranquillité, et ne pas être incessamment violentée.

La possession doit être exempte de violence au moment de son acquisition : l'art. 2233 exprime la même idée :

« Les actes de violence ne peuvent non plus

fonder une possession capable d'opérer la prescription, » ajoutons : et de permettre d'intenter la complainte.

24. En matière de violence, un seul point excepté, la règle du second paragraphe de l'art. 2233, l'on suit exactement les principes du droit romain.

Il y a violence, tant contre le possesseur que contre le propriétaire (L. 8, *de vi*), contre le possesseur direct, que contre celui qui détient en son nom (L. 1, § 22, *De vi*), par exemple, son fermier, ses enfants, ses ouvriers, etc...; elle peut être exercée directement et par le spoliateur lui-même, ou par son mandataire (152, *reg. jur.*), ou par un tiers à la violence duquel on s'associe en l'approuvant et la ratifiant (*ibid.*, § 2). Enfin, la violence ne consiste pas seulement dans des faits matériels, des blessures, des coups, des attroupements hostiles ; les menaces capables de faire impression sur un esprit raisonnable, suffisent à constituer la violence, lorsque ces moyens ont dépouillé le possesseur malgré lui, et sans aucun consentement de sa part (Cic., *pro Cæcina*). L'art. 2233 qui suppose à la violence une assez longue durée, prouve jusqu'à l'évidence qu'il s'agit d'une contrainte morale. Les séquestrations arbitraires, seule hypothèse admissible d'une contrainte physique d'une assez longue durée, sont trop rares à notre époque pour nécessiter un article spécial dans notre matière ; quant aux actes de violence qui dépouillent le possesseur en quelques instants, la disposition de notre article serait bien puérile si elle n'avait pour but que de déclarer la prescription suspendue jusqu'au parfait achèvement de l'usurpation; elle serait même complétement inutile, car, à ce moment seulement, la possession prend naissance par la réalisation du *corpus* qui exige la *possibilité physique* de jouir exclusivement de la chose. L'art. 2233 se place donc évidemment dans l'hypothèse d'une dépossession accomplie ou pour le moins continuée par suite de la pression morale exercée sur l'ancien possesseur; tant que ce dernier a un juste sujet de craindre la violence de celui qui l'a dépossédé, pour le cas où il demanderait à être réintégré, le délai d'un an qui doit la faire déchoir de ses actions possessoires, ou celui de trente ans qui doit lui faire perdre la propriété, ne court point contre lui.

La violence doit avoir eu pour effet de fonder directement et immédiatement la possession. Si j'avais fait consentir le possesseur à me faire abandon de la chose, quoique j'eusse employé la violence et les menaces pour extorquer de lui ce consentement, la possession acquise par ce consentement ne serait pas violente; la violence aurait porté sur le contrat translatif de propriété, qui serait rescindable; mais la possession aurait été acquise par l'abandon du maître : « qui coactus voluit, tamen voluit. » Pothier, Dunod, Troplong, Belime, Marcadé enseignent formellement à ce sujet les idées romaines.

25. Supposons que la violence soit le fait de Primus, et que celui-ci n'occupe point le fonds; Secundus trouvant vacant le fonds de Tertius, l'occupe

sans résistance; quelle sera la possession de Secundus? Tertius dira : J'ai perdu ma possession par suite d'un acte de violence; je puis donc me faire remettre dans ma situation antérieure, et c'est pour moi un droit absolu, *contra omnes :* « encore qu'elle ait été exercée par un tiers autre que celui au profit duquel la convention a été faite » (C. c., 1111). Nous pensons cependant que Secundus aura une possession non vicieuse. L'art. 1111 ne peut pas être étendu à notre espèce; il édicte une nullité basée sur une cause étrangère à notre sujet, la nullité d'un contrat qui n'a pu se former faute de l'un de ses éléments, le consentement de la partie violentée. Mais en cas de possession, il n'y a point de contrat : le rapport s'établit, non plus entre l'ancien et le nouveau possesseur, mais entre la chose possédée et l'occupant; or, il est bien évident que, dans l'espèce ci-dessus, la prise de possession a été opérée sans violence, car les actes de Primus ne peuvent être mis à la charge de Secundus; la possession de ce dernier sera donc paisible.

La conséquence de cette solution, conséquence sur laquelle nous reviendrons à la fin de ce chapitre, c'est que le vice de violence est relatif en droit français comme en droit romain; la possession doit avoir été acquise sans violence directe contre l'autre partie. Quant à celle exercée contre des tiers, si manifeste qu'elle soit, l'adversaire ne peut en exciper car elle est pour lui *res inter alios acta;* le Code civil sous-entend l'expression du préteur *nec vi ab adversario.*

26. Sur un seul point le droit français a des principes contraires à ceux du Digeste. A Rome, dès qu'une possession avait été, à son origine, entachée du vice de violence, aucun laps de temps ne pouvait l'en purger; la chose eût-elle changé de mains plusieurs fois, nulle bonne foi ne pouvait permettre de l'usucaper; son retour entre les mains du possesseur spolié avait seul le pouvoir de la faire rentrer dans le droit commun.

Pothier(*Poss.*, nos 33 et 34), faisait une distinction : le successeur à titre particulier commençait une possession nouvelle et efficace; les successeurs à titre universel restaient indéfiniment soumis à l'action en réintégrande, et ne pouvaient prescrire par aucun temps.

L'article 2233 consacre une dérogation complète à la doctrine romaine : son second paragraphe déclare qu'une possession utile commence lorsque la violence a cessé. Ainsi désormais l'on recherchera quelle est la possession actuelle, ce qu'elle fut dans l'année ou dans les trente années précédentes; mais l'on n'a plus à s'inquiéter de ce qu'elle fut dans son principe. La règle d'Ulpien : « non ratio obtinendæ possessionis, sed origo nanciscendæ exquirenda est, » a cessé d'être applicable. Il n'est point difficile de justifier la théorie des rédacteurs du Code; d'après eux, le dépossédé, du moment où la violence a cessé, n'a plus aucun motif pour retarder l'exercice d'une action qui lui rendra la possession qu'il s'est vu enlever : à dater du moment où il rentre dans les conditions de liberté qui sont la règle générale, il n'y a plus de motif pour lui conserver une position exceptionnellement favorable; car s'il se laisse déchoir de ses droits, ce sera désormais par son incurie et son inaction, non par suite d'une pression qui ne pèse plus sur lui.

La question de savoir quand la violence a cessé est une question de fait que les juges décideront d'après les circonstances ; un acte unique de violence, suivi d'une possession paisible, permettra incontestablement de déclarer après un an révolu, l'ancien possesseur déchu de son droit aux actions possessoires.

M. Delvincourt a seul nié le sens évident du second § de l'art. 2233; ne voulant point y voir l'abrogation de la règle qu'il faut considérer le principe de la possession pour déterminer son caractère, cet auteur (t. II, p. 628) cherche à lui donner un sens qui concilie les deux théories inconciliables et déclare que : « cet alinéa n'a eu d'autre motif que d'abroger le principe du droit romain, d'après lequel le vice de la violence ne pouvait être purgé que par le retour de la chose dans la main du propriétaire, tandis que dans le droit actuel, il suffit que le titre de la possession ait été interverti, soit par le propriétaire, soit par un tiers. » La rédaction si peu équivoque de notre article serait une réponse suffisante; la violence cesse lorsque toute contrainte physique et morale a disparu; mais, de plus, les expressions dont s'est servi l'orateur du gouvernement, M. Bigot-Préameneu, dans son Exposé des motifs, sont absolument inconciliables avec la théorie de M. Delvincourt; la possession utile commencera, dit-il (Fenet, v. 15, p. 582), si, *lorsqu'il cesse d'éprouver cette violence*, il laisse l'usurpateur posséder paisiblement.

27. Quelle solution donner en droit français à l'hypothèse de la loi 6, § 1, *De poss.?* Ulpien suppose qu'un tiers a occupé un immeuble en l'absence de son possesseur; au retour de ce dernier il l'a empêché par force de rentrer; *vi magis intelligitur possidere*, répond le droit romain.

Nous pensons qu'en droit français la réponse doit être différente. Le motif de décider en droit romain, c'est le principe : « *Animo solo retinetur possessio,* » motif qui n'existe plus et n'a plus de raison d'être sous notre législation, car cette fiction n'avait qu'une utilité, celle de permettre d'intenter l'interdit *unde vi*; or, maintenant l'ancien possesseur aura pendant un an la possibilité de se faire restituer le fonds qu'il a perdu sans violence, en prouvant que son adversaire ne possède pas depuis le temps voulu. La possession pourra donc être clandestine, mais ne sera jamais violente dans l'espèce ci-dessus, car elle n'a pas en réalité été fondée par la violence, et aucune fiction n'est ici nécessaire pour protéger le dépossédé; le principe de l'annalité suffit à cet effet.

28. B. La qualité de paisible exige, avons-nous dit, quelque chose de plus que celle de non violente : il faut, en outre, qu'elle ne soit point violentée.

Voici, par exemple, un exemple de possession non violente qui tomberait sous le coup, dans notre opinion, de l'art. 2339, parce qu'elle n'est point paisible.

Je rencontre un terrain qui me semble abandonné, et j'en prends possession sans violence aucune. Puis peu de temps après le propriétaire voulant reprendre possession de son bien, essaie de m'expulser par la force, mais ne peut y réussir. Plusieurs années s'écoulent au milieu de luttes incessantes, de tentatives répétées et flagrantes que la supériorité de ma force me permet seule de repousser; c'est à ce moment seulement que l'ancien possesseur se décide à me poursuivre, au possessoire, devant les tribunaux; j'oppose l'exception de temps, et le prétends déchu de son droit. Ma possession annale aura-t-elle les qualités requises pour me faire triompher? Nous supposons, bien entendu, qu'aucun des actes de contradiction n'a constitué une interruption naturelle.

Ma possession n'est point entachée de violence; l'acte qui l'a fondée est un acte tout pacifique; elle n'est donc point basée sur la violence comme l'exige l'art. 2233. Quant aux actes de violence postérieurs à l'occupation, ils avaient pour but de défendre ma possession et non d'attaquer celle d'autrui pour en fonder une à mon profit; or, la violence n'est point défendue pour protéger son droit acquis; le droit romain le reconnaissait lui-même. Ce n'est pas de ce chef que l'ancien possesseur pourrait faire échouer ma prétention.

Mais si ma possession n'est pas violente, il est incontestable aussi qu'elle n'est pas paisible. Ce serait fausser le sens des mots que de déclarer telle une possession constamment troublée, harcelée, mise en question par les continuelles attaques d'un rival; l'art. 2229 exige que la possession qualifiée soit paisible; il est clair comme le jour que ma possession dans l'hypothèse ci-dessus n'était pas paisible, et qu'elle n'avait pas pour elle la présomption qui naît du silence et de l'acquiescement tacite des parties.

Il y aura certainement, dans un grand nombre de cas, une question de fait très-délicate; un trouble passager, une voie de fait immédiatement repoussée ne constitue pas une possession vicieuse; aucun possesseur n'est à l'abri de ce danger : mais lorsque les troubles auront été manifestes, répétés et sérieux, ma possession manquera des qualités exigées, non comme violente, mais comme violentée; non par suite d'un acte de violence venant de moi; mais à cause des actes de violence réitérés contre moi et protestant contre mon occupation. L'expression paisible a donc un sens plus large que l'expression *nec vi*, qu'employait le préteur.

§ 2. *Publique.*

29. « La possession est publique quand aucun a joui au vu et au seu de touts ceux qui l'ont voulu voir et sçavoir. » Cet article de la coutume de Melun (170) est généralement cité comme représentant

la plus juste définition de la publicité. Il ne faudrait point, d'ailleurs, l'appliquer dans toute son énergie ; en réalité, ce qui importe, c'est que le principal intéressé, le dépossédé ait pu voir et savoir s'il l'a voulu ; la clandestinité, à l'égard des autres, pourra être une présomption d'ignorance, mais n'aura aucun effet, si la facilité de la connaissance du fait par l'adversaire peut être établie contre lui. Nous verrons en effet que le vice de clandestinité est resté personnel.

30. L'exemple de clandestinité que l'on donne généralement est celui de Pothier, Prescription 37; un propriétaire creuse une cave sous le terrain de son voisin, et la joint à la sienne : puis il vend sa maison telle qu'elle est et se comporte. Le nouvel acquéreur, malgré son juste titre, sa bonne foi ne peut prescrire par aucun laps de temps. (Cout. d'Orléans, 253 et cout. de Sedan, 294.) « Fouillements en terre, grattements et autres œuvres clandestinement faites par l'un des voisins au-dessus de l'autre, n'attribue par quelque laps de temps, aucun droit de possession à celui qui aura fait lesdites entreprises. » Il faut remarquer cependant que ces travaux ne sont pas clandestins par leur nature; qu'ils doivent avoir été « clandestinement faits », c'est-à-dire ne se trouver manifestés par aucun indice extérieur. Au contraire, si des portes, des soupiraux en manifestent extérieurement l'existence, nul ne pourra parler de clandestinité ; ainsi la même cave, placée sous deux fonds voisins, et qui, dépourvue de tout signe apparent

d'un côté, offrirait sur l'autre champ un indice très-visible, aurait à la fois une existence publique pour le propriétaire du terrain où elle est apparente, clandestine pour celui du fonds ou rien ne la révèle; le propriétaire de la cave prescrirait contre l'un et non contre l'autre.

C'est de même par une distinction que l'on doit résoudre cette question : y a-t-il possession clandestine dans le cas où Paul a un mur joignant la cour de son voisin Pierre, et où ce dernier y adosserait des constructions ou y percerait des trous pour appuyer des poutres. Si Paul n'a pas de jours ouvrants pour examiner ce qui se passe, au bas de son mur; si la cour, complétement fermée, ne permet pas de constater ce qui s'y passe, la possession de Pierre est vicieuse. Si, au contraire, Paul a pu et dû connaître l'attentat dirigé contre sa chose, s'il y a eu publicité suffisante, dans ce cas l'action possessoire sera déclarée recevable. La question se pose donc plutôt en fait qu'en droit; mais rappelons-le, elle consiste à savoir si le possesseur ancien a pu facilement connaître, et non pas s'il a connu réellement la possession nouvelle; le juge doit examiner si les choses étaient visibles, si le possesseur nouveau se dissimulait, et non pas si le propriétaire a vraisemblablement connu ce qu'on lui cachait.

31. Un genre tout différent de possession clandestine, consiste en actes manifestes, mais dont l'auteur seul est inconnu. Soit, par exemple, une série de récoltes opérées la nuit et sans que l'auteur soit connu

et se fasse connaître. Les actes sont visibles, le propriétaire ne peut les ignorer; cependant la possession sera viciée par ce soin que le possesseur prend de se cacher; si longue que soit cette jouissance, si considérables et si répétés que soient les actes de possession, elle sera toujours clandestine.

32. Une question plus controversée est celle de savoir la possession qui résulte d'anticipations graduelles commises en labourant est clandestine. Si l'anticipation a été considérable, les auteurs sont d'accord pour dire que la possession n'est pas, dans ce cas, dénuée de publicité, mais ils se divisent dans le cas où elle a été graduelle et presque insensible.

Un arrêt de cassation du 28 avril 1811 et un de Paris, 28 février 1821, conformes à la majorité des auteurs (Henrion de Pansey, Carré, Garnier, Vazalle, nº 46, Bioche, *Act. p.*, Pardessus, 126, Molitor, 183, etc...) se sont décidés pour la clandestinité de la possession en pareil cas. Nous pensons néanmoins que la doctrine contraire doit être adoptée; elle est soutenue par MM. Belime, Dalloz, Curasson et Troplong; voici les raisons par lesquelles ce dernier combat l'arrêt de la cour de Paris et l'espèce dans laquelle il fut rendu.

Devesvres ayant fait arpenter une de ses terres trouve une diminution de contenance considérable; il l'attribue aux empiétements successifs de ses voisins, dont le champ limitrophe s'est agrandi dans une proportion égale, et les poursuit; le tribunal de la Seine accorde une rectification des limites selon les titres et rejette la prescription qu'invoquent les défendeurs; ces derniers offraient pourtant de prouver une possession trentenaire des derniers sillons, mais il fut répondu : qu'il s'agissait d'usurpations graduelles presque toujours imperceptibles, et ne donnant lieu qu'à une possession clandestine qui ne peut jamais, si longue qu'elle soit, faire supposer de la part du propriétaire l'abandon de ses droits. La cour confirme les motifs des premiers juges; trois moyens avaient été plaidés par Devesvres pour soutenir le bien jugé : 1° la possession ne peut pas être prouvée continue; 2° on ne peut non plus établir qu'elle n'est pas équivoque; 3° la nature même de la possession qui prend naissance dans une usurpation imperceptible dans sa marche répugne à la publicité.

Cet arrêt pouvait être équitable, mais il est certainement contraire aux principes. Les deux possesseurs offraient de prouver leur possession trentenaire de toutes les parties de l'anticipation; or, tous les auteurs reconnaissent qu'une usurpation de près d'un quart de terrain, c'est la quantité de l'espèce, n'est point un fait capable de passer inaperçu si elle s'opère en une fois; qu'une telle possession n'est donc point entachée de clandestinité. Mais prouver que depuis trente ans je possède le tout, équivaut à ceci : prouver que j'ai pris possession, en une fois, car la possession antérieure peut avoir été impunément vicieuse; du moment où je prouve la durée trentenaire d'une possession non vicieuse, j'ai prescrit; si vicieuse que soit celle que j'ai pu avoir antérieurement, et quand même je l'aurais acquise sillon par sillon.

La distinction selon l'étendue des empiétements ne repose elle-même que sur une bien faible base : Dunod dit, il est vrai, que, s'il y a des bornes, et s'il s'agit d'un petit espace, on devra s'en rapporter aux bornes ; mais il a soin d'ajouter qu'en l'absence de l'une des deux conditions, la possession réglerait la situation des parties. Dans d'autres endroits, il enseigne que la prescription règle la situation des parties contre le titre, et cite un arrêt de la Cour de Dijon qui décide dans une action en délimitation, où « contempta fide terminorum, secundum usum veterem pro æquis partibus fines esse regundos, curia dijudicavit. » Quant au propriétaire qui prétend que sa surveillance a été mise en défaut, il lui répond : « Les personnes intéressées n'ont pas d'excuses en ce cas ; elles sont présumées avoir su ce qu'elles ont vraisemblablement pu savoir ; il faut s'informer de ce à quoi l'on a intérêt. Si on ne l'a pas su on a dû le savoir quand l'acte est public : « Nec enim perpetua cujusquam ignorantia ferenda est, quæ potest discuti, et magna negligentia culpa est. »

Tels sont les vrais principes, les seuls qui doivent régir la question. Que le terrain usurpé soit ou non considérable, la règle ne doit pas changer ; les faits d'usurpation ont-ils été publics ? voici la seule question qui se pose. L'anticipation peut être graduelle ; si le propriétaire pouvait la connaître, s'il est présumé par le seul fait de sa publicité avoir été connu, il est en faute de ne pas avoir agi : il perd avec le temps son droit aux actions possessoires et sa propriété ; nul texte de loi, nul motif raisonnable ne nous permet de le protéger en déclarant clandestine une jouissance publiquement usurpée.

33. Le vice de violence, loin d'être perpétuel, commence à se purger dès l'instant où elle a cessé ; cette innovation de l'art. 2233 doit-elle être étendue au cas d'une possession clandestine ? Nous pensons qu'il n'y a aucune raison pour créer une situation différente à ces deux vices qui étaient en droit romain soumis aux mêmes règles. Dans notre opinion l'art. 2233 exprime en se plaçant dans l'espèce la plus fréquente, l'abrogation de cette règle ancienne ; la possession est vicieuse ou non vicieuse d'après les caractères qu'elle présente à son origine, et à son origine seulement ; désormais sous l'empire du Code, l'on n'a plus à rechercher que la qualité de la possession pendant le temps utile, un an ou trente ans ; a-t-elle été publique et paisible pendant ce délai, peu importe qu'elle ait été clandestine ou violente l'année qui précéda ; car les conditions légales ont été remplies.

34. Étant admis que la possession devient utile le jour où cesse la clandestinité, doit-on admettre la réciproque ? Une possession publiquement acquise, peut-elle devenir impunément clandestine ?

Pothier et Dunod enseignaient l'affirmative ; mais ils ne faisaient en cela que suivre les doctrines romaines non encore abrogées.

Sous l'empire du Code, un seul argument pourrait se tirer de l'art. 2269 qui n'exige la bonne foi qu'au commencement de la possession; mais il est bien difficile d'assimiler la mauvaise foi à la clandestinité. La bonne foi n'est qu'une opinion personnelle au possesseur, une croyance à un droit, qui n'a rien que d'intérieur; la publicité, au contraire, est une condition essentiellement destinée à protéger les étrangers en les éclairant; elle n'est pas intérieure, mais au contraire extérieure; la première peut disparaître sans le moindre danger pour autrui; si la seconde ne dure que quelques instants, elle est dérisoire et ne peut avertir l'ancien possesseur du danger qui le menace; aussi les anciens commentateurs du droit coutumier enseignaient-ils, lorsqu'ils n'étaient point aveuglés par les lois romaines, que : « possession et prescription ne sont considérables, quand les actes ne sont ordinaires, continus et *bien apparens*, et si la science de celui qui y a intérêt n'y est » (Coquille, sur Nivernais, tit. 4, art. 15). Nous pensons, nous aussi, qu'une possession publique pendant quelques mois, clandestine pendant le reste de l'année, ne suffirait point pour donner droit aux actions possessoires.

Dans un seul cas, la possession devrait, croyons-nous, être jugée efficace. La clandestinité est un vice personnel; il en résulte que si l'usurpateur pouvait prouver 1° la connaissance du dépossédé pendant sa possession publique; 2° une connaissance certaine et non douteuse de la continuation d'une possession clandestine; ce possesseur aurait certainement prouvé que sa possession n'était pas clandestine *ab adversario*; elle serait donc efficace.

35. La possession des biens d'un absent était par elle-même clandestine d'après le droit romain; notre législation actuelle ne consacre aucune dérogation en leur faveur. La loi les considère comme en faute de s'être éloignés sans préposer un mandataire à leurs intérêts et les soumet aux règles communes.

§ 3. *A titre non précaire.*

36. L'art. 23 C. pr. veut que la possession soit à titre non précaire; l'art. 2229, qu'elle soit exercée à titre de propriétaire. Si l'on prenait la première expression dans le sens romain du mot, les conditions des deux articles seraient fort différentes; mais il n'est point difficile de montrer qu'elles sont identiques, que la même idée est exprimée sous deux formes différentes, et que la seconde expression explique et précise la portée de la première.

Nous avons eu l'occasion de montrer comment l'ancien précaire, institution semi-politique et sociale des Romains, avait presque disparu dès l'époque classique; il ne restait guère à ce moment, que comme subterfuge légal, en matière de gage ou de vente. Lors de la chute de l'empire romain, il reparut pour constituer les *patrocinia vicorum*, et plus tard pour permettre à l'Église de tirer parti de ses vastes domaines; mais dans cet état déjà, il diffère profondément de l'ancien précaire, révocable *ad nutum*. Le titre de *precariis* (t. XIV, lib. III) aux decrétales de Grégoire, distingue les *precaria* des *precariæ*; ces derniers, fréquemment employés pour les biens de l'Église (cap. III, *in fine*) ne sont pas révocables par la volonté des concédants; mais ils sont résolus et doivent être renouvelés de cinq ans en cinq ans (cap. I). Cette dernière décision est, remarquons-le, celle d'un concile français, du concile de Beauvais (Burch., l. 3, c. 169). C'est donc en réalité un bail s'il y a payement d'une redevance, un prêt à usage si la concession quinquennale est gratuite.

Pothier, lui aussi, distingue deux précaires (chapitre IV, art. 1, *Tr. du prêt à usage*) : le premier transfère la possession; par le second, on accorde seulement l'usage.

Cette dernière convention, dit-il, tient beaucoup du prêt à usage; mais elle n'est point un véritable commodat : la différence essentielle qui les distingue, c'est que la restitution peut, dans un cas, être exigée immédiatement; qu'elle ne peut l'être, dans l'autre hypothèse, qu'après un délai suffisant pour avoir tiré de la chose l'utilité qu'on se proposait. A part ce seul point, les deux contrats (le précaire est un contrat, d'après notre droit) se ressemblent, et le précariste n'est pas plus un possesseur que le commodataire. Ainsi, pour Pothier, celui qui reçoit à précaire ne possède point, et n'est qu'un détenteur dans les cas où il s'agit de la seconde espèce de précaire;

or, cela revient à dire, dans tous les cas. En effet, la première espèce de précaire, dont il semble promettre d'exposer plus tard les principes, est complétement négligée dans le reste de ses œuvres. La cause de ce silence est bien claire : ce précaire, translatif de possession, n'est autre chose que le précaire romain, dont il énumère les règles au § 88, et sur lequel il ajoute : ces principes ne sont plus reçus parmi nous; ajoutons ni la chose; car, depuis des siècles, les concessions de terre ne se faisaient plus sous forme de précaire, mais sous celle de censives, de bénéfices, ou plutôt encore de bail non gratuit.

Ainsi, du temps de Pothier, le précaire donnait une simple détention, et non la possession ; c'est aussi dans ce sens que l'employait l'art. 1er du titre XVIII de l'ordonnance de 1667, sur la réformation de la justice. « Si aucun est troublé en la possession et jouissance d'un héritage... qu'il possédait publiquement sans violence, à autre titre que de fermier ou possesseur précaire... » Possesseur précaire est ici le nom générique qui embrasse tous ceux qui se trouvent dans une situation analogue à celle du fermier, tous ceux qui sont simples détenteurs au nom d'autrui; or ceux-ci, nous le savons, sont « in possessione, non possident; qui alieno nomine possidet, non possidet; » ils ne sont que les représentants, les instruments de ceux qui ont l'*animus domini*, qui réunissent les deux éléments de la possession, en possédant à titre de propriétaire; nous voyons donc que, dans l'ordonnance de 1667, l'expression de possesseur à titre non précaire était l'équivalent de celle-ci : posséder à titre de propriétaire.

La conformité des deux articles (1, tit. XVIII, et 23, C. de pr.), dont l'un reproduit exactement la substance, sinon toujours les termes de l'autre, est fort importante; car elle prouve dans quel sens les rédacteurs du Code de procédure employaient le mot de précaire, en montrant à quelle source ils l'empruntèrent. Ce sens est d'ailleurs complétement prouvé par les articles 2236 et surtout 2239 : les fermiers et *autres* détenteurs précaires. Il est donc constant que la possession précaire, c'est sous l'empire de notre législation, toute possession qui profite à autrui, et reconnaît un autre possesseur; qu'on lui oppose celle qui est exercée en son nom, à titre de propriétaire, et qu'ainsi les expressions à titre non précaire, et à titre de propriétaire, sont absolument identiques.

37. Si nous nous sommes efforcé de bien établir la signification du mot non précaire, c'est que les conséquences de ce principe doivent être nombreuses et importantes.

Ainsi, en premier lieu, il devient évident que la précarité, entendue dans le sens français du mot, n'est plus un vice de la possession : elle en est une cause d'inexistence. Les rédacteurs du Code ont ici confondu un des éléments de la possession avec les qualités qu'elle peut recevoir ; et cela, parce que l'inexistence de cet élément, l'*animus domini*, était, dans l'ancien droit, désignée par le nom que recevait un vice de la possession romaine, *precario*.

Cette confusion pourrait être fort dangereuse : ainsi, la possession entachée d'un simple vice de précarité, ne le serait évidemment que par rapport au concédant. Le précariste possédait, possédait même à juste titre, *erga ceteros;* seulement il ne pouvait tourner contre son bienfaiteur les actions possessoires qu'il ne devait qu'à sa générosité; une exception de dol les faisait tomber, et un interdit *recuperandæ* permettait au concédant de recouvrer la possession injustement retenue. Si l'on transporte ces idées dans le droit actuel, on pourra soutenir, et on l'a fait, que le possesseur précaire, le fermier, par exemple, a les actions contre les tiers, le propriétaire étant seul excepté; que le vice de précarité ne peut être opposé que par le concédant, et ne peut l'être par un tiers intéressé.

Nous disons, au contraire, que ce vice est absolu; qu'il peut être invoqué par tout intéressé, et que la possession précaire ne peut jamais fonder une action possessoire. L'on argumente souvent de l'expression de l'édit *nec precario ab adversario* pour nier ces propositions; la solution était cependant la même en droit romain, si l'on traduit par le mot correspondant l'expression à titre non précaire. La non-précarité, c'est, avons-nous dit, l'*animus rem sibi habendi;* la précarité, l'absence de cette volonté. Or, en droit romain, la condition fondamentale, essentielle pour intenter une action possessoire, ou pour prescrire, c'était de posséder; mais il n'y avait point de possession sans *animus domini;* et tout le monde était autorisé à prouver que vous n'aviez que l'apparence d'un possesseur; que vous n'en remplissiez point les conditions, et n'en aviez pas acquis les droits; c'est ce qui a lieu en droit français.

Prenons un exemple : P. est propriétaire d'une source et d'un étang; A. possède un déversoir qui lui permet de prendre un certain volume d'eau pour irriguer ses prés. B. fait aussi une tranchée, en reconnaissant ne jouir de cette prise d'eau que par la tolérance de P. A. peut-il, après plus d'un an, se trouvant alors lésé dans la jouissance de sa servitude, intenter la complainte? B. pourrait-il écarter sa demande en opposant sa possession plus qu'annale et non précaire *ab adversario?* Évidemment, non; car de deux choses l'une : ou B. aura l'*animus domini*, et alors il pourra l'opposer aussi bien contre P. que contre A., ou il ne l'aura pas, et ne pourra pas plus prétendre contre A. que contre P. La volonté humaine est une; elle peut exister ou ne pas exister, mais ne peut pas être tous les deux à la fois; en un mot, une possession *suo nomine* est exclusive d'une possession *alieno nomine* et réciproquement.

38. C'est en étudiant l'acquisition de la possession que nous indiquerons quels sont les divers détenteurs précaires, et les modes de preuves en matière d'*animus;* nous allons seulement étudier ici les deux questions que se pose M. Belime (p. 13, *Tr. de la poss.*) ; le vendeur et le condamné sur une action possessoire qui conservent la possession, sont-ils détenteurs précaires?

A. Dans l'hypothèse d'un vendeur qui conserve la possession après l'aliénation de sa chose, il faut distinguer deux cas :

a) Il a été convenu que l'acquéreur, bien qu'immédiatement investi de la propriété, n'entrerait en jouissance qu'après tel délai. La réponse à la question dépend ici de l'intention des parties quant à la situation du vendeur relativement à son acquéreur; il y a donc question de fait, plutôt que de droit. L'on peut dire seulement que dans les cas douteux, un juge incertain doit prononcer en faveur de la possession non précaire. En effet, la clause de constitut possessoire ne se présume jamais; la clause de précaire est une tradition hors d'usage; il faut donc admettre que jusqu'à la tradition réelle, jusqu'à la prise de possession de l'acquéreur, l'ancien propriétaire est resté possesseur et seul maître des actions possessoires.

b) La tradition devait être faite de suite, mais l'acheteur ne l'a pas encore exigée, et le vendeur n'est pas encore en demeure. Ici, pensons-nous, la possession sera toujours exempte de précarité. En effet, ce n'est point dans la volonté des parties, que l'on peut aller chercher quelle est leur situation respective; elles avaient déclaré que la possession serait remise immédiatement et de fait; elles ne pouvaient donc songer à régler un état contraire à leur volonté manifeste. Il faut donc décider d'après les faits. Or voici d'un côté un acquéreur qui n'a jamais possédé en fait; donc point de *corpus*, et qui n'a vraisemblablement pas un *animus possidendi* que rien ne l'empêche de réaliser; de l'autre côté, un propriétaire continue en fait une possession qu'il n'a jamais perdue *corpore*, et qu'il n'a jamais, dans notre pensée, perdue *animo*. Nous n'hésitons pas à dire que ce dernier possède *pro suo*, *pro possessore*, d'une manière efficace, et qu'il peut intenter les actions possessoires.

Cette opinion est vivement discutée sous ce prétexte, que le vendeur n'a plus l'*animus domini* à partir du moment où le contrat a été consenti (Belime, 180) « à dater de ce jour le vendeur, s'il conservait encore la chose, ne la détenait plus qu'au nom de l'acheteur comme une sorte de détenteur précaire » (*id.*, p. 184). Cette dernière proposition nous semble erronée; le constitut possessoire ne se doit jamais présumer; telles sont les règles reconnues par tous; rien ne peut être plus contraire à ce principe que de déclarer tout vendeur détenteur au nom d'autrui par un contrat implicite. Mais n'est-ce pas aussi renverser la règle qui dit qu'en général, la possession n'est point transmise *solo consensu* comme la propriété; règle absolue d'après quelques auteurs. D'un autre côté il n'est pas juste de dire que le vendeur n'a plus l'*animus domini;* au moment où il consent à vendre sa chose, il s'engage à la délivrer, à en remettre la possession; il faut donc qu'il la conserve jusque-là. La renonciation du vendeur à l'*animus domini* n'est ni immédiate ni présente ; elle est conditionnelle, subordonnée à la vente et à terme, c'est-à-dire pour l'époque où la remise matérielle aura lieu.

Nous ne prétendons point, cependant, que le vendeur ait en ce cas la faculté d'intenter la complainte contre l'acquéreur qui voudrait se mettre en possession; un motif suffisant pour la lui refuser consiste dans l'absence de trouble, un acte autorisé par le possesseur ne pouvant pas en constituer.

B. Quelle est la situation du possesseur qui conserve sa possession malgré un jugement rendu contre lui au possessoire?

Ici encore l'on a prétendu que la possession ne pouvait plus exister qu'à l'état précaire, jusqu'à l'exécution de la condamnation ou sa prescription par trente ans. Nous pensons avec Belime, Bioche, v° *Act. p.*, n° 552, et Dall., n° 415, qu'un premier jugement est sans influence directe sur un second basé sur d'autres faits. Examinons successivement les diverses hypothèses où la possession peut être conservée malgré condamnation en justice.

a) Le possesseur intente la complainte; il continue à posséder quoiqu'ayant échoué :

1° Faute de possession annale.

Il est évident que s'il est troublé plus d'un an après, et s'il réunit alors les conditions légales, on ne pourra lui objecter son insuccès précédent.

2° Parce que sa possession était vicieuse, par exemple équivoque ou précaire.

Loin de croire que tous les actes postérieurs seront entachés du vice reconnu par le premier jugement, nous pensons que l'autorité de la chose jugée sur une première action possessoire est en ce cas sans influence sur le jugement d'une seconde action fondée sur des faits de trouble différents ; il n'y a entre les deux aucune relation. Troublé par A j'intente la complainte, et succombe parce qu'elle est jugée clandestine; l'année suivante je suis troublé par B, mais je puis prouver que ma possession réunit toutes les qualités requises; je triompherai certainement, puisque le jugement antérieur constate simplement que je ne réunissais point les conditions légales à une époque, où pour la nouvelle action, je n'avais nul besoin de les réunir. Bien plus, je pourrais dans certains cas agir contre mon précédent adversaire, et triompher dans une demande appuyée sur des faits de même nature, mais appréciés différemment par le juge; car mon échec de l'année précédente n'a pas impliqué de plein droit la reconnaissance de la possession de mon adversaire. Tel est le sens d'un arrêt de la Cour de cassation assez récent (18 décembre 1855).

b) Le possesseur est poursuivi et succombe en qualité de défendeur.

Curasson propose une distinction (*Comp. de j. de paix*):

Première hypothèse. — Le jugement a été suivi d'exécution et la possession restituée ; puis l'ancien défendeur a commencé une nouvelle possession.

M. Curasson déclare qu'elle ne sera point précaire, ce dont nous ne doutons pas; mais ce que nous ne comprenons pas, c'est comment un jugement exécuté pourrait venir agir sur la nature d'une possession nouvelle, indépendante, qui n'existait pas lorsqu'il avait terminé son rôle, et en vue de laquelle il n'était pas rendu.

Deuxième hypothèse. — Le défendeur qui a succombé au possessoire, continue la possession, malgré le jugement qui le condamne à restituer.

« Dans ce cas on conçoit que sa possession n'est que précaire ; tant que le jugement n'est pas prescrit, son adversaire peut le forcer à délaisser ; comment alors pourrait-il accuser de trouble celui qui ne fait qu'user de son droit en mettant à exécution le jugement qu'il a obtenu ? »

58 *bis.* Cette solution est juste, mais renferme une expression bien dangereuse ; la possession est précaire, dit-on, pour justifier la possibilité de reprendre la possession attribuée par le jugement : mais si l'on prenait ce mot dans son sens véritable, il en résulterait (V. § 37) que les tiers eux-mêmes pourraient invoquer le vice de précarité, et que la possession du condamné serait, fût-ce après 29 ans, inefficace.

La précarité en effet est un vice absolu, c'est l'absence d'*animus ;* chacun peut s'en prévaloir ; mais si, par exemple, A reconnu possesseur clandestin vis-à-vis de B est troublé par C, de quel droit C prétendra-t-il écarter la possession de A comme précaire à cause du jugement obtenu par B ? Cette étrange théorie se trouve bien dans les considérants d'un arrêt de cassation de juin 1809 : — Attendu que la jouissance que ce dernier a pu avoir depuis la signification du jugement, n'a pu être que précaire, que cette jouissance n'a pu lui acquérir aucun droit, etc... — Elle est, à bon droit, maintenant reconnue fausse; car non-seulement elle est inique, mais de plus elle est contraire aux principes. Sur quoi s'appuierait-on pour me prouver que je n'ai point l'*animus domini* après la condamnation ; je ne détiens certainement point en vertu du jugement qui a pour but de me l'enlever; ce n'est point un titre précaire, et d'ailleurs, c'est contre lui que je possède; ajoutons enfin que me refuser à l'exécution d'une sentence obtenue, ressemble fort à une affirmation de mon *animus domini ;* aussi, nous sommes convaincus que la durée d'un an avec les qualités voulues, rendra la possession conservée malgré le jugement, entièrement efficace contre les tiers.

En sera-t-il de même à l'encontre du demandeur qui a triomphé? Non; mais par un motif qui est relatif à leur situation réciproque. Le possesseur reconnu a pendant trente ans le droit de faire exécuter le jugement, et de recouvrer ainsi sa possession; s'il la reprend lui-même sans violence, il est bien évident que le condamné ne peut intenter la complainte, car il n'y a point de trouble, ni lorsque l'on exécute une sentence judiciaire, ni lorsque l'on fait ce que l'on a le droit de faire. Bien plus, nous verrons que le jugement est considéré comme juste titre et permet la jonction des possessions.

En résumé, la possession continuée après le jugement peut être parfaitement efficace à l'égard des tiers; si le possesseur ne peut dans cette hypothèse agir au possessoire contre le demandeur vainqueur, ce n'est pas que sa possession soit précaire, vice absolu ; c'est parce que la reprise de possession est licite, et que le trouble nécessaire pour fonder la complainte ne se rencontre pas.

(Arrêt de la Cour de cassation du 26 janvier 1869 conforme à notre doctrine.)

§ 4. *Continue.*

39. D'après l'art. 688 une servitude continue est celle dont l'usage est ou peut être continuée sans avoir besoin du fait actuel de l'homme ; elle est discontinue dans le cas inverse. Est-ce d'après ce même caractère que l'on jugera si une possession est ou non continue?

Telle était l'opinion que M. Demante exprimait à la p. 539, t. III, *de son programme de droit civil;* pour lui, la continuité de la possession est la qualité de celle qui *ne s'exerce pas par intervalle*, et l'imprescriptibilité des servitudes rurales a sa cause dans l'absence certaine de la continuité de la quasi-possession.

La doctrine de l'éminent professeur est maintenant généralement abandonnée ; elle aurait le tort de rendre insusceptible de toute possession qualifiée, non-seulement les servitudes rurales, mais les champs eux-mêmes, que l'on cultive par intervalles seulement, et pour la possession desquels le fait de l'homme est certainement indispensable. Quant aux servitudes discontinues, les auteurs sont maintenant unanimes à reconnaître que leur imprescriptibilité vient du caractère équivoque de leur possession; les actes par lesquels elles s'exercent étant de ceux qu'un voisin permet souvent par tolérance et bon voisinage, en y attachant peu d'importance ou même d'attention, on ne saurait pas si c'est à titre de tolérance ou au contraire *jure servitutis* que les actes ont été pratiqués par l'un et subis par l'autre (Marcadé). L'exposé des motifs du titre des servitudes (Fenet, t. II) en contient l'assurance formelle; si l'on propose l'innovation de l'art. 691, c'est que les actes dont il s'agit sont souvent fort équivoques, tellement que le voisin lui-même peut n'en pas avoir une suffisante connaissance.

40. Quel est donc le véritable caractère de la continuité?

La possession continue est celle qui se compose de tous les actes successifs de jouissance, que la nature de l'immeuble ou du droit que l'on possède peut naturellement comporter; si je touche régulièrement les loyers d'une maison, paye les impôts et contributions, ordonne les réparations nécessaires, j'aurai été en possession d'une manière continue; il en est autrement si après avoir touché un premier terme, je suis resté six mois sans reparaître, et sans accomplir aucun acte de maître. Il en sera de même pour un cultivateur qui aura labouré, semé, et non récolté, et dans mainte hypothèse analogue.

Lorsqu'il s'agit non plus d'actions possessoires,

mais de prescription, la question de savoir si la possession décennale ou trentenaire a été continue peut être des plus délicates. Supposons qu'au lieu de biens-fonds qui se couvrent d'une récolte annuelle, il s'agisse de bois; une possession qui comprendrait toutes les coupes réglées d'après l'aménagement, c'est-à-dire se reproduisant à 20 ou peut-être 25 ans d'intervalle pourrait constituer une possession parfaitement continue; il y aurait d'ailleurs à examiner dans toutes les hypothèses une série de questions de faits, d'actes accessoires fort significatifs lorsqu'il s'agit de juger une espèce particulière, mais sur lesquels il est impossible de donner des règles générales. Nous avons seulement voulu montrer que, loin de signifier qu'elle devait être continuelle et constituer un état de fait permanent, la possession continue pouvait se composer d'actes reproduits à des époques fort distantes; que pour apprécier sa qualité, il fallait examiner non si les actes d'usage étaient fréquents, mais s'ils représentaient la jouissance régulière et normale de la chose.

Y a-t-il du moins un délai maximum d'abstention entre les actes de jouissance? La possession est-elle, après un certain temps passé sans poser un seul acte attestant sa volonté, légalement discontinue? Les anciens auteurs étaient généralement de cette opinion, et fixaient un peu arbitrairement ce délai à dix ans; mais pour beaucoup d'entre eux ce délai ne rendait pas seulement la possession vicieuse, il la faisait perdre; telle nous paraît être l'opinion de Favre, cité par Troplong d'une manière qui prête à la confusion : « Ex illo decursu temporis præsumitur oblivio, et per oblivionem amittitur possessio quæ solo animo retinebatur. » (Conf. Domat et Dunod.) Aujourd'hui cette règle ne repose absolument sur rien ; la doctrine la repousse, ainsi que l'a fait la jurisprudence dans un fort intéressant arrêt de la Cour de Nancy, que rapporte M. Troplong, n° 338.

Ce jugement en date du 23 avril 1834 déclare continue la possession d'un chemin sur lequel on prouvait être passé, mais seulement à deux reprises différentes en trente ans ; la prescription est reconnue fondée parce qu'il résulte de l'enquête que les parties de la forêt desservies par ce chemin n'avaient été exploitées que deux fois ; le possesseur, en opérant chaque fois la vidange des coupes par ce chemin, avait tiré de son droit de passage tout l'usage possible, et avait eu par là une possession continue.

41. Plusieurs auteurs étudient ici la question de savoir si le fait d'avoir planté des arbres à une distance du fonds voisin moindre que celle exigée par l'art. 671 constitue une possession continue. La raison de douter, c'est que la possession n'est pas uniforme dans sa continuité ; que l'arbre dans sa jeunesse ne cause aucun préjudice au voisin ; qu'il ne devient une cause de dommage qu'après avoir pris un développement progressif, et avoir étendu ses branches au loin.

Lorsqu'il s'agit de l'arbre lui-même, tous les auteurs sont maintenant d'accord pour reconnaître la possibilité de prescrire par trente ans le droit de le conserver en deçà des deux mètres légaux. Le délai de la prescription, comme celui de la possession annale nécessaire pour agir au possessoire, commenceront à courir le jour de la plantation, si elle est apparente; sinon du jour où elle est devenue visible. A dater de ce jour le propriétaire est averti qu'on veut asservir son fonds, le soumettre à une servitude, qui peut n'être pas une cause immédiate de dommage, mais menaçante pour l'avenir, car l'accroissement de l'arbre est une condition de sa nature. C'est donc à lui de réclamer; s'il n'use pas des droits que la loi lui donne, c'est une faute ou un acquiescement; il devra en subir les conséquences.

Nous ferons observer, sans entrer dans la discussion de la question, que le droit acquis par la prescription ou garanti par la complainte, c'est celui de conserver les arbres existants, et non de les remplacer (Jurispr., Conf. derniers arrêts Cass., 22 décembre 1857 et 24 mai 1864). La défense de planter à l'extrême limite de mon champ n'est point une servitude proprement dite; c'est une réglementation générale du droit de propriété. En conséquence, si j'acquiers par trente ans de possession le droit de conserver mes arbres, je n'ai point acquis pour mon champ le retour au droit commun, je n'ai pas éteint par prescription le droit du voisin sur mon bien; c'est tout au contraire une servitude que j'ai acquise sur son fonds, par une dérogation au droit commun. Il en résulte que je n'ai pu prescrire que ce que j'ai possédé, le droit de conserver les arbres plantés; qu'en tous cas, un titre constitutif de servitude n'est point nécessaire pour faire revivre la servitude de ne pas planter, comme elle le serait si j'avais simplement prescrit la liberté de mon fonds.

Quant aux branches de ces arbres, le propriétaire peut-il opposer la prescription au pétitoire, la possession annale au possessoire, lorsque le voisin en demande l'élagage ou l'ébranchage?

Les auteurs se divisent; M. Vazeille pense que l'on a toujours le droit de faire couper les branches qui font saillie sur votre terre; que l'extension des branches est trop lente et trop successive pour constituer une possession continue. M. Marcadé, § 624, suit la même opinion, mais en se fondant sur le caractère équivoque de la possession; nous n'avons pas à examiner ici ce second point.

M. Henrion de Pansey et Troplong ont soutenu l'opinion contraire, avec raison, croyons-nous; car la différence que l'on veut faire entre les arbres et leurs branches ne nous semble nullement rationnelle, la possession étant identique dans les deux cas; ajoutons que dans les deux cas, le voisin possède également une action; qu'il a le droit de faire élaguer, et qu'il est en faute de ne point en user.

Nous pensons donc que la complainte sera toujours admise dans l'un et l'autre cas et que le possesseur de la servitude pourra exciper de sa possession annale. S'il s'agit de branches avançant sur le fonds voisin, il est évident qu'un trouble aura toujours eu lieu dans l'année, puisqu'il y aura évidemment eu une croissance de l'arbre ; mais la complainte n'atteignant pas de sa nature le trouble que le défendeur prouve remonter au delà d'une année, n'aurait qu'un résultat insignifiant, dans l'hypothèse de branches faisant saillie sur l'héritage depuis de longues années ; c'est pourquoi, il est généralement plus simple d'intenter directement l'action pétitoire en élagage qui elle aussi est de la compétence du juge de paix.

Toute difficulté d'appréciation de la pousse des branches disparaîtra s'il y a moins de trente ans de plantation ; on devrait alors les couper à la limite des héritages; sinon, jusqu'à l'endroit qu'elles couvrent depuis ce temps; telle est la solution qui seule nous semble juridique, bien qu'elle ne soit peut-être pas pratique.

42. Nous terminerons ce paragraphe par une remarque fort importante.

De même qu'il ne faut pas confondre la possession continue avec la possession continuelle, il faut bien se garder de croire que la possession non continue ne continue pas d'exister, qu'elle a cessé d'être pendant l'interruption des actes de jouissance. Nous examinerons au chapitre IV à quelles conditions la possession se conserve, se continue, et nous aurons à établir une théorie toute différente; ici, nous venons d'indiquer dans quel cas une possession est revêtue de la qualité de continuité, sans laquelle, il est vrai, elle ne peut produire ses deux effets principaux; mais elle n'en existe pas moins à l'état de possession véritable, de même que la possession vicieuse.

En un mot la continuité n'a d'importance que comme manifestation extérieure de l'*animus domini*, que par la publicité qui en résulte; elle n'est rien quant à son existence.

43. La continuité était exigée en droit romain, mais seulement en matière d'usucapion; elle n'était requise en aucun cas pour les actions possessoires.

Le principe de l'annalité de la possession la rend exigible en droit français pour les actions possessoires, mais réciproquement elle est inapplicable à la prescription des meubles.

§ 5. *Non interrompue.*

44. La possession est interrompue lorsqu'un fait émanant de la volonté humaine est venu briser son existence; la possession non interrompue est celle qui, à aucun instant, n'a cessé d'être; interrompue, elle se compose en réalité de deux possessions distinctes, n'ayant entre elles aucun lien. Ainsi l'article 2229, en exigeant que la possession soit non interrompue, exprime en réalité ce principe : on ne doit faire entrer en ligne de compte, lorsque l'on examine si la prescription annale ou trentenaire est acquise, que la durée de la possessions actuelle, non celle de toutes les possessions que la même personne aurait pu avoir sur le même objet.

La différence qui existe entre l'interruption et la suspension de prescription est donc très-grande. L'interruption brise et met à néant la prescription qui était en voie de s'accomplir au moment de l'acte interruptif; rien de l'ancienne possession n'existe plus et la seule chose désormais possible, c'est de recommencer une prescription nouvelle. La suspension au contraire est tout simplement un temps d'arrêt, pendant lequel on cesse de compter la possession comme possession utile; mais la partie précédemment acquise reste efficace, et la prescription n'a plus qu'à se compléter. Supposons par exemple une prescription trentenaire en voie de s'accomplir; interrompue la vingt-neuvième année, il faudra après la cessation de l'interruption recommencer à posséder pendant 30 ans; suspendue à la même date, il suffira pour la compléter d'une année de possession après que la cause de suspension aura cessé d'exister.

Au point de vue de la possession considérée en elle-même et non plus dans ses effets, la différence n'est pas moins grande; l'interruption est toujours une cause de perte de la possession; perte qui généralement a lieu en fait, qui toujours est légalement réputée accomplie. La suspension laisse subsister la possession, elle ne la vicie même pas et n'empêche nullement d'intenter les actions possessoires; elle ne porte point enfin directement sur la possession; mais sur la supputation du temps requis en matière de prescription. Il en résulte que lorsque la cause de suspension a disparu, c'est toujours la même possession qui se continue dans les mêmes conditions et avec les mêmes qualités; en cas d'interruption, c'est tout différent; on peut recommencer une possession nouvelle fort différente de la première, comme dans l'hypothèse de l'art. 2248; ou même dans le cas d'interruption naturelle (2243) : car la possession qui recommencera n'aura point au début le caractère qu'elle offrait lorsqu'elle était annale.

Mais il est un point par lequel l'interruption et la suspension se touchent, en apparence du moins. Parmi les actes interruptifs, les uns sont instantanés; la possession est presque aussitôt recommencée que perdue; la prescription antérieure est seule effacée. — Les autres, et c'est le cas le plus fréquent, se prolongent à l'instar de la suspension, et comme elle, empêchent la possession de produire pendant cette durée aucun effet juridique nouveau. L'interruption naturelle est dans ce cas (art. 2243); car elle ne peut exister que par une perte de possession effective d'une année; cette suspension de tout effet, absolue, puisque non-seulement la possession est perdue pour l'ancien maître, mais même elle appartient à l'interrupteur, peut se prolonger pendant un long temps; quant à l'interruption qui résulte d'une demande en justice, son effet moins étendu, au point de vue de la perte des actions possessoires par exemple, dure néanmoins depuis l'ajournement jusqu'au jugement; il ne faut point dire avec M. Mourlon que la prescription nouvelle commence le lendemain de la citation; elle est interrompue pendant toute la durée de l'instance.

La différence qui existe entre l'interruption et

la discontinuité, est bien plus importante qu'on ne l'admettait autrefois; M. Troplong semble les confondre (*Pr.*, 349), et le Code en réunissant ensemble ces deux expressions continue et non interrompue, semble lui donner raison ; mais en réalité elles se distinguent par les points suivants.

a) La continuité n'a trait qu'aux rapports du possesseur avec la chose ; le vice de discontinuité est toujours le fait de la volonté du possesseur. — L'interruption suppose toujours le fait d'un tiers venant interposer sa volonté entre le sujet et l'objet de la possession ; la non-interruption ne dépend donc point de la volonté du possesseur seul.

b) La discontinuité est un véritable vice de la possession, comme la violence ; ou la clandestinité dont elle se rapproche ; l'interruption, comme la précarité (absence d'*animus*) ne sont pas des vices de la possession ; mais elles l'empêchent d'exister, la mettent à néant : or *nihili nullæ sunt qualitates*.

c) Enfin la possession peut être discontinue sans être interrompue. Cette idée ne demande aucun développement ; j'ai possédé un bien durant les années 1865, 67, 69, 71, 73; ma possession est on ne peut plus discontinue puisqu'elle présente des intermittences aussi longues que fréquentes : néanmoins, si aucune prétention n'a été contre ma possession ; si mon champ déserté pendant cinq ans n'a été à aucune époque l'objet de la jouissance annale d'un tiers, ma possession n'aura pas été interrompue.

d) Peut-elle avoir été interrompue sans être discontinue? l'affirmative a été soutenue; voici l'espèce que l'on proposait. — Un bois est aménagé de telle sorte qu'il donne une coupe de trois ans en trois ans; en 1868 j'ai encore fait la coupe, puis un tiers est venu s'emparer de mon bois et en a joui pendant plus d'un an, mais je suis revenu pour recouvrer ma possession longtemps avant ma coupe triennale de 1871. Dans cette hypothèse, la possession avait été, disait-on, interrompue par l'usurpation plus qu'annale; néanmoins elle était continue puisque les actes de jouissance s'étaient succédé d'une façon normale et régulière.

Il nous est impossible d'admettre cette décision, bien que nous soyons les premiers à proclamer l'entière indépendance des faits constitutifs d'interruption avec l'état de discontinuité; voici pourquoi : la possession interrompue cesse d'exister ; il ne peut donc être question pour elle d'aucune qualité, pas plus d'une autre que de la continuité; comment dirait-on, dans l'hypothèse ci-dessus, que ma possession offrait un caractère de continuité, puisqu'elle n'existait pas, puisqu'un autre possédait à ma place ; *prius est esse quam esse tale*. M. Marcadé peint la situation très-exactement, en demandant si l'on hésiterait à répondre sur cette demande : une personne morte est-elle bien ou mal portante? nous répondrons aussi pour la possession, elle n'est ni bonne ni mauvaise, ni continue ni discontinue, elle n'existe plus.

45. « La prescription peut être interrompue ou naturellement ou civilement » (C. civ., 2242).

Nous nous bornerons à indiquer sommairement les différentes causes d'interruption civile ou naturelle : ce sujet est bien plus important au point de vue de la prescription que relativement aux actions possessoires; de plus un grand nombre d'explications devront revenir quand nous traiterons de la perte de la possession.

A. *Interruption naturelle.*

Il y a interruption naturelle dans trois cas : 1° un possesseur est privé pendant plus d'un an, de la jouissance de sa chose; 2° le maître d'une servitude en voie de se prescrire par non-usage se remet à l'exercer; 3° la chose possédée devient imprescriptible en elle-même et absolument.

46. L'art. 2243 n'indique que la première de ces causes d'interruption, qui est d'ailleurs de beaucoup la plus fréquente; cet article fort important pose de plus en principe que la dépossession doit avoir duré plus d'un an pour constituer une interruption. Si le précédent possesseur est réintégré dans l'année soit au moyen de l'action possessoire, soit par le délaissement volontaire de son adversaire, soit autrement, l'interruption n'est point censée s'être réalisée, bien qu'en réalité un autre ait possédé pendant plusieurs mois, et que vous ayez en fait perdu la possession pendant tout ce temps. Il y a là certainement un droit exceptionnel, dérogatoire aux principes. Aussi

M. Belime a-t-il fort habilement essayéderestreindre la portée de cet article.

D'après l'auteur du savant traité sur la possession, une distinction doit être faite entre les possessions annales et celles qui n'ont pas encore duré un an. Pour les premières, le fait de la dépossession, ne durât-il qu'un jour, constitue une interruption naturelle ; pour les secondes seulement, la dépossession annale est exigée.

Il est certain que cette distinction est fort rationnelle ; car l'idée qui fit prévaloir la nécessité de l'annalité de la possession n'est autre que celle d'Ulpien (L. 17, *De acq. poss.*) : Celui qui a une action pour recouvrer sa possession doit être considéré comme possédant encore. Or, si l'on suppose que le dépossédé était possesseur annal, ayant par conséquent droit aux actions possessoires, il pourra pendant un an se faire restituer judiciairement la chose qui lui fut enlevée ; on comprend donc fort bien que l'on ne considère à son égard que la dépossession suffisamment longue pour amener la déchéance de ses droits ; que l'absence momentanée d'une jouissance de fait passe inaperçue lorsqu'il la recouvre dans l'année ; puisqu'à aucun moment il n'a cessé d'avoir une puissance de droit. Si, au contraire, le dépossédé n'avait point les interdits, comment ne pas attribuer un effet aussi absolu qu'à l'usurpation annale du cas précédent, à cette dépossession qui le prive et de toute puissance, et de tout droit sur la chose, et de tout moyen de la conserver ou recouvrer ?

Malheureusement les textes ne nous permettent point de soutenir cette distinction qui devrait exister, mais n'existe pas dans nos lois.

L'art. 2243 est absolu dans ses termes et ne permet point de créer d'exceptions. Il y a interruption naturelle lorsque le possesseur est privé de sa chose pendant plus d'un an.

Le discours de l'orateur du gouvernement, M. Bigot de Préameneu, ne permet pas de supposer qu'il y eut dans l'esprit des rédacteurs de la loi quelques exceptions à la règle. « Il y a interruption naturelle, lorsque le fait même de la possession est interrompu. Si, quand il s'agit d'un fonds, cette interruption ne s'est point prolongée pendant un certain temps, on présume que c'est une simple erreur de la part de celui qui s'en est emparé. »

« On présume aussi que celui qui était en possession s'en est ressaisi ou a réclamé aussitôt qu'il a eu connaissance de l'occupation et qu'il n'a aucunement entendu la souffrir. »

. . . .

« Ainsi, nul ne peut être dépouillé du titre de possesseur que par la possession d'une autre personne pendant un an, et par la même raison, la possession qui n'a pas été d'un an, n'a pas cessé d'interrompre la prescription. »

L'on ne rencontre aucune expression sur laquelle on puisse fonder la restriction du principe quant aux possessions non annales. Il n'est point question de la qualité du possesseur.

47. L'interruption naturelle peut être le fait d'un tiers aussi bien que celle du propriétaire, ou ancien possesseur. La non-interruption de la possession est une qualité qui doit exister d'une façon absolue, et non relative; interrompue à l'égard des uns, elle est interrompue à l'égard de tous. D'Argentré (*Appr.*, C. 4, n° 2, p. 1165) fait très-bien ressortir la différence qui existe entre l'interruption civile et naturelle à cet égard; dans la plupart des cas, la première n'est que relative. La raison qui rend l'interruption efficace *erga omnes* dans l'interruption naturelle, c'est que la possession n'existe plus; elle ne peut être et ne pas être tout à la fois, suivant les personnes (*sup.*, § 38 *bis*).

Une position injuste et vicieuse suffit-elle pour interrompre une possession à l'effet de prescrire, lorsqu'elle s'est prolongée pendant un an? Nous pensons que oui, car exiger une possession légitime serait ajouter à l'art. 2229 et 2243 et exiger une condition que la loi ne requiert point.

L'interruption naturelle ne résulte que d'un acte de maître réellement posé par l'usurpateur, ou par le propriétaire; de simples entreprises, des tentatives avortées ne suffisent point à interrompre la possession : elles peuvent, il est vrai, si elles sont répétées et flagrantes, affecter la possession d'un autre vice; elle ne serait point paisible dans le second sens que nous avons donné à ce mot, c'est-à-dire non violentée (*sup.*, § 28).

La privation de jouissance causée par une force majeure, par exemple une inondation, ne constitue pas une interruption. D'Argentré et Dunod l'admettaient pour le cas où l'inondation avait duré plus d'un an ; la cour de Grenoble (Fenet, t. III, p. 599) proposa de consacrer cette opinion; les rédacteurs du Code rejetèrent cette doctrine, et avec raison ; car la possession se conserve *animo solo* tant que les tiers ne viennent point usurper votre possession, chose impossible dans l'hypothèse ci-dessus.

De même l'imprescriptibilité temporaire de l'objet n'interrompt point la possession (1561); il en est autrement lorsque la chose passe dans une classe d'objets imprescriptibles d'une manière absolue.

B. *Interruption civile.*

48. Il y a cinq causes d'interruption civile : 1° une demande en justice; 2° un commandement; 3° une saisie; 4° une citation en conciliation; 5° la reconnaissance du droit du propriétaire.

Les second, troisième et quatrième cas ne peuvent guère se présenter en matière de prescription acquisitive, ni surtout en matière d'actions possessoires : nous dirons donc seulement quelques mots — *a*) de la demande en justice, — *b*) de la reconnaissance du droit.

a) Toute demande en justice, qu'elle soit introduite par une citation, ou par un autre acte de procédure, est interruptive de prescription; tous les auteurs reconnaissent que l'art. 2244, doit être ainsi entendu. Mais l'interruption causée par une demande judiciaire n'est que conditionnelle; elle est subordonnée au succès de la demande : « Elle ne se produit que conditionnellement au cas où la demande est adjugée », dit l'Exposé des motifs. Il en résulte que la possession n'est pas interrompue malgré la citation si le demandeur se désiste de sa demande judiciaire (et non de son droit), s'il laisse périmer l'instance, si sa prétention est rejetée par un jugement définitif.

b) La reconnaissance faite par le possesseur du droit du propriétaire peut être expresse ou tacite; inutile de dire que, dans le cas de contestation sur l'existence de cette dernière, la preuve incombe au propriétaire.

En général l'interruption n'a d'effets que sur les droits acquis antérieurement, et permet à une seconde possession de commencer avec efficacité dès qu'elle a pris fin; mais dans l'hypothèse d'une reconnaissance du droit, la possession qui continuerait après sera généralement le résultat de la tolérance du propriétaire, ou d'une concession à titre précaire. Supposons par exemple un possesseur en voie d'usucaper un fonds ou une servitude; sur les menaces du propriétaire il reconnait son droit, mais demande à prendre à bail sa ferme, ou à continuer d'user de la servitude à titre de simple tolérance momentanée; dès ce moment non-seulement sa possession antérieure est anéantie, mais de plus la possession qu'il recommence ne lui permettra ni de prescrire ni d'intenter une action possessoire, car elle ne sera pas à titre de propriétaire, elle manquera de l'*animus domini.*

La reconnaissance du droit du propriétaire sera donc plus souvant une interversion de titre, qu'une véritable interruption.

§ 6. *Non équivoque.*

49. Que faut-il entendre par ces mots de l'art. 2229 *non équivoque?* Tous les auteurs qui font de l'équivoque un caractère nouveau de la possession, la dépeignent sous un jour différent, et tous les exemples qu'ils citent, rentrent dans l'une des conditions cidessus: publique, paisible, non précaire et continue. Leur embarras est tellement grand que l'un d'eux, M. Troplong, renonce à la définir (*P.*, § 359). La possession dit-il peut être équivoque en plus d'un sens. — Puis il cite deux exemples où elle discontinue, un autre où elle manque de *corpus*; enfin il présente comme type d'une possession équivoque celle du communiste qui jouit comme maître de la chose indivise, parce qu'on ne sait s'il jouit exclusivement pour lui, ou pour la société dont il fait partie. Mais il n'y a pas dans la possession d'un communiste envisagée en elle-même, l'ombre d'équivoque. Si les faits dénotent qu'il a joui pour la société, il aura exercé la possession *animo domini* quant à sa part indivise, *animo alieno nomine possidendi* quant à la part de ses coassociés ou cohéritiers.

En présence de ce désaccord général, nous avons acquis la conviction, que l'absence d'équivoque n'est point un caractère nouveau de la possession, mais un caractère de ses caractères ; ce qui vicierait la possession, c'est l'équivoque de la publicité, de la continuité, etc.; mais en elle-même, elle ne peut être équivoque, c'est-à-dire douteuse, car elle existe ou n'existe pas d'une manière absolue.

La cinquième condition de l'art. 2229 a donc pour but d'indiquer comment on doit prouver; elle n'ajoute rien à ce que l'on doit prouver. La possession est-elle manifestement annale, *nec vi, nec clam, nec precario*, et de plus continue, elle donnera droit aux actions possessoires, et l'on chercherait vainement une hypothèse où la demande du possesseur serait écartée pour cause d'équivoque. Mais supposons que l'une des qualités susdites ne soit pas bien établie, qu'elle ne repose que sur des actes d'un caractère douteux.

La possession devient inefficace non pas à cause de l'absence d'une des qualités exigées, mais à cause du doute qui règne sur son existence, à cause du caractère équivoque de telle ou telle qualité.

50. Il ne faut pas croire qu'il résulte de notre interprétation de cette condition que toute preuve incomplète en matière de possession doive être considérée comme non avenue : il faut au contraire distinguer, suivant que la preuve doit être fournie par le possesseur ou par son adversaire, ce qui se rencontre fréquemment; par exemple en matière de disconti-

nuité, de violence, de précaire, de clandestinité. Dans le premier cas, une preuve incomplète est non avenue, et ne permet pas au possesseur d'avoir gain de cause (preuve du point de départ de la possession — preuve du *corpus*); dans le second, au contraire, la preuve même incomplète, est parfaitement efficace; car elle permet au juge de condamner le possesseur pour cause d'équivoque, de le condamner pour violence ou discontinuité.

Ainsi toute espèce de doute dans l'esprit du juge se tourne contre le possesseur; peu importe qu'il doive faire une preuve et n'y ait réussi qu'imparfaitement, ou que son adversaire vienne l'attaquer lorsqu'il est protégé par une présomption de la loi. Cette situation exceptionnellement désavantageuse résulte pour lui de l'expression de l'art. 2229. M. Molitor est donc dans une profonde erreur lorsqu'il enseigne que l'expression *non équivoque* est une vaine redondance de mots sans effet légal; car ils consacrent une situation tout à fait anormale en matière de preuve, que rien autre ne justifierait.

51. Il résulte de cette notion de l'équivoque qu'elle peut se rencontrer à propos de tous les points qui doivent être prouvés. Ainsi :

a) Le possesseur ne peut établir d'une manière formelle, un point de départ de la possession antérieur à l'année; la possession sera équivoque quant à sa durée.

b) Le point de départ a pu être établi; mais l'adversaire a réussi à jeter un doute sérieux sur la présomption de continuité; le juge pourra décider que les intermittences alléguées sans constituer une discontinuité véritable, rendent du moins la possession fort équivoque quant à son caractère de continuité.

c) L'équivoque est encore possible en matière de clandestinité; soit que les actes qui constituent la possession ne soient point franchement publics, soit qu'il y ait eu des alternatives de publicité et de clandestinité.

Africain, dans la loi 40, § 2, *de poss.*, enseigne qu'une possession publique devient impunément clandestine. Nous n'avons pas admis cette décision sous l'empire du Code; mais en tous cas, si une telle possession n'était pas clandestine, elle serait du moins équivoque (Conf. Troplong, 357, Marc., 107).

d) La possession a-t-elle été paisible? c'est encore un sujet d'équivoque, puisque là, comme pour la publicité et la clandestinité, il y a place au plus ou moins, à ces degrés qui peuvent laisser dans le doute et l'incertitude; puisque l'état de choses prouvé peut tenir l'esprit à égale distance de la négation et de l'affirmation, et ne permettre ni de dire qu'elle a été absolument violente ou troublée, ni de dire absolument qu'elle a été paisible.

e) La possession peut être équivoque quant à l'*animus domini* de plusieurs manières : 1° on établit contre le possesseur de fortes présomptions de précarité; 2° le possesseur ne peut prouver qu'il ne possède pas à titre de tolérance; 3° *id.*, à titre de pure faculté. Arrêt de la Cour de cassation (9 décembre 1856) qui décide qu'il ne suffit pas que le demandeur prouve des actes plus anciens, plus nombreux et mieux caractérisés que ceux du possesseur actuel; que ce dernier doit être maintenu en sa possession, si l'on n'établit contre lui une possession réunissant tous les caraetères de l'art. 2229.

f) L'équivoque peut-elle trouver place relativement à l'interruption? Nous ne le pensons pas; il y a là un fait trop absolu et trop précis, qui existe complétement ou n'existe pas du tout. Dans l'intervalle il n'y a aucun degré, il n'y a place pour aucun état douteux et ambigu, pour aucune de ces situations fausses qui constituent l'équivoque.

C'est donc, croyons-nous, d'une manière absolue et d'après les règles ordinaires, que le demandeur devra prouver l'interruption.

§ 7. *Non fondée sur des actes de pure faculté ou de simple tolérance.*

52. L'art. 2232 semble ajouter aux six qualités exigées par l'art. 2229, une septième et dernière condition. Il faut que la possession ne soit fondée ni sur des actes de pure faculté, ni sur des actes de simple tolérance. Les termes sont formels; jamais une jouissance constituée par de tels actes ne sera une possession utile; nulle prescription, nulle action possessoire n'en sera le résultat, quelle que soit la durée du temps pendant lequel elle se prolongera.

La cause de cette impuissance absolue n'est point

nouvelle; il suffit de regarder en quoi consistent ces deux jouissances pour voir que l'*animus domini* n'existe ni dans l'une ni dans l'autre, et qu'elles ne sont à vrai dire que deux espèces de possession à titre précaire; l'art. 2232 n'ajoute donc rien au fond à l'expression à titre de propriétaire, et eût pu disparaître du Code sans laisser aucune lacune.

53. M. Belime s'est efforcé de justifier le Code de ce léger reproche de redondance, bien rare, d'ailleurs, en matière de possession; pour y arriver, il donne des actes de pure faculté la définition suivante. Ce sont, dit-il, n° 67, ceux que le droit commun autorise, et qui sont exercés en vertu de ce droit; les actes de faculté sont opposés aux actes de droit qui dérogent au droit commun, en créant une exception. Ce système tellement obscur que M. Léon Wodon déclare ne pas le comprendre, est une reproduction des définitions du droit et des facultés naturelles que donne M. Troplong au § 112 de son traité; mais ces actes émanés du droit commun de propriété, tel que la loi l'entend, n'offrent d'importance légale et n'ont besoin d'être examinés qu'au point de vue de la prescription extinctive, de leur perte par non-usage.

M. Troplong l'a fort bien compris; aussi étudie-t-il séparément les faits possessoires qu'on appelle de pure faculté, et qu'on pourrait invoquer pour acquérir la prescription; la définition qu'il en donne, fort différente de celle de M. Belime, a été depuis généralement adoptée.

« La possession de pure faculté est celle que nous exerçons non pas en vertu d'un droit qui nous soit propre, mais en vertu d'une destination naturelle de la chose qui appartient à tous ou à plusieurs (Dunod, p. 80). — Par exemple, je suis habitant d'une commune et j'ai la faculté de prendre de l'eau aux fontaines publiques, de profiter des affouages, etc. ; mais ce sont là des actes que je ne fais pas en vertu d'un droit qui me soit propre ; je les puise purement et simplement dans l'incolat. »

Il est bien évident qu'une possession individuelle ne peut exister dans ces circonstances; que ferait-elle acquérir à celui qui se livre à ces actes? le droit de se servir de la chose comme membre du corps communal? il existe, et les actes que nous supposons n'en sont que la manifestation. Le droit d'autrui? mais il est imprescriptible même par le non-usage. On peut rester cinquante ans sans user de l'eau d'une fontaine publique ; le droit est resté le même. D'ailleurs celui qui pose ces actes est-il vraiment possesseur? Non, car il n'a pas la volonté d'exclure tous les autres, de se substituer à la commune (Bigot, *Exp. des motifs*, Fenet, t. XV, p. 581).

Tout en adoptant cette opinion de M. Troplong, nous ne prétendons pas qu'elle soit à l'abri de toute critique : l'une des plus sérieuses, c'est la presque impossibilité de trouver des actes de pure faculté qui s'exercent sur des choses *in commercio*, qui ne soient pas du domaine public.

54. Les actes de tolérance et familiarité supposent

encore bien moins l'*animus domini*, puisque cette jouissance ne contient aucun droit de la part de celui qui l'exerce, et ne repose que sur le bon plaisir du voisin ; un droit quelconque existait du moins dans la jouissance de faculté, ou dans la jouissance précaire.

La possession de simple tolérance est d'après Dunod, celle qu'un propriétaire, à raison du peu de préjudice qu'elle lui cause, supporte par amitié, par familiarité, par esprit de complaisance et de bon voisinage ; mais qu'il peut toujours faire cesser à volonté. On voit que l'analogie est grande entre cette jouissance et le précaire romain; les deux points les plus importants sur lesquels diffèrent ces deux institutions, sont : 1° le précaire était une concession expresse, généralement du moins ; la jouissance de pure tolérance est le plus souvent tacite; 2° l'objet du précaire était généralement corporel : celui de la tolérance est ordinairement un droit, une servitude.

Peut-on, malgré l'art. 2220 qui défend de renoncer d'avance à une prescription non acquise, stipuler et reconnaître que telle possession sera de simple tolérance? Nous n'hésitons pas à répondre que oui. L'art. 2220 vise principalement la prescription extinctive, et protége les débiteurs par un motif d'ordre public, mais ici que rencontre-t-on? une reconnaissance de l'absence de l'*animus*, une constatation de la situation parfaitement légale où le possesseur se trouve, mais qui ne permet point à la possession de produire ses effets à cause de sa précarité. Or un tel vice dure éternellement s'il n'y a eu interversion de titre par contradiction.

Nous étudierons dans le chapitre suivant les principaux cas de possession à titre de tolérance.

CHAPITRE III

ACQUISITION ET PERTE DE LA POSSESSION

55. Après avoir déterminé dans les deux chapitres précédents la nature et les caractères de la possession juridique, nous devons rechercher comment on l'acquiert, la conserve et la perd.

Sur ce sujet, le Code civil est complétement muet. La jurisprudence elle-même fournit rarement des documents de quelque importance. Il faut donc recourir à l'ancienne législation coutumière; mais les auteurs les plus récents, Pothier, Dunod, Bourjon, ne font que reproduire plus ou moins fidèlement la théorie si complète des Romains.

C'est donc le droit romain qui doit nous guider et qui compose le fonds de notre législation sur cette matière. Nous ne reviendrons point sur ce sujet, que nous avons longuement développé dans la première partie de cette thèse; nous nous contenterons de donner quelques explications sur les dérogations que doit subir cette théorie dans le droit actuel, et sur quelques décisions inconciliables avec nos principes modernes.

D'ailleurs l'abandon de la règle *occasio nanciscendæ*

possessionis est exquirenda rend moins importante la question de savoir à quel moment précis la possession a pris naissance.

56. La possession s'acquiert, comme en droit romain, *animo et corpore.* Il est impossible, comme nous l'avons vu, de s'imaginer une possession juridique sans la réunion de ces deux éléments.

On peut l'acquérir directement et par soi-même, ou par l'intermédiaire d'une autre personne. La même distinction est non moins importante, lorsqu'il s'agit de perdre la possession que l'on exerce, ou celle qu'un autre détient en votre nom.

Nous allons successivement étudier ces diverses hypothèses, en suivant l'ordre suivant :

1° Acquisition par son propre fait;
2° Acquisition par la volonté;
3° Acquisition par le fait d'autrui;
4° Perte d'une possession exercée directement;
5° Perte d'une possession exercée par un tiers.

§ 1er. *Acquisition de la possession* corpore suo.

57. Le *corpus*, ou *factum*, est le rapport physique de la personne avec la chose, indiquant que nous avons la possibilité matérielle de disposer de la chose.

Quels sont les actes qui constituent le *corpus?*

Lorsqu'il s'agit non-seulement d'acquérir, mais de créer une possession nouvelle, une possession originaire, il ne peut y avoir de doute ni de difficultés; un fait matériel, occupation, expulsion, mort et prise du gibier, sera toujours exigé, non tant par la loi que par la force des choses.

Nous n'avons, sur ce point, qu'à renvoyer aux §§ 77-79 de la première partie.

58. Mais si nous supposons une possession transmise à un titre quelconque, par un précédent possesseur, elle pourra s'acquérir plus facilement et à des conditions moins sévères. Tous les auteurs sont unanimes à approuver cette observation générale de M. Troplong, n° 251 (nous avons vu qu'elle était déjà vraie, même en droit romain); mais ils se partagent sur les conséquences du principe. Les uns vont jusqu'à prétendre que le seul fait du consentement transfère la possession; les autres croient que la présence réelle est exigée comme en droit romain. La question est des plus délicates.

Un premier système, disons-nous, prétend que le titre translatif de propriété, sans réserve de possession, suffit à faire acquérir immédiatement cette dernière à l'acquéreur de la propriété (Belime, Dalloz); que la possession peut se transmettre *solo consensu* sans aucune tradition.

Nous pensons, avec la majorité des auteurs, que c'est une des plus graves erreurs qui aient été commises.

La conséquence de ce système serait, bien qu'on l'ait présenté comme conforme aux principes, de ruiner de fond en comble la notion que nous avons donnée de la possession ; ainsi—*a*) la possession serait un droit même avant d'être annale! puisqu'elle se transmettrait comme un droit ; —*b*) la théorie de l'accession en matière de possession serait une superfluité et une bizarrerie inexplicable ; —*c*) la possession pourrait s'acquérir sans la réunion des deux éléments, car l'on ne peut sincèrement voir un *factum*, une appréhension, dans le *fait de l'accord des volontés* ; —*d*) la possession ne serait plus l'exercice du droit de propriété ; car bien certainement il ne consiste pas dans le fait de conserver un titre dans son bureau ; —*e*) enfin la présomption de propriété qu'elle engendre ne serait plus basée sur un fait visible, public, facile à constater, ce qui est la base des effets de la possession.

Or, pour arriver à ces résultats qui prouvent à eux seuls combien il serait funeste et combien il est faux, sur quoi s'appuie ce système? Uniquement sur quelques expressions ambiguës des travaux préparatoires, et de l'art. 938.

Lorsque les rédacteurs du Code proposèrent de décider que les contrats pourraient être translatifs de propriété, il s'efforcèrent de justifier leur innovation si importante, et de la faire accepter en l'amoindrissant; c'est ainsi que, dans la plupart des discussions, ils présentent l'acquisition de la propriété comme le résultat d'une sorte de tradition fictive ; rarement ils la présentent comme découlant directement de la volonté humaine : ils disent simplement que *l'obligation est parfaite sans tradition réelle*, que la donation est parfaite par le seul consentement, et que la propriété sera transférée sans qu'il soit *besoin d'autre tradition.* Mais il ne faut pas s'y tromper : toutes les fois qu'il est dit que la tradition réelle, qu'une tradition nouvelle n'est pas exigée, c'est uniquement au point de vue de la propriété qui peut désormais être acquise *solo consensu*; toutes les fois qu'il est question d'une tradition feinte, fictive, concomittante à l'acte, c'est pour le transfert de la propriété, pour lui seul : cette fiction, abandonnée depuis, était due à ceci, que personne alors ne comprenait une acquisition de propriété sans tradition; pour ne pas heurter de front ces traditions invétérées, Portalis disait (F., t. XIII, p. 113) : « Il s'opère par le contrat une sorte de tradition civile qui consomme le transport des droits... » Quant à la question de possession, elle n'est tranchée, elle n'est même visée par aucun de ces articles, car personne ne songeait à innover par rapport à elle.

La possession ne se transfère donc pas avec la propriété, par le seul effet du contrat; elle s'acquiert par la tradition réelle qui le suit. Cela résulte du discours de Portalis qui n'attribue à la tradition feinte aucun effet quant au fait, et la restreint aux droits; cela résulte surtout, et l'argument est ici irréfutable, de l'art. 1603. Le vendeur est obligé de délivrer la chose, c'est-à-dire de remettre à l'acheteur la possession de l'objet vendu, délivrance qui s'opère par la tradition. « Ce n'est pas dit M. Troplong, que la tradition soit nécessaire pour transporter la propriété, car ce transport s'opère par la seule énergie du consentement. Mais la propriété ne serait qu'un droit abstrait et stérile sans la possession, et c'est précisément pour déplacer la possession, que la tradition est nécessaire. C'est par elle que l'acquéreur, déjà propriétaire de droit, devient propriétaire de fait, etc...»

A quoi donc servirait la délivrance si le contrat avait rendu l'acquéreur, et propriétaire et possesseur?

59. Une appréhension est donc nécessaire, mais nous pensons que, pour apprécier les actes qui la constituent, il faut être un peu moins sévère qu'en droit romain.

Ce dernier, selon nous du moins, reconnaissait comme tradition réelle et effective, tout acte par lequel on constatait sa possibilité d'agir; mais cette preuve de la *vacuitas* du fonds exigeait toujours la *præsentia rei*.

Dans le droit moderne, la translation de la possession a lieu aussi sans contact matériel et dès que l'on se trouve dans des conditions à pouvoir disposer librement de la chose, elle peut même, c'est là ce qu'il y a de nouveau, s'opérer hors de la présence de la chose, par la remise des clefs d'une maison située en un autre endroit.

Ce système est vivement critiqué par M. L. Wodon qui veut que l'on s'en tienne aux principes romains. «Il n'y a, dit-il, ni dans la remise des clefs, ni dans la remise des titres de propriété une assurance pour l'acquéreur de la libre disposition matérielle de la chose. A quoi serviront ces clefs et ces titres s'ils ont été remis à une grande distance de l'objet, et si, lorsque l'on veut en approcher, on le trouve au pouvoir d'un tiers, peut-être du consentement du *tradens?* » — Un arrêt du 12 fructidor an X (Cassation) répond à cette dernière question ; d'après lui, en cas de conflit entre deux acquéreurs successifs dont le premier a reçu délivrance avant le second, mais dont celui-ci a pris possession réelle avant l'autre, c'est le premier qui doit triompher ; il peut donc être fort avantageux d'avoir reçu les titres et clefs de la maison, puisque cela suffit pour faire expulser un possesseur réel.

D'autres considérations viennent combattre ce système et confirmer l'opinion que nous avons exprimée que le *conspectus rei* n'est plus nécessaire.

a) Sous l'ancienne jurisprudence, cette question était controversée. Pothier se contredit dans deux passages qui expriment les deux opinions contraires (*Ven.*, 315, et *Pos.*, 43). Tiraqueau et Brumeman défendent contre Dumoulin la validité de la tradition faite en l'absence de la chose.

b) Le Code ne mentionne aucune condition de ce genre, la présence n'est exigée nulle part, et l'article 1605, semble indiquer come modes de délivrance tous les actes qui vous investissent de la faculté d'user de la chose à votre bon plaisir.

c) Le résultat qu'amènerait la nécessité de la vue de l'objet, répugnerait dans certains cas à l'esprit du Code qui repousse les traditions matérialistes et empiriques de l'ancienne école. Ainsi l'on ne pourrait comprendre de notre temps que de deux maisons vendues; dont on m'a remis les clefs et les titres, je possède la première parce qu'elle est en vue du lieu où se fait la tradition; je ne possède pas la seconde parce qu'elle n'est pas en vue, quoique peut-être plus rapprochée.

En résumé le *factum* peut se définir en droit français: la démonstration de la possibilité d'agir sur la chose possédée. En cas de transmission de possession cette possibilité est suffisamment démontrée par la remise opérée par l'ancien possesseur au possesseur nouveau de tous les moyens d'action dont il disposait.

60. La remise des titres, des clefs, d'un ordre de délivrer constitue donc une tradition aussi parfaite que la tradition à laquelle les rédacteurs de l'art. 1606 conservèrent le nom de réelle, bien qu'il n'y ait plus, et que d'après nous il n'y ait jamais eu, de tradition feinte. L'acquéreur commence à l'instant à posséder, bien que M. Marcadé enseigne le contraire, *Com.*, art. 1604, p. 227. « Par la délivrance, dit-il, le vendeur offre et prépare la possession à l'acheteur, il lui remet tout ce dont celui-ci a besoin pour cette possession, mais c'est à l'acheteur seul de la réaliser ensuite.

« ... Lors donc qu'on dit que la délivrance est la mise en possession, la proposition n'est vraie que du vendeur à l'acheteur, en ce sens que le premier doit se dépouiller de la possession et la laisser libre pour le second; c'est à ce dernier à s'emparer de cette possession, etc... »

Nous n'insisterons pas sur cette doctrine; prise à la lettre, elle mène à des conséquences monstrueuses; il en résulterait, ou que l'on peut à la fois posséder et ne point posséder suivant les personnes que l'on considère; ou que toute possession est interrompue, dès qu'il s'écoule une minute entre le départ du vendeur et l'arrivée de l'acquéreur; il en résulterait enfin que, plus sévère que le droit romain, le droit français exigerait comme *factum* une prise de possession matérielle. Mais au fond, M. Marcadé n'a entendu parler que de la possession qualifiée, celle qui permet de prescrire et d'agir au possessoire; or nous reconnaissons parfaitement que si aucun acte ne manifeste extérieurement la possession que l'on vient d'acquérir en s'assurant de la possibilité d'agir, aucun effet juridique ne pourra se produire; mais la raison en sera que la possession n'aura été ni publique, ni continue, ni non équivoque, c'est-à-dire entachée de trois vices dont un seul suffit à empêcher tout effet légal. Il faut bien se garder de confondre, en matière d'acquisition de possession, l'existence de cette dernière avec celle de ces qualités, et croire que la possession qui ne donne pas les actions possessoires n'existe pas. Les principes romains sont encore en vigueur à ce point de vue; j'acquiers la possession à deux seules conditions : avoir l'*animus* et le *corpus;* la question de savoir quelles seront ces qualités, et par suite quels effets elle produira est complétement indépendante. La question des jonctions de possession se rattache à ce sujet; nous ne l'étudierons que dans la section suivante.

§ 2. *De l'acquisition animo.*

61. L'*animus* à l'effet d'acquérir la possession, consiste dans la volonté active de tirer de l'objet corporel ou incorporel du *factum* tout le parti que l'on en tirerait si l'on était fondé en droit dans sa jouissance.

Contrairement à ce qui existait en droit romain, l'*animus domini* n'est point exigé en règle générale; l'art. 2228 met exactement sur la même ligne le *juris* et le *corporis possessor;* la possession dérivée est maintenant absolument inconnue.

Une fois cette restriction faite, nous pouvons renvoyer d'une manière générale à la partie de droit romain qui traite de l'*animus domini;* nous allons seulement examiner quelques dérogations admises ou controversées.

62. Quant aux personnes incapables d'*animus*, il n'y a qu'une différence insignifiante à l'égard des mineurs; le juge devra toujours examiner si l'enfant a agi sans ou avec discernement; et pourra décider librement sans être influencé par la puberté ou l'approche de la puberté.

Quid des interdits? Dalloz et Belime pensent que l'on peut examiner la question de savoir s'il a agi dans un moment de lucidité, s'il a eu réellement l'*animus*. MM. Troplong et Wodon refusent de faire aucune distinction, du moment où l'interdiction a été prononcée, le fou est, par cela, dans une présomption légale d'absence de volonté; la preuve contraire ne peut être admise.

Bien que la possession soit une question de fait, bien que la situation de l'interdit soit très-favorable (art. 1305 et 1125), nous préférons la seconde opinion. Rien ne serait plus délicat et plus difficile que la preuve de cet *animus sanus*, de cette volonté réelle permise par un intervalle lucide; cette preuve incomberait évidemment au fou, que son interdiction empêche de se prévaloir de l'art. 2230 fait pour une tout autre hypothèse, de telle sorte que l'on pourrait rencontrer dans une affaire possessoire dont le caractère requiert célérité et simplicité, la question la plus complexe et la plus délicate à résoudre.

Quid des communautés? L'on admet généralement que les communes peuvent acquérir par elles-mêmes, c'est-à-dire par les habitants dont elle se compose. Troplong, 257, Dalloz, *Ac. pot.*, 236, adoptent cette opinion, et jamais les tribunaux n'ont contesté que des droits d'usage exercés au nom de la commune ne pussent être prescrits; par ce motif du moins qu'ils sont l'œuvre d'une communauté, et que la communauté ne peut vouloir.

Mais y a-t-il en cela une dérogation au droit romain et à la doctrine de Pothier (L. 1, § 22, *De pos.*, et P., n° 46)? M. Léon Wodon, ardent défenseur des lois romaines, prétend que non. *Municipes per se nihil possidere possunt*, mais ils le peuvent *per servum* ou *per liberam personam*. Dans l'hypothèse ci-dessus, dit-il, que rencontre-t-on? Ce n'est certainement pas une acquisition du droit de passage, par exemple, faite par la commune directement et comme corporation; ce n'est point la reproduction de ce qui se passe lors d'une acquisition de possession par une société particulière, où c'est la personne morale qui acquiert et possède; la communauté, en un mot, n'a pas acquis la possession *per se;* la loi romaine est respectée, et son idée est encore vraie. Mais la commune pouvait et peut encore acquérir par des tiers; c'est ce qui a eu lieu dans le cas proposé ci-dessus; chaque habitant n'était que détenteur au nom d'autrui, n'avait qu'une jouissance précaire lorsqu'il posait un acte de passage : la commune a fini par acquérir le droit que tant de personnes exerçaient en son nom, comme je puis l'acquérir par un *negotiorum gestor*.

Ce système, assurément ingénieux, peut être adopté sans violer aucun principe; les conséquences juridiques en sont d'ailleurs insignifiantes.

63. Quelle est l'influence de l'erreur en matière d'acquisition de possession?

Une question des plus controversées est celle-ci : j'achète une maison; puis, par erreur, j'en reçois une autre au moment de la délivrance. D'après Pothier, Troplong, Wodon, etc., successeur à titre particulier, je n'acquiers la possession ni de la chose vendue, puisque je ne la détiens pas, ni de celle livrée, puisque je n'ai pas l'intention de la posséder (Conf. Ulpien, L. 34, *De poss.*).

M. Dalloz et Marcadé (239 et 87) contestent cette proposition; la loi romaine, disent-ils, vise une question de juste titre (ce qui est faux); de plus, les éléments de la possession se rencontrent évidemment sur le second objet. A l'égard de la maison qui m'est livrée par erreur, j'ai l'*opinio quæsiti dominii;* j'ai donc *a fortiori* l'*animus domini;* car la conviction de la propriété acquise est certainement supérieure à la volonté de l'acquérir, et la première englobe la seconde.

Cette dicussion nous semble reposer sur un malentendu qu'il serait bien facile d'éviter: la distinction suivante rend la controverse impossible et nous n'hésitons pas à la proposer: l'acquisition est avons-nous dit, plus facile lorsque la possession est transmise, que lorsqu'il s'agit de la créer contre la volonté d'un tiers; si donc la possession de la chose livrée par erreur, n'a été acquise que par la remise des titres, des clefs, ou par le consentement, nous adoptons le système de Pothier; car il n'y a pas eu cet accord de volontés qui joue un rôle important dans la transmission de la possession. — Mais si la tradition a été suivie d'une occupation réelle, d'une détention matérielle exercée par celui qui se croit propriétaire, et à ce titre, la possession est bien certainement acquise. Pour savoir si une possession existe, l'on n'a besoin que d'examiner deux points : — l'*animus* existe-t-il? le *factum* existe-t-il? Or les deux existent dans l'hypothèse ci-dessus. Dire qu'il n'y a pas d'*animus domini* parce que je n'ai *pas eu intention de posséder*, serait absolument faux ; je n'ai pas eu l'*intention d'acheter* cette chose, j'ai eu intention de la posséder dès l'instant où je l'ai reçue en la croyant à moi.

Si l'on suppose que l'erreur porte sur *la cause* de la tradition, en ce que le *tradens* aurait entendu ne livrer qu'à titre précaire, tandis que l'acquéreur aurait entendu acquérir à titre de maître, M. Belime pense que l'on doit prononcer en faveur du propriétaire qui n'a point eu l'*animus non possidendi ;* M. Dalloz se prononce au contraire en faveur de l'acquéreur. Cette dernière opinion est préférable (articles 1162-1602-2230). Elle est indiscutable s'il y a eu contradiction, ou manifestation extérieure de l'*animus domini*.

64. La règle que nul ne se peut changer à soi-même la cause de sa possession (L. 3, § 19, *De pos.*), mettait une limite à l'acquisition *animo* ; elle est consacrée par les art. 2235 et 2240.

Nous n'avons pas à revenir pour le moment sur ce sujet, ni sur la question de savoir quelles parties de l'immeuble sont susceptibles de possession ; sur un seul point la législation romaine a été profondément altérée.

Les matériaux incorporés à une maison étaient possédés avec la maison et comme partie de cette maison ; il en résultait que, séparés vingt ans après, ils pouvaient être revendiqués parce qu'ils n'avaient pas été possédés et usucapés isolément.

En droit français la question a perdu presque tout intérêt : la possession de ces meubles est aussi insignifiante au point de vue de l'usucapion que des actions possessoires, puisqu'ils n'admettent point ces dernières, et que la prescription s'opère à leur égard d'une manière instantanée, mais en principe, nous croyons notre législation trop différente, malgré la fin de l'art. 554 pour que l'on puisse reproduire la décision bizarre du droit romain ; et nous pensons avec MM. Troplong, Marcadé, etc., que la possession d'une maison conduit à la prescription des matériaux. Le seul résultat pratique de cette doctrine, c'est de permettre à qui a usucapé une maison d'opposer cette prescription au propriétaire des matériaux volés qui viendrait les revendiquer dans les trois ans.

65. Nous allons terminer cette section en étudiant dans quels cas l'on peut joindre à la possession que l'on vient d'acquérir celle du précédent possesseur, et quelle est en droit français la nature de l'accession.

DES JONCTIONS DE POSSESSIONS

65 *bis*. Cette matière, plus importante en droit français où l'on exige une certaine durée de possession pour intenter la complainte, que dans le droit romain où l'interdit *utrubi* exigeait seul une possession de six mois au plus, se trouve légèrement modifiée par ces deux principes modernes : *a*) le mort

saisit le vif; — *b*) la qualité d'une possession ne se juge pas d'après son origine.

C'est l'art. 2235 qui pose la règle générale — : « Pour compléter la prescription, on peut joindre à sa possession celle de son auteur de quelque manière qu'on lui ait succédé, soit à titre universel ou particulier, soit à titre lucratif ou onéreux. »

Bien que la rédaction de cet article semble indiquer une situation identique en cas de succession à titre universel ou particulier, tous les auteurs sont d'accord pour reconnaître que rien n'est plus faux que cette idée. Nous allons donc étudier séparément les deux cas.

A. *Successeurs à titre universel* — (héritier légitime; successeur irrégulier, légataire ou donataire universel ou à titre universel).

En réalité toutes ces personnes ne commencent pas une possession nouvelle; elles continuent la possession de leur auteur qu'elles représentent, la prennent de ses mains et la conservent avec les mêmes conditions, avec les mêmes qualités, de telle sorte que si elle était vicieuse chez le défunt, elle devra se soutenir vicieuse chez l'héritier. L'art. 2237 est une preuve irrécusable de ce fait, que l'héritier du détenteur précaire possède de par la cause d'acquisition du *de cujus* et non par sa qualité et à titre d'héritier.

Y a-t-il là un fait qui doive faire douter de ce que nous avons dit, que l'acquisition de la possession est absolument indépendante des règles d'acquisition des droits? Nous pensons, au contraire, qu'il est possible de le justifier, tout en laissant à la possession sa qualité de fait.

Supposons un héritier qui ne commence ses actes de possession que quinze jours après le décès; s'il n'y a pas eu interruption de possession, il aura possédé depuis le jour du décès, et il possédera au même titre que son auteur. Il semble bien que la possession est complétement assimilée à un droit, et que l'état de fait ait disparu. Cependant si le possesseur primitif n'était pas mort, on peut supposer que, pendant quinze jours, il n'aura ni exercé un acte de possession, ni même songé à la chose possédée; néanmoins la possession aura continué parce que tout *factum* admet une intermittence, parce que l'*animus* doit être *in contrarium actus* pour qu'il y ait perte de la possession. Or nous disons qu'il y a au point de vue de la loi, dans l'hypothèse ci-dessus, plutôt une continuation qu'une acquisition de la possession; qu'elle se conserve après le décès tout comme elle se serait conservée du vivant et malgré l'inaction du possesseur.

Juridiquement, l'héritier est, dans toute l'étendue de ce mot, le représentant absolu du défunt; il est pour ainsi dire, le continuateur de sa personne (Aubry et Rau, § 589, et Marc., art. 714). Lors de la mort du possesseur, la possession commencée de son vivant n'a pas été interrompue ; elle s'est immédiatement transportée, en vertu du principe, « le mort saisit le vif », sur la tête de l'héritier avant même qu'il connaisse l'ouverture de la succession; la raison de cette translation apparente, est dit M. Troplong, bien évidente : l'héritier ne possède que comme représentant du défunt, parce que la loi voit en lui l'ancien possesseur continuant sa possession; il n'est donc pas nécessaire que l'héritier ait une volonté positive de posséder, il suffit qu'il n'ait pas une volonté négative.

Cette identité juridique entre les deux sujets de la possession explique parfaitement comment et pourquoi elle doit continuer telle qu'elle existait, l'*animus* du possesseur précédent étant en quelque sorte descendu dans sa personne, il en résulte que l'héritier d'un détenteur à titre précaire a pour ainsi dire possédé à titre précaire; que dès lors, il doit pour commencer une possession utile accomplir les mêmes actes que celui qui veut intervertir son titre.

On voit ainsi combien la proposition de l'art. 2235 est fausse relativement aux successeurs à titre universel; non-seulement la jonction n'est pas facultative; elle n'est même pas possible; puisque pour qu'il y ait jonction, il faut qu'il y ait deux possessions, et c'est ici la même possession qui se continue.

Comme conséquences de cette règle, nous rencontrons notamment les décisions suivantes :

1° Le successeur d'un possesseur précaire qui possède de bonne foi et à titre de propriétaire, ne pourra par aucun délai ni prescrire, ni intenter l'action possessoire (art. 2237).

2° Le successeur de bonne foi d'un auteur de mauvaise foi ne pourra prescrire que par trente ans.

3° Dans l'hypothèse inverse la prescription décennale peut avoir lieu malgré la mauvaise foi de l'héritier.

B. *Successeurs à titre particulier.* — La situation de l'acquéreur à titre particulier est bien différente; il ne représente point son auteur; il n'en continue pas et ne peut pas en continuer la personne. Dès lors il est évident qu'il commence en son nom une possession nouvelle, indépendante de celle qu'avait son prédécesseur, et fondée sur un nouveau titre. Il en résulte que les vices de la possession de son auteur ne peuvent être invoqués contre lui (2239); que sa bonne foi est seule à considérer en matière de prescription, qu'en un mot, « son titre a pu établir un genre de possession que la personne qui l'a établi n'avait pas » (*Exposé des motifs*, Fenet, XV, p. 580).

Ainsi, en règle générale, la possession est un fait qui ne se transmet point, et chacun commence pour son compte une possession nouvelle.

Mais, dans certaines conditions, la loi permet au possesseur de joindre à sa possession personnelle, celle exercée par son auteur, afin de parfaire la durée voulue pour invoquer la prescription, ou obtenir par la complainte réparation d'un trouble possessoire. C'est le fait de cette jonction que les Romains connaissaient sous le nom d'accession de possession; formellement prévu et autorisé par l'art. 2235, il est entièrement facultatif; car il résulte d'un bénéfice de la loi, de la faveur qu'elle accorde de supposer réunies deux possessions réellement distinctes.

Le successeur qui voudrait opérer la jonction des deux possessions, doit naturellement prendre celle de son auteur telle qu'elle existait réellement, avec les vices ou les qualités dont elle était revêtue; il est bien évident que la possession nouvelle qu'il commence ne peut avoir aucun effet rétroactif sur la possession antérieure; d'où la conséquence qu'on n'a d'intérêt qu'à l'accession d'une possession dite qualifiée.

A quelles conditions cette jonction de possession est-elle permise et possible?

a) Il faut tout d'abord, — et cela s'applique aussi à la jonction improprement dite des successeurs universels, — qu'il y ait eu absence d'interruption civile ou naturelle, et que les deux possessions se lient immédiatement sans être séparées par une possession vicieuse ou étrangère.

Nous avons dit que la vacance de la succession n'interrompait pas la possession; l'héritier commence d'ailleurs sa possession le jour du décès; le successeur irrégulier le jour de la délivrance.

b) Les deux possessions doivent être uniformes quant à l'objet possédé.

Point de difficultés si j'ai possédé tel droit, et mon auteur tel autre; ou si j'ai possédé plus, et mon auteur moins, par exemple un droit d'usufruit, et la pleine propriété. Mais le cas inverse peut être l'objet d'un doute. « Si vous n'avez possédé que comme usufruitier, vous ne pourrez vous prévaloir de la possession de votre auteur pour prescrire le fonds, dit Merlin. Dalloz et la Cour de cassation adoptent l'opinion contraire quant à la prescription du droit, parce que le plus contient le moins, parce que la propriété contient l'usufruit. Nous adoptons l'une et l'autre de ces solutions que M. Wodon présente comme contraires, mais qui nous semblent répondre à des espèces différentes.

c) Toutes les possessions dont on veut opérer la jonction doivent avoir été *de bonne foi* dans leur principe.

Cette question fort controversée n'a d'intérêt qu'en matière de prescription.

d) Il faut enfin qu'il existe entre les deux possessions contiguës et uniformes un lien de droit, une relation juridique qui les unisse.

Cette règle se conçoit aisément. La loi, en créant la faculté exceptionnelle de l'accession, ne peut avoir eu pour intention de favoriser l'usurpation, ou l'expulsion; mais elle a voulu suppléer à l'impossibilité d'une transmission réelle de la possession, en créant une sorte d'équivalent en faveur de ceux à qui on transmet la chose.

D'après l'art. 2235, ce lien juridique consiste dans le rapport d'*auteur à successeur*. La doctrine est unanime à reconnaître que ce mot auteur doit être pris dans un sens très-large; qu'il désigne tout individu à qui le possesseur actuel a légalement et régulièrement succédé dans la possession. Cette définition comprend : l'acheteur, le donataire, le légataire, sans aucun doute; de plus il y aura accession : entre le légataire et l'héritier qui délivre; le vendeur et l'acquéreur dont la vente est résolue; l'exproprié et l'adjudicataire des biens saisis.

66. Mais *quid juris* lorsque la possession est restituée par l'usupateur à l'ancien possesseur, en exécution d'un jugement rendu sur l'action en revendication?

M. Troplong, dans une savante et longue (§ 448-460) dissertation, expose et soutient la théorie suivante: si le propriétaire qui se fait réintégrer en sa possession, obtient en même temps la restitution des fruits, il sera réputé avoir possédé par l'intermédiaire de l'usurpateur; sa possession n'aura donc jamais été interrompue.

Rien ne nous semble plus faux que ce système; rien n'est plus audacieux, car sa seule base consiste dans un passage d'une loi romaine restituée par Cujas (L. 13, § 9, *de acq. poss.*). Voici les principales considérations qui nous ont déterminé à le repousser:

a) Cette théorie est absolument étrangère à celle de la jonction des possessions, puisqu'elle repose sur une présomption légale de précarité, et qu'une possession précaire ne peut se joindre à une possession juridique.

b) Elle crée en faveur du dépossédé une possession fictive qui n'a aucun autre équivalent ni en droit romain, ni en droit français; quant à dire que celui qui reçoit la valeur des fruits en argent ou même en nature a possédé de fait, ce serait faire mentir la langue française.

c) La restitution des fruits ne se base que sur un point, la bonne ou mauvaise foi; l'on ne peut donc en tirer aucune conséquence relativement à l'existence de la possession de l'auteur; deux possessions de mauvaise foi peuvent se joindre.

d) Il existe une inégalité choquante entre la condition du possesseur dont le bien est resté entre les mains de l'usurpateur, et celui dont la chose fut aliénée, à un tiers de bonne foi. Ces deux personnes quoique dans des conditions identiques de dépossession, l'auront perdu complétement ou conservé complétement par suite d'un fait externe.

e) Enfin l'art. 2243 qui déclare la possession interrompue après un an de dépossession matérielle, est complétement contraire à ce système; la distinction que l'auteur propose entre la possession restituée volontairement ou *jussu judicis* est complétement arbitraire.

Est-ceà dire que, vainqueur dans l'action en revendication il ne pourra pas joindre à sa possession celle de l'usurpateur? Nullement; voici d'après nous la situation de l'ancien possesseur :

La *dejectio* a, au bout d'un an, irrévocablement effacé la possession antérieure (2243), rien ne peut permettre de la joindre à une autre, car l'interruption survenue ne permet point de les dire contiguës. L'usurpateur possède réellement ; mais s'il est condamné à restituer et restitue, avec ou sans les fruits, l'ancien possesseur pourra joindre à la possession nouvelle qu'il commence, celle que le jugement lui a rendue; à son égard, il a certainement un titre qui a droit à la protection et à la faveur de la loi.

§ 3. *Acquisition de la possession par un tiers.*

67. Pour tout ce qui concerne ce sujet, nous renvoyons aux principes du droit romain.

Deux solutions ont été seules controversées : *a*) la possession peut en droit français être acquise sans l'*animus* du tiers : Troplong, 260; — *b*) la ratification de la *negotiorum gestio* a toujours un effet rétroactif (*id.*, 261).

De ces deux propositions, la première nous semble fausse; la seconde est au moins contestable.

§ 4. *Perte de la possession.*

68. La possession se perd sans aucun doute lorsque les deux éléments qui la constituent, l'*animus* et le *corpus* viennent à manquer à la fois, comme dans le cas de tradition, d'abandon, etc.

Elle se perd aussi, lorsque l'un de ces deux éléments vient à faire défaut; car elle exige le concours des deux éléments, n'existe que par lui et cesse d'exister avec lui.

Mais il ne faut pas conclure de là que le *corpus* et l'*animus* doivent subsister tels qu'ils devaient exister lors de l'acquisition. S'il en était ainsi, l'on ne pourrait un seul instant s'éloigner de la chose sans perdre le *corpus*, ni cesser de songer à sa possession sans perdre l'*animus*. On continue à posséder tant que la reproduction des éléments est possible; tant qu'il n'est pas intervenu de changement contraire à l'existence de l'une ou de l'autre de ces deux conditions, tant qu'il n'y a pas eu *quid in contrarium actum*.

Quelle impossibilité physique, quelle volonté contraire suffira pour entraîner une perte de la possession? La plupart des cas sont évidents par eux-mêmes ; les hypothèses douteuses ont été examinées en droit romain; nous n'étudierons que les rares modifications apportées par la législation actuelle.

Perte corpore.

39. Une seule question est importante et mérite d'être examinée : comment se comporte le principe romain «*prædiorum possessio* solo animo retinetur » en face de l'art. 2243 ?

L'on a généralement prétendu que cette règle avait été singulièrement étendue par le droit français et traduite en principe général; car, dit-on, la connaissance de la dépossession accomplie n'empêche point le possesseur de recouvrer dans l'année une possession non interrompue.

Nous croyons au contraire que la théorie romaine est absolument inconnue en droit français; qu'elle est remplacée par une fiction d'un caractère très-différent.

Si l'on examine la portée de la règle *prædiorum*..., on voit qu'elle rendait impossible la perte *corpore* dans le cas d'absence et d'ignorance du possesseur de l'immeuble; qu'il fallait se placer au moment où l'occupation était connue pour tout ce qui regardait la perte ou l'acquisition de la possession, perte qui ne pouvait avoir lieu qu'*animo*, ou par une *dejectio* postérieure et réelle.

Si l'on examine, au contraire, la condition dans le droit français, de l'usurpateur en face de l'ancien possesseur, on voit que la qualité fondamentale d'ignorance de la part du premier possesseur, n'est plus exigée; mais aussi l'on voit que l'occupant possède réellement; il possède, car il commence à prescrire; il possède, car il acquiert par la prolongation de cet état de choses, la qualité de possesseur annal; car, les douze mois révolus, il pourra opposer à tout le monde *l'annalité* de sa possession. Or, si l'usurpateur a possédé, le possesseur primitif n'a pu posséder simultanément la même chose; sa possession a pris fin à l'instant même où la possession de l'autre a pris naissance, c'est-à-dire au moment de l'occupation. En présence de ce résultat, comment soutenir que la possession se conserve *animo solo ?*

Ce que l'on présente comme la règle *prædiorum possessio animo solo retinetur*, comprend en réalité deux choses : la première n'est que le jeu régulier et normal de la condition d'annalité, soit de la possession, soit de l'action possessoire; la seconde, c'est une fiction spéciale de l'article 2243, fiction qui n'a rien de commun avec la fiction du droit romain.

L'interruption n'a besoin que de durer un instant

pour produire des conséquences désastreuses, pour couper la possession en deux fragments que l'on ne pourra jamais joindre par l'accession. Mais d'après l'article 2243, lorsque l'ancien possesseur a été privé de son immeuble pendant moins d'un an, et qu'il l'aura dans ce délai recouvré par l'action possessoire (ou volontairement) ; l'interruption sera considérée comme non avenue, la possession sera regardée comme non interrompue, de par la volonté toute-puissante de la loi. Cette innovation fort heureuse de notre droit, n'a rien de commun dans sa manière de procéder des jurisconsultes de Rome; la reprise de la possession aura un effet rétroactif, *et l'on supposera une erreur de la part de l'occupant* (Trav. prép.), dit le droit français. L'usurpateur ne possédera point, le possesseur ne perdra point, disait le droit romain.

Nous n'insisterons pas sur les différences moins importantes [illegible] distinguaient les deux cas.

PERTE ANIMO

70. La possession n'est perdue *animo* que s'il y a eu volonté contraire à celle qui présidait à l'appréhension : l'interruption, la cessation de la volonté du possesseur de maintenir la chose en sa puissance ne suffit point; aussi ni le sommeil, ni la mort, ni la folie, ni l'oubli ne sont une cause de perte de possession *animo;* la folie devient, au contraire, comme l'acquisition de la possession par un enfant, une cause d'impossibilité de perte *animo*.

Plusieurs auteurs ont cru que celui qui avait l'*animus contrarius* possédait néanmoins, aussi longtemps que la chose n'était pas appréhendée par un tiers; ils s'autorisaient des décisions des lois 18, t. 16, XLIII, et l. 17, l. 37, *De poss.*

Ce système est universellement reconnu faux; s'il en était ainsi, il s'ensuivrait qu'il n'y aurait jamais de perte *animo tantum*, que cette perte se confondrait toujours avec celle *corpore.* Mais il est juste de reconnaître: — *a*) que les cas d'abandon pur et simple suivis d'une perte *animo tantum* sont bien rares; — *b*) que, dans le cas de transmission, ma volonté de perdre sera généralement subordonnée à la condition d'acquisition par tel individu déterminé; dès lors, l'*animus contrarius* est pour ainsi dire conditionnel et à terme; je n'entends perdre la possession qu'au moment de la tradition, et, si elle a lieu, jusque-là, je continue à posséder.

71. La renonciation à la possession peut être expresse ou tacite, mais doit être non douteuse; en règle générale, l'*animus contrarius* ne se présume pas.

Néanmoins, tous les auteurs reconnaissent que l'abandon de la chose peut s'induire d'un non-usage prolongé pendant de longues années, sans qu'aucune circonstance particulière vienne l'expliquer ou le justifier; *à fortiori*, si l'ensemble des faits accessoires fait entrevoir l'intention du possesseur de ne plus posséder (*Jur.*, conf. Dalloz, A. P., 254). De quel laps de temps écoulé sans manifestation de la volonté, de quelles circonstances accessoires et de quel ensemble de faits pourra s'induire cet *animus contrarius?* Il est, croyons-nous, impossible de poser une règle générale sur ce point; cette question d'intention est abandonnée au pouvoir discrétionnaire du juge.

La conservation de la possession par des vestiges, des ruines, des restes de construction, n'est pas, non plus, une règle absolue (*contra*, Troplong, 343). Nous pensons que, sur ce point aussi, le juge a une liberté absolue d'appréciation des faits (Conf. Carou et Garnier).

Les données qui précèdent servent aussi à résoudre la question de savoir si celui qui prouve avoir anciennement possédé est présumé posséder encore au moment de l'action. Marcadé, Troplong, Vazeille et bien d'autres s'insurgent contre le brocard : *Olim possessor, hodie possessor præsumitur*, plusieurs, après avoir exposé sur la continuation de la possession la même doctrine que nous. Il y a là une inconséquence flagrante. Si l'on reconnaît que le non-usage ne doit pas, en règle générale, faire présumer la perte de la possession; il en résulte que l'on doit dire : la possession une fois commencée sera présumée continuer : *ex possessione de prælerito arguitur possessio de præsenti et medii temporis.* Mais le tout, avons-nous dit, jusqu'à preuve contraire, et sauf au juge à décider qu'il pense la possession interrompue : *Nisi contrarium probetur* (*Contr.* Cass., 6 février 1833; Conf. 5 décembre 1813).

Nous reconnaissons d'ailleurs que cette présomption est loin de placer le possesseur dans une position aussi avantageuse que la présomption légale de l'art. 2234.

72. Une dernière question : y a-t-il abandon de la possession, perte par un *animus contrarius* présumé, quand on se pourvoit au pétitoire au lieu de se pourvoir au possessoire? Nous ne pensons pas qu'en droit français plus qu'en droit romain, le fait d'intenter la revendication implique renonciation à la possession.

Cependant la grande majorité des auteurs, et une partie de la jurisprudence, se prononcent dans le sens de l'affirmative. Cela tient à l'interprétation qu'ils donnent de la fin de non-recevoir péremptoire édictée par l'art. 26 au Code de procédure. Ils enseignent tous que sa cause réside dans la circonstance que celui qui recourt préalablement au possessoire, est présumé reconnaître la possession en faveur de son adversaire. — (Bioche, *A. p.*, 374 ; — Belime, 501 ; — Dalloz, *A. p.*, 287, etc.) Enfin les partisans de ce système objectent l'obligation de prouver qui incombe au demandeur ; car, disent-ils, le possesseur est toujours défendeur et n'a rien à prouver.

Cette dernière objection n'a pour nous aucune valeur ; car nous avons essayé de démontrer que la dispense de l'obligation de prouver n'est pas l'un des effets essentiels et nécessaires de la possession (Prem. part., chap. V), que la possession fournit un moyen naturel d'être défendeur, et par suite de se dispenser de prouver, mais qu'il est impossible de conclure du rôle de possesseur à celui de possesseur juridique.

Quant à l'interprétation de l'art. 26, nous ne pouvons la croire conforme aux principes. La renonciation, l'*animus contrarius* ne peut se présumer que très-rarement et très-difficilement; il faut l'induire de circonstances précises, et ne se prêtant point à une autre interprétation. Tel n'est point assurément le fait de celui qui intente directement le pétitoire ; il a pu le faire par ignorance de sa possession (ce cas sera très-rare, nous l'avouons) ou plutôt, dans l'intention de terminer plus rapidement la contestation. Enfin, il a pu le faire librement et sans motif, car la faculté d'intenter les actions possessoires est un bénéfice et non une obligation.

La Cour de cassation a d'ailleurs donné un démenti formel à ceux qui pensent la possession perdue par l'exercice de l'action pétitoire : elle permet au possesseur qui éprouve un acte de trouble nouveau postérieur à l'introduction de l'instance, d'intenter la complainte pour cette nouvelle cause (7 août 1817, 30 mars 1830, 24 juillet 1837, 5 août 1845). Quelle serait donc la base de cette action, si le demandeur avait implicitement reconnu la possession chez le défendeur? Comment pourrait-il se plaindre d'un trouble sur l'objet litigieux, lui qui ne posséderait plus, commis par le défendeur qui serait, lui, le vrai possesseur?

§ 5. *Perte de la possession exercée par un tiers.*

73. Par un tiers, la possession s'acquiert au moyen de trois éléments : elle se conserve en réalité au moyen de deux seulement, l'*animus* chez le mandant, le *corpus* chez le mandataire.

Il en résulte que la possession ne pourrait pas se perdre par la volonté seule du tiers occupant; son *animus contrarius*, en cas d'abandon pur et simple, ne produit aucun résultat ; rien n'est changé à l'existence de la possession. Lors même qu'il a l'*animus possidendi suo nomine*, aucun résultat ne s'opère directement; il faut qu'à cette volonté se joigne un acte qui la manifeste extérieurement, et produise ce que l'on est convenu d'appeler une interversion de titre.

Il en résulte aussi que la possession se perd *corpore* exactement de la même manière que si elle était exercée directement, lorsque la cause de la perte est indépendante de la volonté du détenteur.

En résumé, ni la perte *animo mandantis*, ni la perte *corpore* accomplie chez le mandataire, ne sont soumises à des règles spéciales; le seul cas d'interversion demande quelques développements nouveaux. Nous distinguerons deux hypothèses : A) le représentant veut transmettre la possession à un tiers; B) il veut l'acquérir pour lui.

A. — Quand le tiers détenteur délivre la chose à un acquéreur sur titre translatif de propriété, il s'opère dans la personne de ce dernier une interversion permise par l'art. 2239. L'ancien possesseur cesse à l'instant même de posséder, malgré son ignorance de l'infidélité de son mandataire; si le tiers acquéreur est de bonne foi, s'il a cru acquérir du vrai propriétaire, il pourra, après un an, invoquer les actions possessoires, après dix ans la prescription. Aucun doute ne peut exister à cet égard.

Mais dans l'hypothèse d'actes frauduleux et de connivence des contractants, quelles sont les conditions exigées pour qu'il y ait interversion?

Tous les auteurs que nous avons étudiés compliquent cette question en examinant dans quels cas la possession sera juridique, qualifiée, et en déclarant l'interversion non accomplie lorsque la prescription ne peut pas se produire pour équivoque ou clandestinité. C'est confondre deux choses distinctes; l'interversion est accomplie lorsque j'ai perdu, lorsque le tiers a acquis la possession; peu importe à ce point de vue que la possession qui succède à la mienne soit vicieuse ou légale, qu'elle m'enlève la propriété par 10 ans ou par 30 ans.

74. Il suffit, pour que l'interversion se produise, que le tiers acquéreur soit mis en possession de mon bien sur un titre translatif de propriété. Dès l'instant où il a reçu tradition du fonds, avec volonté de l'avoir en sa propriété, il a acquis la possession, et par suite je l'ai perdue. Ce titre doit être sérieux et sincère, c'est-à-dire qu'il doit être efficace entre les deux contractants. S'il n'était, en réalité, qu'une simulation, qu'une feinte destinée à tromper le propriétaire

et à éluder la loi, il devrait être non avenu, et l'interversion ne se serait pas accomplie. Soit, par exemple, un fermier qui sous-loue à un tiers : puis ils signent un acte de vente, en reconnaissant par contre-lettres que la location est seule sérieuse, et que la vente n'est qu'apparente. En pareil cas nous n'hésitons pas à dire que l'ancien possesseur n'a pas perdu la possession; que l'acquéreur apparent n'étant qu'un détenteur *alieno nomine* à l'égard du fermier, lui-même détenteur pour le possesseur primitif, aura conservé la possession à ce dernier; que l'on devra enfin décider la question d'après la situation et la qualité réelle des parties, non d'après celles que l'acte frauduleux leur assigne mensongèrement.

Telle est la seule exception à l'art. 2239; l'interversion a lieu dans tout autre cas : dans celui de mauvaise foi, mais accompagnée d'un acte sérieux; dans celui même où le détenteur se réserve la jouissance précaire à l'encontre du dernier acquéreur.

Dans ce second cas, surtout si l'on suppose la connivence des deux parties pour dissimuler l'acte d'aliénation, la possession pourra souvent être clandestine; mais elle ne le sera pas forcément; même décision pour l'hypothèse d'un fermier continuant à payer ses fermages avec les intérêts du prix de vente. Quant à la condition de signifier l'acte au propriétaire (Toulier, VII, p. 460), c'est un non-sens dans l'hypothèse d'un acquéreur de bonne foi.

Nous terminons en faisant remarquer deux différences avec le droit romain. — *a*) La Novelle 119, ch. 7, décide que l'acquéreur de bonne foi ne peut prescrire si le fermier a aliéné en fraude, parce qu'il ne peut se dire de bonne foi puisque l'autre était de mauvaise. En l'absence de texte, cette décision fantaisiste, injuste et contraire aux principes, doit être rejetée. — *b*) Le possesseur qui a perdu la possession par le fait de son fermier ne pouvait intenter l'interdit *uti possidetis* contre le nouvel acquéreur; il peut maintenant intenter la complainte pendant un an; c'est la conséquence de l'art. 2243 et de la réalité des actions possessoires.

B. *Le détenteur veut acquérir la possession pour lui-même.*

Dans cette hypothèse, il faut que l'*animus contrarius* soit manifesté par un fait extérieur, *opus est igitur facto*, dit d'Argentré. S'il y a eu simple changement de volonté, fût-il même accompagné d'une abstention, d'un fait négatif, la règle « nemo sibi causam possessionis mutare potest » ne subit point d'exception.

L'art. 2238 indique quels sont les faits capables d'accomplir cette interversion; la cause de la possession sera changée, — « soit par une cause venant d'un tiers, soit par la contradiction opposée au droit du propriétaire. »

La rédaction de l'article indique si manifestement deux causes d'interversion, que nous ne comprenons point que M. Vazeille ait implicitement enseigné qu'il n'y en avait qu'une; d'après cet auteur, le titre obtenu d'un tiers doit être signifié au propriétaire; mais c'est là une véritable contradiction, et dès lors la première cause ne serait point distincte de la seconde, mais une condition pour y arriver avec bonne foi. Telle fut, il est vrai, la doctrine de Dunod, p. 36; mais elle est aujourd'hui formellement condamnée par le Code.

75. Quand et à quelles conditions la cause d'interversion venant d'un tiers peut-elle suffire?

Elle a lieu lorsque le détenteur précaire achète ou reçoit la chose d'un individu étranger qui la lui transmet à titre de propriétaire. Ici, comme dans l'hypothèse précédente, la bonne foi n'est pas à considérer au point de vue de la possession en elle-même; le fermier, par exemple, peut savoir qu'il achète d'un non-propriétaire; mais il faut que la vente existe réellement et ne soit pas simulée. Une apparence mensongère ne peut produire des effets juridiques, il faut un fait sérieux et sincère, et l'intervention d'un tiers ayant un droit plausible à la propriété de le chose. (Nemo auditur propriam allegans turpitudinem.)

La cessation de payement des fermages constitue-t-elle une cause d'interversion lorsqu'elle suit une acquisition clandestine. Oui, assurément; quant à dire si cette nouvelle possession sera clandestine, c'est une pure question de fait.

76. Quant à la *contradiction*, elle a lieu dès que le détenteur manifeste hautement ses prétentions à la chose à l'encontre du propriétaire ou ancien possesseur.

Nous pouvons citer comme exemples l'expulsion du propriétaire par le fermier, la signification d'un acte d'acquisition émanant d'un tiers, le refus motivé de ne plus payer les redevances, etc.

La possession qui suit une contradiction offre ceci de particulier, c'est de ne pouvoir jamais être clandestine ; mais elle pourra être, et sera souvent de mauvaise foi.

La preuve testimoniale doit être, croyons-nous, admise en matière de contradiction. (Cont. Vazeille, pr. 151 — Conf. Troplong, Belime, Dalloz); car la plupart des actes de contradiction, et les plus éclatants, ne peuvent guère se prouver par un acte écrit ; des actes d'expulsion, de jouissance, de vive force ne se constatent point devant notaire.

CHAPITRE IV

DES ACTIONS POSSESSOIRES

§ 1. *Notions générales.*

77. Il est impossible de passer directement de l'étude des interdits à celle de nos actions possessoires actuelles sans dire, en quelques mots, ce que furent ces institutions dans l'ancien droit, et quelle en est l'origine.

78. Les plus anciens des documents législatifs

dont on invoque encore aujourd'hui l'autorité, sont les décrétales *Redintegranda sunt* et *Sæpe contingit* (Decr. Grat., p. 2; caus. 3, quæst. 1, cap. 3 et Decr. Grég., L. 2, tit. 13, cap. 18).

Le premier texte déclare que l'évêque spolié n'est tenu de répondre à aucune action avant d'être rétabli dans son évêché.

L'importance de ce texte n'est point dans la décision en elle-même, mais dans les conséquences que l'on en tira. Non contents de généraliser et d'appliquer à tout possesseur une décision que nous avons tout lieu de croire spéciale au cas particulier de la décrétale, les praticiens du moyen âge prétendaient qu'elle créait une nouvelle action possessoire, ouverte à tout possesseur dépouillé par violence, contre tout possesseur actuel.

La fausseté de ce système est démontrée par la décrétale *Sæpe contingit*, qui vint longtemps après, et par une dérogation expresse (*non obstante juris civilis rigore*) déclarer que l'interdit *unde vi* se donnerait contre les tiers détenteurs de mauvaise foi; cette loi suppose que le demandeur était véritable possesseur.

En résumé, au douzième siècle, et au point de vue du droit canon, les actions possessoires n'étaient autre chose que les interdits; seulement l'*unde vi* ne comportait plus les exceptions *vitiosæ possessionis*, et pouvait s'intenter contre le tiers acquéreur de mauvaise foi (l'action est donc encore personnelle).

79. Vers la même époque, les Établissements de saint Louis mentionnent une nouvelle action pos-

sessoire, la plainte en nouvelle dessaisine (1, chapitre 65).

La procédure tient beaucoup de la procédure en matière d'interdits ; le possesseur qui a été dessaisi à tort et par force va trouver son seigneur et lui demande de séquestrer le bien litigieux ; en même temps il donne caution pour les dommages et intérêts à payer s'il se désiste ou est condamné. Le seigneur mande alors le possesseur actuel, qui doit, sous peine de condamnation immédiate, donner garant qu'il a agi selon son droit ; puis un jour est fixé aux deux parties pour venir prouver leurs allégations respectives ; si l'une des parties fait défaut, elle perd la saisine, et rend *cousts et despens* à la taxation du juge ; si les deux comparaissent, celle qui *mieux preuve* emporte la saisine.

La règle *spoliatus ante omnia restituendus* est formellement consacrée par l'auteur de ces Établissements au chapitre 6 du livre II. « Nul ne doit en nulle cour plaider dessaisi, mais il doit demander la saisine en toute œuvre. » Il s'appuie sur le titre *de ordine cognitionum* aux décrétales ; mais rien n'indique absolument qu'il vise toutes les actions possessoires.

Quant à la récréance (chap. 5), elle n'est encore qu'une attribution provisoire de la liberté sous caution ; en matière possessoire, l'immeuble est mis en main de justice.

(Voir au paragraphe suivant pour le chapitre 41, des chevauchées faites avec armes.)

80. Beaumanoir développant, quelques années après (1275), l'ordonnance ci-dessus, expose un système complet et parfois un peu différent d'actions possessoires. D'après l'illustre commentateur de la coutume de Clermont, on peut se complaindre pour trois genres de meffaicts.

a) Pour *dessesine par force* (Voir *b*).

b) Pour *dessesine nouvelle*, si aucuns emportent la chose de laquelle j'aurai été en saisine an et jour paisiblement. Si cette sorte de *dejectio* a été accomplie *à grand plantée de gens et à armes*, il y aura eu force outre la désaisine; cette dernière est toujours comprise dans le cas de force. Ces deux actions sont *recuperandæ possessionis*.

c) Pour *nouveau trouble*. Il y a trouble nouveau lorsqu'une personne qui a joui paisiblement d'une chose par an et jour, est empêchée d'en jouir par telle manière que devant, *mais sans qu'on n'emporte pas la chose*. Le possesseur a une action pour être remis en paisible état.

Procédure de la complainte. — La plainte en désaisine ou trouble est portée devant le comte qui ajourne à bref délai le défendeur. Comparution des parties où le plaignant expose ses griefs; le défendeur doit, ou reconnaître le fait, ou nier, ou demander jour de vue. Si le défendeur se prétend fondé à agir comme il l'a fait, le comte prend l'immeuble en sa main et connaît de l'affaire. Les preuves sont ouïes de part et d'autre et la saisine est attribuée à celui qui prouve : une jouissance paisible, à titre de maître (arg. du minage et du gage, § 14), remontant à un an au moins avant le trouble, et perdue depuis moins d'un an. Ainsi l'annalité de la possession et celle de l'action sont formellement exigées par Beaumanoir en matière de complainte.

d) *De la réintégrande.* Dans un quatrième cas, l'on a droit à une action possessoire bien différente.

Toutes les fois que le possesseur aura été dépouillé d'une chose qu'il tenait en son nom, il devra la recouvrer contre tout spoliateur, ce dernier fût-il et prouvât-il être le propriétaire ou possesseur annal. Ici aucune condition de possession n'est exigée ; quels que soient l'objet et la durée de ma possession, du moment où j'ai été dessaisi sans jugement et sans justice, je dois être ressaisi avant tout œuvre si je le requiers. Que la saisine soit *bonne ou mauvaise*, que sa durée soit *grande ou petite*, peu importe ; le larron lui-même pourrait obtenir la restitution de l'objet volé, que le propriétaire aurait repris sans jugement ! *A fortiori*, le possesseur non annal pourra triompher dans la réintégrande, quoique devant succomber dans l'action de complainte pour désaisine (Conf. procès rapporté par Beaumanoir, chap. 32, première et deuxième partie).

Cette rigueur dans l'application de la maxime *spoliatus...* s'explique aisément par la nécessité de mettre fin par des mesures exceptionnelles à l'ancienne coutume germanique des contre-engagements. « Contragagium, dit du Cange, et jus quod dominis feudalibus competit quo possunt pro rei suæ ablatæ ab aliis vindicatione, eorum pariter res sibi adferere vel retinere. » Les chevauchées d'armes (Lib. II, chap. 41, des *Ét. l. Roi*) étaient une cause de guerre perpétuelle et de *mortelle haine* entre les voisins. Pour y mettre fin, le roi Louis décide : que tout contre-engagement est défendu et que le seigneur lésé doit toujours demander réparation à la justice; que toute contre-prise sera restituée sans examen de la cause, que le dommage causé en contre-prenant devra être réparé; et qu'enfin une amende est imposée, d'autant plus forte que l'homme est plus fort et plus puissant.

Tels furent à l'origine, le caractère et le but de la réintégrande.

81. Si nous passons aux quatorzième et quinzième siècles, nous trouvons sur les actions possessoires nombre de précieuses indications; malheureusement parfois contradictoires. Mais sur l'une d'elles tous les auteurs sont d'accord et la reconnaissent pour la plus importante et la plus usitée : c'est la *complainte en cas de saisine et nouvelleté.*

D'après le Grand Coutumier de France (L. II, ch. XIX), il faut pour intenter cette action : — *a*) être ensaisiné par une possession d'an et jour non acquise par force, ni clandestinement, ni à titre de louage ou de prêt ; — *b*) avoir éprouvé depuis moins d'un an une opposition ou un trouble empêchant la possession susdite. — On voit ainsi qu'elle n'est autre chose que la plainte en *trouble nouveau* de Beaumanoir; mais elle avait au milieu du quatorzième siècle reçu une extension considérable.

Primitivement l'action était *retinendæ possessionis*, et ne pouvait s'intenter que si le trouble n'avait pas entraîné la perte de la possession ; mais Jean Faber indique que de très-bonne heure l'on tendit à la transformer en action récupératoire. « Advocati curiæ Franciæ semper contendunt in turbativa quæcumque sit vis. » Le motif en était l'avantage de faire séquestrer la chose contentieuse sans applégement. (Anc. cout. d'Anjou, Gloss., v° *Applégement.*) Simon de Bucy (1468) consacra définitivement cette jurisprudence lorsqu'il fut premier président du parlement, et permit d'agir par la nouvelleté, même quand on était dessaisi, à condition qu'on prétendrait posséder et conclurait à ôter empeschement, non à restitution (*Gr. Cout.*, p. 247).

Cette sorte de consécration prétorienne d'une petite habileté de procédure a été présentée comme une véritable révolution dans le droit des actions possessoires ; nous pensons qu'elle ne changea rien au fond du droit ; mais en pratique ses conséquences furent des plus importantes. Elle rendit superflues les actions en désaisine nouvelle et désaisine par force, et même, dans la plupart des cas, la réintégrande.

La réintégrande se maintint cependant en usage cause des désaisines mobilières ou la complainte pour nouvelleté ne s'accorde point (remplacée par l'aveu et contre-aveu) ; et des cas où la possession était perdue avant la saisine. (*Contra*, Charondas le Caron? Argou.) Mais à dater du seizième siècle, rien n'est plus douteux et plus controversé que la nature et les caractères de cette action.

La simple saisine est tantôt une action pétitoire, tantôt une action protégeant la plus longue possession durant les dix dernières années ; elle est généralement restreinte aux servitudes.

La récréance est une attribution intermédiaire de la détention ; elle a succédé à la mise en la main du roi ou du comte; elle se rattache à des questions de procédure, de complainte sur lieux, etc... qu'il serait trop long d'énumérer ici.

82. Tel est le système qui se perpétua jusqu'à nos jours en ne subissant que de légères altérations, principalement dues à l'influence des idées romaines. Bourjon, qui précède le Code de bien peu d'années, présente la complainte en cas de saisine et nouvelleté comme destinée à faire cesser plus promptement l'effet des usurpations, et *à réintégrer provisoirement le spolié* (L. VI, t. IV, *Dr. com.*). Pothier lui-même semble reconnaître le double effet de la complainte (maintenir ou réintégrer) dans le § 102. Rien n'est donc changé depuis Simon de Bucy.

Quant à la réintégrande, tout est plus confus que jamais. Bourjon se contente de paraphraser accessoirement l'ordonnance de 1667, art. 2, tit. 18. Pothier développe longuement sous ce titre l'interdit *unde vi* mêlé à la réintégrande de saint Louis; elle n'est cependant pour lui comme pour une nombreuse école, qu'une branche de la complainte. Enfin ses deux effets principaux lui sont contestés, — restitution des meubles par Pothier, — restitution d'une possession non annale, Loisel, Bourjon, Coquille, Argou, etc...

83. Ce rapide aperçu nous permet de répondre à une question que se posent la plupart des auteurs : quelle est l'origine des actions possessoires? Il est bien évident que notre système actuel est mixte, c'est-à-dire composé d'emprunts faits au droit romain et d'institutions nationales. Nous croyons qu'on ne peut soutenir sans partialité qu'il est tout français ou tout romain. Notre étude des actions possessoires se bornera donc généralement à examiner quels principes ont prévalu sur chaque point en particulier; avant de l'aborder nous ferons une courte remarque sur une question de pure théorie.

84. Lorsque nous nous sommes demandé en droit romain quel était le fondement des interdits, nous avons cru devoir nous rallier au système qui les attribue à des considérations d'ordre social et de paix publique; nous voyons en eux des actions primitivement ouvertes dans l'intérêt général plutôt qu'en vue d'un intérêt particulier. Dans le droit actuel, et en présence de la condition d'annalité, nous croyons devoir adopter une opinion différente; la cause première des actions possessoires est, croyons-nous, une présomption de propriété.

L'origine de la condition d'annalité est un argument des plus sérieux en faveur de cette opinion; de présomption complète et péremptoire, la possession annale devint simple présomption provisoire de propriété, mais sans changer de caractère; c'est du moins ainsi que la présente l'auteur du Grand Coutumier (saisine est réputée juste de soi *propter temporis adminiculum*, et emporte grand effet, car l'on présumera propriété pour moi) et Bourjon, liv. 1, t. 2 : « La possession publique fait présumer la légitime propriété de l'immeuble. Celui qui est troublé en sa possession doit y être maintenu parce qu'il a le droit apparent. » Cette doctrine est absolument conforme à la nature de la possession dans son état normal, car elle est suivant l'expression de M. Pellat, l'exercice du droit de propriété. Or en droit français, lorsque le droit de propriété s'est exercé publiquement et paisiblement pendant un an, il y a présomption que le droit est réellement là où s'en manifeste l'usage; mais à la différence de la présomption qui naît après trente ans d'exercice, cette présomption peut tomber devant la preuve contraire, le possesseur peut succomber au pétitoire. Jusqu'à ce moment d'ailleurs, il est protégé dans sa jouissance comme un propriétaire et à ce titre apparent sinon réel.

85. Quant à la compétence, l'action possessoire doit toujours être portée devant le juge de paix, là où est situé l'immeuble litigieux; le juge de paix connaît de l'affaire, quel qu'en soit le chiffre, mais toujours à charge d'appel (Loi de 1838, art. 6). Les tribunaux de première instance décident donc toujours en dernier ressort.

§ 2. — *De la complainte.*

86. Nous allons examiner successivement les questions suivantes : — *a*) Qui peut agir par la complainte ; — *b*) sur quelles choses l'on peut agir ; — *c*) à quelles conditions.

a) Il faut se garder de confondre la capacité en matière de possession avec celle en matière d'action possessoire ; certains incapables peuvent acquérir la possession par eux-mêmes, sans pouvoir en aucun cas intenter par eux-mêmes les actions possessoires. Ainsi, bien que ce soit généralement au possesseur qu'il appartienne d'agir en complainte, il n'agit pas toujours par lui-même. Voyons en quel cas un tiers peut intenter la complainte pour le possesseur et en son nom.

Il est de principe que les actions possessoires rentrent dans la catégorie des actes de simple administration, des actes conservatoires ; qu'agir au possessoire, ce n'est pas compromettre un droit de propriété, mais chercher à le conserver et à l'administrer. D'où la conséquence, que si le possesseur est incapable et ne peut agir (Bioche, v° *A. p.*, 217), tout mandataire spécial ou général, conventionnel, judiciaire ou légal peut agir en son nom (*ibid.*, 237). Le Code civil consacre ce principe dans l'art. 1428, lorsqu'il donne au mari administrateur des biens de sa femme, le droit d'exercer les actions possessoires qui appartiennent à celle-ci : La loi de 1837 sur l'administration municipale assimile en termes formels les actions possessoires aux actes conservatoires. Le maire peut sans autorisation préalable intenter toute action possessoire et y défendre et faire tous autres actes conservatoires (art. 55). Tous les auteurs sont d'ailleurs d'accord pour généraliser ces décisions.

En conséquence, pourront être demandeurs ou défendeurs en complainte :

1° Le mari, administrateur des biens de la femme en vertu des art. 1428 ou 1531. — La femme pour les paraphernaux (1576). — Le mari pour les biens dotaux (1549) ou même paraphernaux dans l'hypothèse de l'art. 1577.

2° Les tuteurs ou curateurs, même sans autorisation du conseil de famille. L'art. 464 ne doit s'entendre que des actions réelles pétitoires (Conf. Dalloz, Belime, Duranton, etc.).

3° Les envoyés en possession provisoire ou définitive des biens de l'absent. Les syndics, gérants ou administrateurs d'une société.

4° Les maires, sans qu'il soit besoin d'autorisation, même pour aller en appel (L. de 1837 et jurispr. const. en Cassation et au Conseil d'État, Dalloz, v° *A. p.*, 564 et 566).

b) Quelles choses peuvent être l'objet de la complainte ? — En règle générale, on peut intenter la complainte pour tout ce qui est susceptible de possession ; mais cette règle est loin d'être sans exception. L'une des plus importantes concerne les meubles.

Les objets mobiliers sont susceptibles de possession, mais ne peuvent fonder une action possessoire. Plusieurs auteurs se demandent quelle est la cause de cette innovation du droit français, et y répondent par l'adage *vilis mobilium possessio.* Cette réponse est peu satisfaisante, car elle ne justifie point la différence entre la complainte et la réintégrande à leur égard. Nous pensons qu'elle est le résultat de la confusion si fréquente de la complainte avec l'interdit *uti possidetis;* de cette assimilation que l'on tentait entre les deux législations, et qui amena la création d'une action correspondant à l'interdit *utrubi* (aveu et contre-aveu). Cette action finit par absorber le pétitoire, et l'on arriva à formuler la règle : en fait de meubles, possession vaut titre, qui rend impossible toute distinction entre le possessoire et le pétitoire.

Les meubles immobilisés par accession ou par destination admettent la complainte, en ce sens du moins qu'on ne peut les détruire ou voler sans atteindre le fonds lui-même. Mais les meubles immobilisés par la loi ne rentrent point dans cette exception.

87. L'ancienne exception relative aux universalités de meubles, est-elle encore reçue sous la législation actuelle?

Cette question, plus théorique que pratique, partage les auteurs en deux camps presque égaux (pour : Henrion, Merlin, Vazeille, Troplong, Zachariæ; contra : Dalloz, Belime, Carré, etc.). Nous pensons, avec ces derniers, que la question doit être résolue par la négative. Voici nos motifs de décider :

1° L'ancien droit n'avait, pour justifier son exception, que cet argument, l'universalité *sapit quid immobile*, auquel Bourjon déclare ne rien comprendre; mais elle reposait sur des textes nombreux et formels. Aujourd'hui aucun texte, ni Code, ni loi, ne mentionne ou ne laisse soupçonner l'exception susdite.

2° L'ancien droit avait un intérêt pratique considérable à conserver ce droit exceptionnel; dans le droit actuel, l'universalité de meubles est une chose presque introuvable.

3° La loi écarte implicitement l'exception, en désignant pour juge compétent celui de la situation de l'immeuble litigieux.

88. Une seconde exception est relative aux servitudes discontinues, apparentes ou non apparentes. L'art. 691 les déclare imprescriptibles. Le motif de cette décision, motif qui résulte des travaux préparatoires, consiste dans le caractère équivoque de cette jouissance; elle devra être réputée exercée à titre de tolérance, à titre précaire, si un titre ne vient point démentir cette prescription de la loi.

Nous pensons, avec la majorité des auteurs (Dalloz, Belime, Bioche) et avec la jurisprudence constante des Cours de cassation belge et française (Arr. 3 juin 1835, 25 juin 1862, 10 décembre 1862, etc.), que la possession annale de ces servitudes ne suffit point pour intenter la complainte; nous croyons, car les raisons de familiarité et bon voisinage invoquées ci-dessus ont même effet dans les deux cas, que le titre constitutif ou récognitif émanant du possesseur du fonds servant, est nécessaire dans les deux cas.

c) *A quelles conditions doit-on triompher dans la complainte?* —Celui qui veut intenter la complainte doit prouver deux choses : sa possession, le trouble dont il se plaint.

De sa possession, nous n'avons rien à dire; c'est celle de l'art. 23 complété par l'art. 2229; la jouissance de la chose, annale, paisible, publique, non précaire, continue, non interrompue ni équivoque. Toutes ces diverses qualités ont fait l'objet du chapitre II; mais il nous faut examiner quel trouble donne ouverture à la complainte.

89. Lorsque le trouble dont on se plaint consiste dans un fait qui implique, de la part du défendeur, une prétention à la possession de la chose, une intention formelle de vouloir la posséder, la demande doit être admise; il n'y a aucun doute possible pour ce cas.

Mais le sens du mot *trouble* ne doit pas se restreindre ainsi : on doit l'interpréter dans un sens très-large, qui comprendra tous les faits portant atteinte à la possession ou pouvant être considérés comme tels par le possesseur. Il n'y a absolument que les faits visant directement la propriété, qui devraient être insuffisants pour servir de base à la complainte.

C'est encore l'opinion de la jurisprudence (C. de

cass., 16 avril 1833, 21 avril 1834 et 15 juillet 1834) que nous adoptons ici. Voici nos motifs : — *a*) la loi n'exige nulle part que le défendeur prétende à la possession; exiger cette contestation, serait ajouter à la loi; — *b)* l'art. 24 prévoit des cas où c'est le trouble et non la possession qui est dénié; *c)* — le demandeur mettra son adversaire en demeure de nier ou reconnaître sa possession; dans le premier cas, l'enquête portera sur la possession; dans le second, l'action possessoire aura encore un but, la réparation du dommage.

90. L'on distingue deux espèces de troubles possessoires : les troubles de fait et ceux de droit.

Parmi les premiers, Pothier cite le fait de celui qui viendrait labourer, récolter, modifier la manière d'être du fonds dont je suis en possession. Dalloz donne comme exemples (*L. cit.*, nos 54, 62, 63 et 67) le passage, les déplacements de bornes, constructions de murs, plantations d'arbres ou haies sur le terrain d'autrui. Ces exemples n'ont rien de restrictif.

Peu importe que les actes aient été posés sur le terrain du demandeur ou sur celui du défendeur, du moment où ils entravent le possesseur dans sa jouissance (Cass., 13 avril 1319 et 8 novembre 1836).

Est-il nécessaire que le trouble ait causé un préjudice, se demande Dalloz, n° 71. Il nous semble impossible qu'il y ait trouble sans préjudice actuel ou éventuel, et, par conséquent, sans intérêt à intenter la complainte; aussi l'art. 23 exige-t-il simplement un trouble, sans soulever la question de dommage. En résumé, un intérêt né et actuel, causé par un trouble accompli, suffit pour que la complainte soit recevable, lors même que le préjudice serait éventuel (Cass., 6 avril 1859). Il n'y a d'exception que pour un cas, la dénonciation de nouvel œuvre.

Les troubles de droit consistent non-seulement dans toute demande judiciaire, mais encore dans tout acte judiciaire ou extra-judiciaire qui inquiète le possesseur dans sa jouissance. Des sommations, des procès-verbaux, etc., atteignent la possession dont elles rendent douteuses la continuité et surtout la non-précarité; l'action possessoire y trouve donc une cause naturelle d'agissement.

Le trouble civil qui ne porterait que sur la propriété ne suffirait pas à rendre la complainte recevable; même décision pour certains actes adressés au détenteur *alieno nomine*.

91. En étudiant l'interdit *uti possidetis*, nous ajoutions : le trouble ne doit pas avoir entraîné la perte de la possession. En droit français, la complainte s'intente pour les cas de *dejectio* comme pour ceux de trouble proprement dit : la complainte, depuis le quatorzième siècle, est aussi bien *recuperandæ* que *retinendæ* possession.

Il en résulte que la condamnation intervenant sur la complainte pourra comprendre : 1° la *restitution* de la possession; 2° la restitution des fruits; 3° l'indemnité du préjudice causé par le trouble et par l'instance.

§ 3. *De la réintégrande.*

92. Nous abordons un sujet qui a le triste privilége d'être controversé depuis plusieurs siècles; déjà nous avons rapidement montré à combien de systèmes donna lieu l'article si laconique de l'ordonnance de 1667, et combien la question était obscure avant le Code. Elle ne l'est pas moins sous l'empire de notre législation actuelle.

Un mot dans la loi de 1388, une décision de peu d'importance dans l'art. 2060, une phrase ambiguë du rapporteur de la loi sur les justices de paix, tels sont les documents législatifs en matière de réintégrande; aussi les deux systèmes les plus opposés sont en présence.

La Cour de cassation décide, par une jurisprudence constante et qui en pratique rend tout autre système insoutenable, que la réintégrande est une action complétement indépendante de la complainte et des règles qui régissent cette dernière. La réintégrande se donne, d'après elle, pour recouvrer l'immeuble perdu par violence ou voie de fait; toute dépossession complète, si paisible qu'elle soit, devra permettre de l'intenter. — Arrêt conforme en date du 1er février 1869 : elle s'accorde au possesseur non annal, la possession matérielle étant seule exigée; — 2 juillet 1862 : elle s'accorde même au possesseur vicieux, violent, par exemple; — 8 juillet 1345 : bien plus, la possession n'est pas exigée; une simple détention suffit. Un arrêt du 25 avril 1865 déclare que : « Si la complainte implique nécessairement la possession civile, il suffit, au contraire, pour la réintégrande d'une possession matérielle même *précaire* et momentanée » (Jugé, même sens, 10 novembre 1819 et 16 mai 1820, pour un fermier et un antichrésiste). Enfin, les deux actions peuvent être intentées en même temps, et la réintégrande tient l'autre en suspens (10 février 1864 et 5 avril 1841).

En résumé ce système de la Cour de cassation ne se contente pas de faire revivre une action oubliée depuis quatre siècles, il viole d'une manière flagrante tous les principes admis. Jamais action possessoire n'appartint à celui qui ne possédait pas ; désormais les simples détenteurs pourront agir au possessoire pour se faire restituer une possession qu'ils n'ont jamais eue. Mais ce n'est point tout. Grâce à la large définition des expressions voies de fait, toute dépossession donnera lieu à la réintégrande; il en résulte que l'annalité de la possession ne sera plus exigée que pour la faire respecter contre un perturbateur, mais qu'on pourra toujours agir contre le spoliateur; l'article 2229 et l'art. 23 n'ont plus raison d'être que par exception en matière d'actions possessoires.

93. Sur quoi s'appuie ce système dont les conséquences sont si contraires aux principes universellement reçus? Nous pensons qu'aucun des arguments présentés par les partisans de cette doctrine ne justifie la doctrine que nous venons d'exposer.

L'on ne peut sérieusement invoquer ni la doctrine de Beaumanoir, comme trop ancienne, ni celle qui lui fut postérieure comme trop douteuse. L'on ne peut davantage se prévaloir de l'ordonnance de 1667, au point de vue des conditions d'exercice de la réintégrande; elle semble au contraire mise sur le même rang que la complainte.

Quant aux textes du Code, rien à invoquer. La loi de 1838 semble assimiler la complainte à la réintégrande; l'art. 2060 ne parle que de la manière d'exécuter la condamnation; il y aura, dit-il, contrainte par corps en matière de réintégrande. Quel éclaircissement peut-on tirer de là relativement à la nature et aux conditions de la réintégrande?

Enfin l'argument d'équité nous touche peu. Le détenteur ou possesseur non annal peut se faire indemniser de sa perte par l'application de l'article 1382; d'ailleurs pourquoi cet argument serait-il spécial au cas de dépossession et ne s'étendrait-il point au cas de trouble? Cette distinction dans l'hypothèse de voies de fait dans l'un et l'autre cas n'aurait aucune raison d'être.

94. En réalité, une seule chose résulte de cette étude, c'est que la réintégrande existe à côté de la complainte; quant aux caractères de chacune de ces actions, nous ne comprenons pas qu'on ait osé faire une distinction en présence de l'art. 23 du Code de procéd. — « Les *actions possessoires* ne seront recevables qu'autant qu'elles auront été formées dans l'année du trouble, par ceux qui, depuis une année au moins, étaient en possession, etc..... » Toutes les

allégations de la cour suprême tombent en face de ces termes précis et formels, en face d'une décision si clai[illegible]igée par des hommes qui n'ignoraient point assurément les doutes de l'ancienne jurisprudence.

Aussi nous pensons que, par ce nom de réintégrande, les rédacteurs du Code et de la loi de 1838 ne désignent que la complainte à effet de recouvrer la possession complétement enlevée; que les conditions de possession, de durée et de qualités, sont identiques; mais le trouble est toujours en matière de réintégrande, une *dejectio*. Qu'enfin la seule différence prouvée entre les deux actions, c'était la contrainte par corps de l'art. 2260. Nous sommes ainsi bien loin de la théorie de la Cour de cassation; mais nous pouvons invoquer à l'appui de notre opinion les noms de M. Toullier, Vazeille, Carré, Troplong, Boitard, etc.

POSITIONS

—

DROIT ROMAIN

I. — L'expression *naturalis possessio* n'a de sens précis que par son opposition aux expressions *possessio* ou *civilis possessio*; dans le premier cas elle désigne une simple détention.

II. — Toute *possessio* est exclusive : *plures eamdem rem in solidum possidere non possunt.*

III. — Ce qui constitue le *corpus*, c'est la possibilité physique et immédiate d'agir sur l'objet; et non le contrat matériel.

IV. — La possession dérivée est de droit exceptionnel, et par suite doit être restreinte au cas où le simple *animus possidendi* est formellement déclaré suffisant.

V. — Le § 3 de la loi 7, *uti possidetis*, distingue deux cas : — *a*) la maison est l'objet d'un droit de superficie; — *b*) des deux possesseurs, aucun n'est superficiaire. Le possesseur du fonds doit l'emporter, sauf une exception.

VI. — Du moment où la possession put se conserver *animo solo*, la clandestinité devint impossible.

VII. — Les interdits *adipiscendæ* ne sont pas des actions possessoires.

VIII. — Le caractère de duplicité de l'interdit *uti possidetis* permettait au *dejectus* poursuivi par le *dejector* de triompher; il pouvait même intenter lui-même l'action *retinendæ*.

IX. — L'interdit *unde vi* était inutile en matière de meubles.

X. — L'action *quod metus* compète au possesseur qui fuit avant de subir une *dejectio;* celui qui a subi cette *dejectio* ne peut l'intenter.

XI. — Le précaire tire son origine des concessions d'*ager publicus* faites par le patron à ses clients.

DROIT CIVIL FRANÇAIS

XII. — L'*animus domini* est exigé par le Code Napoléon; l'art. 2228 suffit à le prouver.

XIII. — La possession est un fait qui donne des droits.

XIV. — Le mot paisible (art. 2229) a un sens plus large que l'expression *nec vi* de l'édit du préteur.

XV. — La précarité dans le sens moderne n'est pas un vice de la possession; c'est une cause d'inexistence.

XVI. — En exigeant que la possession soit non équivoque, la loi ne formule pas une qualité nouvelle; l'équivoque, c'est le doute de l'existence d'une des qualités requises.

XVII. — Malgré la rédaction de l'art. 2235, il existe une profonde différence entre les successeurs à titre particulier et ceux à titre universel.

XVIII. — Celui qui rentre en possession à la suite d'un jugement pétitoire obtenu contre un possesseur plus qu'annal, peut joindre à sa possession celle du défendeur, mais non celle qu'il avait commencée et qu'il a laissé interrompre.

XIX. — Prescrire outre son titre n'est point prescrire contre son titre.

XX. — Les anticipations graduelles et successives commises en labourant ne fondent point par leur nature une possession clandestine.

XXI. — Une possession ne peut pas être interrompue et n'être pas discontinue.

XXII. — La complainte ne peut être intentée pour une universalité de meubles, ni pour les meubles immobilisés (principalement et non accessoirement).

PROCÉDURE CIVILE

XXIII. — Un tribunal peut donner commission rogatoire à un autre tribunal, à l'effet de visiter les lieux contentieux.

XXIV. — L'art. 23 C. civ., doit être complété par l'art. 2229 C. civ.

XXV. — Le demandeur en réintégrande doit prouver l'annalité de sa possession.

DROIT ADMINISTRATIF

XXVI. — L'autorité militaire est mal fondée dans sa prétention d'avoir droit, dans l'intérieur des villes, aux mêmes servitudes qu'à l'extérieur.

XXVII. — L'expropriation pour cause d'utilité publique ne peut porter que sur les parcelles nécessaires aux travaux; elle ne peut comprendre des terrains nécessaires seulement pour donner des ressources, par leur vente postérieure avec le bénéfice de la plus-value.

DROIT DES GENS

XXVIII. — Le vainqueur exerce, pendant l'occupation, un gouvernement de fait; ses actes doivent être respectés par le gouvernement légal, en tant que faits accomplis; tous les marchés pour l'avenir sont résolus de plein droit.

XXIX. — Les actes de pillage que l'on a subis de la part d'un ennemi, ne donnent droit à aucune indemnité; il en est autrement des réquisitions justifiées.

DROIT COMMERCIAL

XXX. — L'associé liquidateur est libéré comme associé cinq ans après la dissolution; mais il est tenu pendant trente ans comme liquidateur, relativement à ses comptes et à sa gestion.

DROIT PÉNAL

XXXI. — La tentative d'un délit impossible à exécuter n'est pas punissable.

XXXII. — Le juge d'instruction ne peut déléguer, pour le remplacer dans des visites domiciliaires, un officier de police subalterne.

HISTOIRE DU DROIT ET ANCIEN DROIT

XXXIII. — Le quarante-septième titre de la loi salique ne traite point de la possession.

XXXIV. — L'origine de la condition d'annalité en matière possessoire, c'est la transformation de l'ancienne prescription annale abandonnée aux douzième et treizième siècles.

XXXV. — Les effets de la saisie faute d'homme, et ceux de la saisie faute de dénombrement, mettaient le seigneur du fief dominant dans une situation très-différente au point de vue de la possession.

Vu par le président de la thèse,
GÉRARDIN.

Vu par le doyen,
G. COLMET-DAAGE.

Permis d'imprimer,
Le vice-recteur de l'Académie de Paris,
A. MOURIER.

Paris-Vaugirard. — Typ. N. Blanpain, 7, rue Jeanne.

PARIS-VAUGIRARD. — TYPOGRAPHIE N. BLANPAIN, 7, RUE JEANNE.

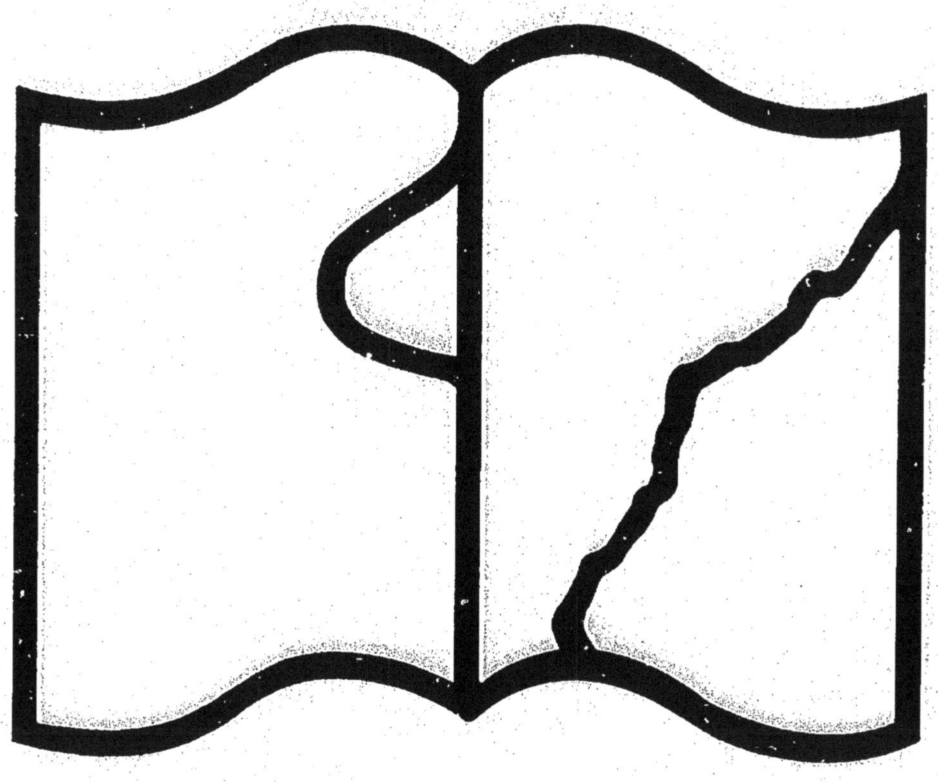

Texte détérioré — reliure défectueuse

NF Z 43-120-11

A
B

www.ingramcontent.com/pod-product-compliance
Ingram Content Group UK Ltd.
Pitfield, Milton Keynes, MK11 3LW, UK
UKHW020126220726
13923UKWH00001B/26